中华古籍保护计划

ZHONG HUA GU JI BAO HU JI HUA CHENG GUO

·成 果·

延年集

丁瑜 著

国家图书馆出版社

图书在版编目（CIP）数据

延年集/丁瑜著 . --北京：国家图书馆出版社，2016.6
ISBN 978-7-5013-5809-0

Ⅰ.①延… Ⅱ.①丁… Ⅲ.①社会科学—文集 Ⅳ.①C53

中国版本图书馆 CIP 数据核字（2016）第 064346 号

书　　名	延年集	
著　　者	丁　瑜　著	
责任编辑	王　雷	
封面设计	九雅工作室	

出　　版　国家图书馆出版社（100034　北京市西城区文津街 7 号）
　　　　　　（原书目文献出版社　北京图书馆出版社）

发　　行　010-66114536　66126153　66151313　66175620
　　　　　　66121706（传真），66126156（门市部）

E-mail　　nlcpress@ nlc. cn（邮购）

Website　　www. nlcpress. com→投稿中心

经　　销　新华书店

印　　装　北京盛天行健艺术印刷有限公司

版　　次　2016 年 6 月第 1 版　2016 年 6 月第 1 次印刷

开　　本　710×1000（毫米）　1/16

印　　张　22

字　　数　261 千字

书　　号　ISBN 978-7-5013-5809-0

定　　价　88. 00 元

1989 年夏于北苑顾廷龙先生家中（左起：陈杏珍、冀淑英、顾廷龙、丁瑜）

1990 年 4 月 13 日摄于太湖飞雪阁前

1991 年 9 月 2 日摄于北京图书馆（现国家图书馆）东门前（左起：丁瑜、沈燮元、冀淑英）

1992 年 8 月 7 日摄于北京图书馆办公室（左起：丁瑜、沈燮元。1992 年 9 月 5 日高桥智自东京寄赠）

1995 年 1 月摄于北京图书馆办公室，《中国古籍善本书目》集部定稿会（左起：丁瑜、冀淑英、沈燮元、陈杏珍）

1998 年 10 月 24 日摄于井冈山黄洋界哨口

2002年6月23日于北京杏林山庄,《中华再造善本》定稿会（前排左起：许逸民、吴书荫、白化文、李致忠、崔建英、丁瑜、傅璇琮、程毅中、杨成凯。二排左五：张彦博、二排左六：陈力）

2006年3月12日在家中

序 一

韩永进（国家图书馆馆长）

国家图书馆建馆百余年来，不仅大力传承中华民族文化遗产，充分发挥图书馆社会职能，在近现代学术史上也占有重要地位。我馆先后有缪荃孙、江瀚、夏曾佑、马叙伦、陈垣、梁启超、蔡元培、袁同礼等名流大家担任馆长，培养任用过向达、王重民、刘国钧、孙楷第、谢国桢、贺昌群、王庸、谭其骧、赵万里、钱存训等知名学者，为图书馆学和其他多种学科输送了大量英才，可谓俊彦辈出，后贤踵继。

同时，国图也产生了一批淡泊名利，为图书馆事业默默奉献的前辈，他们在本专业颇有建树，却毕生坚守图书馆的基础业务建设，将更多的精力投入一些集体工作和项目中，亦为国图发展贡献良多。丁瑜先生就是其中的一员。

丁瑜先生 1949 年即来我馆工作，历任中文编目组组长、善本组组长、善本部副主任；现为国家文物鉴定委员会委员、国家图书馆研究馆员、中国文物学会培训部专家、北京市文物局鉴定委员会委员，享受国务院政府特殊津贴。近日，丁瑜先生《延年集》得以付梓，文集收录了丁老历年来的主要著述，集中反映了作者在版本目录学方面取得的成绩，也展现了国图人以本职工作为基石，进取奉献的学术风貌。

国家图书馆善本藏书以清内阁大库、翰林院、国子监南学部分旧藏为滥觞；继之以文津阁《四库全书》、敦煌遗书、《永乐大典》、《赵城金藏》等华夏遗珍；另有常熟瞿氏铁琴铜剑楼、南陵徐氏积学斋、南海潘氏宝礼堂、江安傅氏双鉴楼、至德周氏自庄严堪等私家捐赠及转让；兼之历代馆员寻访搜求，可谓汇百川而成书海。其中宋刻元椠、明清精品，皆为海内外所瞩目。如此宏富的馆藏，其汇聚、收藏、管理，无不汇聚了赵万里、陈恩惠、冀淑英等先生的真知灼见，也离不开丁瑜等前辈馆员的艰辛劳动。丁老曾参与第二次访购陈清华郇斋藏书、"文革"期间抢救保护宋版《碛砂藏》，经其访求掌眼而入藏的珍籍善本不胜其数，为国家的文化建设倾注了无数心血。丁老参与编纂的《中国古籍善本书目》是现代古籍界的一座丰碑，该书系遵周恩来总理生前嘱托，全国图书馆参与，历时十八年，由古籍界最顶级的专家合力成就的一部几乎空前绝后的大型古籍工具书。这部工具书是古籍工作必不可少的"宝书"，也成为之后诸多古籍工程的基础。丁老是参与初审、复审、定稿全过程的九人之一，为此书的顺利完成做出了不可磨灭的贡献。

《延年集》所收篇章，或述簿录校雠之学，或谈善本掌故，兼及回忆文字，既体现了丁老的深厚学养，也可以说是国图古籍工作人员的当行本色。如文集中所述南宋浙刻本《经典释文》，宋刻《蔡九峰书集传》《春秋公羊经传解诂》等，俱为国图所藏珍本；所谈往事故人，也都是作者在实际工作中的所遇所感；《中国古籍装订修补技术》是丁老对国图修复专家肖振棠先生的工作记录，是修复《赵城金藏》和《永乐大典》的全面总结，也是此两项重大修复工程留下的唯一记忆。此书也为当时的一批古籍修复师及其修复工作留下了珍贵资料。版本目录学是与藏书用书相伴而生的学科，源自对文献编摩经年而得的宝贵经验。《延年集》字里行间无不流露出作者工作与著述之紧密关系，可以说是丁老工作生涯的总结。

国家图书馆不仅是典籍荟萃之地，更承担着传承文明、服务社会的重任。国图人唯有精于业务、富于学养，才能为图书馆事业，乃至全社会的文化事业添砖加瓦。在新的时代背景下，国家图书馆面临着全新的机遇与挑战，只有建设起稳固的科研学术队伍，提高整体学术水准，才能更加科学有序地规划发展，提升综合性研究图书馆的地位。国图也大力鼓励全体馆员深挖丰富的馆藏资源，提高科研能力，再以各自的研究成果反哺本职工作，更好地履行图书馆员的职责。

本书之编辑肇始于祝贺丁瑜先生九秩华诞之喜，古人采丹问药以求延年之术，而丁老淡泊名利、不计得失，守兰台以护韦编，于无声处成不朽之事业，自得其延年之道也。我谨代表国家图书馆同仁，以此小序恭祝丁老鹤寿绵长、松龄不老，心静延年、乐享遐龄！

2016 年 4 月

序 二

沈津（中山大学图书馆特聘专家）

丁瑜先生的文集，终于要出版了，这是一件令人高兴且期盼已久的事，也是国家图书馆策划的又一件有意义的事。

丁瑜先生，河北高阳人，我国老一辈的版本目录学家。早在1968年，原北京图书馆善本组林小安先生到上海，我方知其大名。第一次见到他，是在1980年5月，各省、市、自治区图书馆从事版本目录学工作的专家学者及有关人员，为落实已故周恩来总理"要尽快地将中国古籍善本书目编出来"的遗愿，集中于北京香厂路国务院招待所一起工作时。我见到的丁瑜是一副慈眉善目、胖乎乎温文尔雅的"老干部"模样。五十四岁的他，头发已经有点斑白，老花镜架在鼻梁上，一件白色短袖衬衫，一双老北京布鞋。我总感到他风度翩翩，似乎"温良恭俭让"都被他占了，有意思的是，大家都尊称他为"丁公"。

丁公，今年高寿九十，是"九十年来留逸志、八千岁后又生春"的人物，是业界的前辈，二十三岁即入中国国家图书馆（时称北京图书馆）。三十五岁时，从中文编目组组长的职位调至善本组，在赵万里、陈恩惠、冀淑英三位先生的指导下，习版本目录之学，这在当时，是领导有意要培养丁公，有点"接班人"的意思。如今，在我之前入行的几位先生都已是耄耋之年了，其中沈燮元先生九十有三、王贵忱先生八十有八。以丁公数十年阅历，加上他丰富的经验，注定成为德高望重的业内精英，也就是上海人口中尊为"老法师"的学者。

丁公是中国国家文物鉴定委员会委员，对于古籍版本鉴定眼光独到。记得 1979 年在南昌举行的中国古籍善本书目编委会的一次会上，某图书馆为配合会议，专门将馆藏的一些善本陈列，邀与会者鉴赏。其中有一部《大广益会玉篇》，题作"元刻本"。我以为有疑，也有专家认为无疑义，于是有人请来丁公审定，他有如老吏断狱，直言此乃"日本刻本"。由此可见丁公版本经验之丰富、深厚。

1973 年，丁公偕路工先生去苏州访书，所得颇丰，这在江澄波的《古刻名钞经眼录》中多有记载。比如，明归昌世手稿本《假庵杂著》一卷和《记季父遗言遗事》一卷、清费云溪手抄本《青邱诗集撷华》八卷等，又尤以明黑格抄本《野客丛书》三十卷为最难得，盖此本为明弘治正德间黑格抄本，虽残存四册（卷一至十五），但字里行间及书眉上皆有校字，并有清黄丕烈跋。此书在"文化大革命"期间，为江氏得之于南浔张钧衡之孙，"后为北京图书馆丁瑜同志来苏收去，为此书目前传世之最古之本"。这里要说明的是，"文革"以后，很多图书馆恢复了古书采购，于是当时的北图委托江澄波留意江南地区，包括无锡、镇江、苏州等地，看看有没有民间收藏家在"文革"劫后遗下之书。江氏通过关系居然找到了不少，当然最后全部给了丁公。

70 年代末，丁公又和冀淑英先生一起，在南京觅得清初毛氏汲古阁影宋抄本《梅花衲》一卷、《剪绡集》一卷。两书原亦为南浔张氏适园旧藏，"文革"中在苏州流散，为江氏所收。其时，北图已有翁同龢藏毛氏影宋抄本，但经过核对，两书行款字数不同，并且此本有用白粉涂抹校改错字之处，故其内容较翁藏本为佳。清孙从添《藏书纪要》云："汲古阁影宋精抄，古今绝作，字划纸张，乌丝图章，追摹宋刻，为近世无有。"故这两种书是近代藏家所重视的精品。

我以为，丁公最大的贡献在于编纂《中国古籍善本书目》。这部大型工具书，共著录除台湾地区以外中国各省、市、自治区公共图书馆、博物馆、文物保管委员会，大专院校和中等学校图书馆，科学院系统图书馆，名人纪念馆，寺庙等七百八十一个单位的藏书约六万多种，十三万部。在《书目》编委会中，除浙江图书馆两位，其他馆多是一人，而北京图书馆参加具体审订工作的有冀淑英、丁瑜及陈杏珍先生，上海图书馆则有顾廷龙、任光亮和我，南京图书馆有潘天祯、沈燮元及宫爱东先生。在编委会开始工作前，丁公就曾在广州召开的"全国古籍善本书版本鉴定及著录工作座谈会"上做了"古籍善本书著录浅说"的报告，为以后各省市图书馆古籍善本著录统一了思想。《书目》从编纂到出版，共费时十八年之久。当年编委会中完整经历了初审、复审、定稿的工作人员也仅为上述九位。如今尚健在者仅沈燮元、丁公、任光亮和我四人了。丁公在《书目》编纂过程中，老成持重，任劳任怨，兢兢业业，笃行不倦。他和北京、南京的专家们都克服了家庭中的困难，毅然以大局为重，在上海待了几个寒暑，终于完成了编纂任务。

这本集子里收录了丁公这些年来所写的各种文章。其中有关于簿录之学的介绍，或叙述一些重要版本古籍的来龙去脉，也有对前辈的回忆。他还用"丙寅生""丁岳""丁令威"的笔名写过多篇文章。我以为丁公最着力的，还是对原北图修复专家肖振棠的古籍装订修复工作进行系统整理而成的《中国古籍装订修补技术》，以及对清钱曾《读书敏求记》的校理。

我特别喜欢听丁公讲旧日在北图善本部经历的事，我也曾对丁公说："您应该把在北图善本部跟赵万里、冀淑英先生接触的那些事情，包括看到的、听到的，或者赵先生对某些书的评价等等写出来，也可供后学者参考。"比如他曾回忆当年北图自香港得到湖南祁阳陈澄中藏书的事。陈是中国现代最重要的藏书家之一，他的藏书在1949年前后从上海转移到了香港。1964年，北图通过努力，由周恩来总理批示而得到了其中的一部分。丁公把当时赵万里先生完成任务返京后，怎么去接站、清点、提验的过程，以及入库后，中央领导同志要求北图做内部小型展览，一直到结束，那个过程写得非常详细，因为只有他在场。我深切地感受到，版本目录学领域中的许多轶事、佳话、藏书故实，需要靠当时经历人的回忆亲笔写得出来、留得下去，其他人是杜撰不了的。可惜的是，丁公因忙于其他事务而写得不多，很多事情将来可能就湮没了。

丁公能诗词，这是过去我所不知道的，他也从不在朋辈中说起。在中国图书馆学界、版本目录学领域，真正会作诗词的不多，我所知仅有上图的潘景郑先生和大连馆的张本义先生。我不会作诗，更不懂词，但知"诗言志"。《诗大序》云："诗者，志之所之也。在心为志，发言为诗，情动于中而形于言。言之不足，故嗟叹之。嗟叹之不足，故咏歌之。"打开丁公的《延年诗草》，映入眼帘的居然是数首新诗，且都作于40年代，正是丁公意气风发的大好时光，青年时的朝气，在诗中显露无遗。60年代又重拾旧好，不管是旧体诗词，或者是新诗，习得者各有所好，真可谓孤芳自赏，洁身自好，自得其乐。丁公曾将他的居所命名为"延年居"，所作诗也题作"延年"，或因其1940年至2006年曾在德内大街延年胡同里渡过了大半辈子生活，怀有美好的回忆而署的吧。

2011年前，我虽在大洋彼岸，但亦时与国内的良师益友保持联系，有幸的是，丁公诗中有几首涉及我。其中有两首的起因是2002年8月，拙著《翁方纲年谱》由台北"中央研究院"文哲所出版，我将样书寄呈丁公指正。他读了我写的序文后，颇有感触，即掷下一信，有云："欣阅《年谱》全书，读史以知今，读传以知人，史传使人以悟世事，君之赐予我之帮助大矣。阅读之顷，率成七言二首，以寄友人，虽为七言八句，但非七律之韵，吾友当勿讥之。""羊年复始又开头，挚友情谊堪回眸。凌云壮志思鸿鹄，大洋彼岸率斗牛。书城抱翠添嘉话，著作等身胜二酉。点检琳琅诚如是，不朽名篇宏烨楼。""来年花甲六十秋，春风哈佛更上楼。羡公文捷真良骥，笑我吟迟笨如牛。苏斋年谱拜读毕，订讹辨伪足消愁。明眼丹黄精神具，顾老门人第一流。"

2005 年元月，丁公在给我的信中谈到为拙著《中国珍稀古籍善本书录》写序及《赵万里文集》事，最后又为我赋诗一首："长笺序文我未能，纸短情长献愚诚。三十三载欣识荆，敢为宏文添附庸。"并作注云："1961 年赵先生江南访书归来，对我言及沈兄拜顾老为师事，令吾效之。但愚鲁如我，终未能成正果，但此时是识荆之始也。"

丁公和我是忘年之交，在工作中于我时有指导与鼓励，拙著《中国珍稀古籍善本书录》即将出版之际，我曾恳请他作序。不多久，他就将序寄到。序中有云："余悉沈津先生之名，始于 1962 年春（津按：1961 年 11 月中，赵万里先生到浙东、闽北、闽东南一带进行图书文物调查工作，历时两月，次年 2 月 25 日返回北京），识荆则在十六年后参加《中国古籍善本书目》编辑一役中。《书目》汇编阶段，沈兄文旌北上，居于北京香厂路，任经部副主编，我则忝列丛部，朝夕相处八阅月之久。《书目》定稿阶段，我则南下沪渎，与沈兄同室办公，于业务多所交流，颇得三友之益。"

我还记得在香厂路期间，某个星期天的晚上，他专门来接顾廷龙先生、沈燮元先生和我，去他在德内大街延年胡同的家里吃饺子。看得出来，那天晚上他特别高兴，几杯酒下肚，不仅脸色有点红，话也特别多。2012 年冬，我去北京出差，顺道看朋友，其中最想见的就是丁公，也数他年龄最大。他新搬的家还挺远，林小安兄开的车，临近他家还问了两位路人，方才找到。虽然是近九十的老人，但看上去却是精神矍铄，齿德俱尊。他说平时不大出去，怕跌跤，在家也就翻翻书，看看电视里的新闻。询之还做什么题目吗，他笑着说：人老了，不想动了。那天晚上，我们就近去了一家他熟悉的饭店，他的儿子陪同前往。我对丁公说：您想吃什么，尽管点。我知道他酒量不错，但那晚没有要酒，大约也是为了老爷子的健康吧。

　　丁公是一位高简、淡泊、深藏若虚、与世无争、不求闻达、洁身自好的文化人，这在今天这个非常现实的社会中不多见了。我很感谢丁公对我的信任，嘱我为他的大著撰序。在他鲐背之年，且进军期颐之际，我也谨祝他"人瑞先征五色云，期颐岁月益康宁"。

　　是为序。

2015 年 11 月

出版说明

　　《延年集》收录丁瑜先生的论文、论著、诗稿。

　　第一部分是丁瑜先生发表在不同报刊上的各类论文。第二部分是专著《中国古籍装订修补技术》，是丁瑜先生对国家图书馆古籍修复师肖振棠先生有关古籍修复装订工作的记录，原书于1980年1月由书目文献出版社首次出版。第三部分《延年诗草》，收入丁瑜先生创作的部分诗作，未经发表。

目　录

第一部分　论文

第二部分　论著（《中国古籍装订修补技术》）

第三部分　诗词（《延年诗草》）

第一部分

论文

中国目录学谈略

一

清王鸣盛在《十七史商榷》卷二十二中说："目录之学，学中第一紧要，必从此问途，方能得其门而入。"近人周贞亮《书目举要·序言》中也说："读书欲知门径，聚书欲知派别，非从目录学入手，其道无由。"这些话都特别强调了目录学在学习、研究中的作用和意义。如果说得切实一点，那么，目录学是关于研究图书和编制目录的理论和方法的一门学问。人们为了更好地了解和利用图书，在实践中创造了目录这一有效的工具，通过目录，把治学和读书的门径指引给读者，告诉人们寻求资料的方法，起到推荐好书批判坏书的作用，以便于读者广泛地利用图书资料。

我国文化悠久，历代藏书浩如烟海，这些数量众多的图书，又各自具备着不同的类别、性质与作用。因此，在编制目录的实践中，根据图书的性质及其使用对象而产生了不同的各种目录。区分这些目录时，我们可以按其著录的图书内容，概括为以下几种。

（一）普通目录

也可称之为综合性目录，它著录的对象是涉及各种门类知识的图书。这种目录的使用是广泛的，但作为对某一个专门学术的研究使用时则感到不足，因之又有专科目录的产生。

（二）专科目录

所著录的图书是以一定的学术范围为限。这种目录在我国目录学史上，有着悠久的历史，同时在学术研究方面，又起着综合性目录所不能起的"专""深"作用，因为专科目录在分类或解题（提要）方面，都比综合性目录详尽而高深，所以，在科学研究和参考应用上，能提供极有用的资料，例如《晚明史籍考》《中医图书联合目录》等。

（三）地方文献目录

包括当地人民的著作，或关于记载当地情况的著作。它充分反映本地方的特点，是研究当地情况的重要参考资料。我国地方志内所收入的书目，都属于这一类目录。

（四）目录的目录

由于目录众多，为查检方便，将许多目录按其性质分门别类编成的总目录，就是目录的目录。例如《书目长编》《书目举要》等，可作为这种目录的代表。

目录的种类除以上按著录图书内容区分以外，尚有按功用区分的目录、按出版年或出版地区分的目录等，这里就不一一列举了。

我国目录学的起源和发展，同图书出版事业的发展有密切的关系。我们从现有的历史文献中可以看到：随着文化的发展、图书的丰富，出现了不少有关目录学的专著。西汉成帝河平三年（前26），汉朝的光禄大夫刘向和他的儿子刘歆，先后担任起西汉王朝"图书馆"的校书编目工作，在他们父子领导下，完成了我国第一部综合性的分类目录《七略》和《七略别录》。《七略》是西汉政府的藏书总目录，共著录图书一万三千二百六十九卷。这一著作的完成，奠定了我国目录学的基础和图书的分类体系。这是目录学史上一个伟大的建树。东汉时，班固做《汉书》，在《叙传》中曾赞叹地说："刘向司籍，九流以别。爰著目录，略序洪烈。"这说明刘向所负责的图书编目工作，不仅著录了图书的篇目，而且还把列目的图书进行了分类，以显示出图书内容的含义。从这一记载中，可以看到在一千九百多年前，我国目录工作在理论和方法上，就有了很高的水平。

《七略》的出现，为后来编制各种目录起了典范作用，同时引起了历代封建王朝对国家藏书的注意，并效法刘向校书的经验，聘请专人编纂政府藏书目录。从西汉以后，目录学的研究和目录工作的实践一直受着刘向、刘歆父子校书工作的巨大影响。

到了东汉明帝永平七年时（64），兰台令史班固在编纂《汉书》的同时，曾就东汉的兰台（政府图书馆）和东观、仁寿阁的藏书编辑了当时政府的藏书目录——《汉书·艺文志》。这是我国现存最古的一部图书目录。内容分六艺、诸子、诗赋、兵书、数术、方技六略，共收书五百九十六家，一万三千二百六十九卷。每略有总序，每家之后有小序，对先秦学术思想的源流演变，做有简明的叙述。由于它保存了刘氏著作《七略》的基本内容，所以它是研究我国古代典籍最重要的一部参考书。历来学者对此书都给予很高的评价。清金东山《补三史艺文志》序称："后汉班固因之以作艺文志，诚千古文苑之津梁，而为藏书之鸿宝也。"清金榜亦曾说过："不通《汉书·艺文志》，不可以读天下书；艺文志者，学问之眉目，著述之门户也。"又说："不读破天下书，不能治《汉书·艺文志》；不读《汉书·艺文志》，亦不能读天下书。"可见此书在学术界的影响是非常巨大的。自宋朝以来，对此书加以研究注释和补证的有数十家之多，最早的有宋王应麟的《汉书艺文志考证》。近代有清人姚振宗的《汉书艺文志拾补》和《汉书艺文志条理》等著作。姚作《汉书艺文志拾补》根据各种文献，广搜博采，收集散佚，为《汉书·艺文志》又增补了一百八十五家，三百一十七部（种）。可以说，自先秦至汉朝中叶的古代书目，都已包括在内了。

《汉书·艺文志》的出现，开创了在"正史"中编制当代政府图书目录的体例，成为我国目录学中所独有的一种目录。也因此，我国古代的藏书情况，才得以保存下来。《汉书·艺文志》之后，唐代魏徵和后晋刘昫相继编辑了《隋书·经籍志》和《唐书·经籍志》，这两部著作分别保存了隋唐两代政府图书馆的藏书目录，经过一千多年的时间，传至今天，就构成了我国现存最古的三部综合性目录。

自唐五代以后，由于印刷术的发明与普及，书籍能够更广泛地流通，因而私人得到大量收藏图书的机会。在私家藏书风气的影响下，对目录学的研究和藏书目录的编制起了很大的促进作用，出现了不少的私人藏书家和具有很高水平的藏书目录。这些私家藏书目录，以宋晁公武的《郡斋读书志》和陈振孙的《直斋书录解题》二书最为有名。

《郡斋读书志》作者晁公武，字子止，山东钜野人。北宋末年逃避金兵的侵略，曾随宋室南渡。到了江南之后，便大力收集图书，并将自己的藏书悉心整理，按类校雠，依次写成提要。至南宋绍兴二十一年（1151），完成了他个人藏书的四卷综合性目录。当时，他正任荣州太守，所以将这部读书志称为《郡斋读书志》。后来他又做《后志》二卷。两志皆以经史子集分部，共著录图书二万四千五百卷。这部目录基本上包括了南宋以前所有流通的图书，所以是后代考据家极为重视的一部文献。元朝初年，著名学者马端临做《文献通考》，其中最有参考价值的"经籍考"中很多资料就是依据此书写成的。我们今天研究南宋以前的文化情况，《郡斋读书志》可以称得起是第一手的资料。

《直斋书录解题》的作者为陈振孙，号直斋，浙江吴兴人。他曾到过福建，收集了大批藏书，南宋淳祐四年（1244），回到杭州任国子司业，此后他即依照晁公武《读书志》的体例，把他自己的藏书编写成目录解题。宋周密在《癸辛杂识》中评介说："近年惟直斋陈氏书最多，盖尝仕于莆，传录夹漈郑氏、方氏、林氏、吴氏旧书至五万一千一百八十余卷，且仿《读书志》

作解题，极其精详。"可见此书在宋代末年已引起人们的重视，并给予很好的评价。可惜这部解题目录在明永乐以后即佚失不传，清乾隆时编辑《四库全书》，始从《永乐大典》中辑出，经馆臣校订为二十二卷。

《郡斋读书志》和《直斋书录解题》二书，是今日对古籍辨别真伪、考核异同，寻求书籍流传渊源的重要参考资料。

二

南宋覆灭之后，元明两代在目录学的研究和目录工作方面，没有什么巨大成绩。一直到了清初康熙年间，由于私家藏书风气的高涨，出现了很多著名藏书家，如钱曾、黄虞稷、季振宜、王士禛等人。他们的藏书各有特点，对目录学的研究和发展，也有很大贡献。由于他们的广征博采，保存了很多富于思想性、历史性、艺术性的图书，并编制了各种类型的目录。其中最突出的一部目录，是钱曾编写的《读书敏求记》。

钱曾字遵王，江苏常熟人。生于明崇祯二年（1629），卒于清康熙四十年（1701）。他所处的时代，距离宋代雕版盛行的时期已有四百多年，在改朝换代的变乱情况下，能够流传的宋版书已经不多，这样就引起了藏书家对宋版书的极端重视。钱曾从研究宋版和其他善本图书的实践中，编写了我国第一部版本目录《读书敏求记》四卷，其中收书六百三十四种。这是钱曾藏书中的精华部分，专门记录了宋元以来的精抄、精刻本，对于书的次第完缺、古今异同，都有详细考订。《读书敏求记》的出现，在版本学的研究方面，较明确地提出了一些新方法，得出从版刻、字体、纸张、墨色来考定雕印年代的规律；从初印、重印、原版、修版来评定图书的版本价值。这些科学方法开阔了目录学的领域，为图书版本学的研究打下了基础。在《读书敏求记》的影响下，产生了更多的善本目录和题跋记的著作。

钱曾编写《读书敏求记》以后，经过七十多年的时间，清王朝纂修了一部历史上空前的大丛书——《四库全书》。编写这部丛书的重要目的之一，就是企图通过大规模的征集全国图书，达到彻底禁毁有关含有民族思想意识的著作，以巩固封建王朝统治的目的。这部丛书共收图书三千四百七十种，七万九千零七十卷，装成三万六千三百六十册。在纂修这部丛书的同时，于乾隆五十九年（1794），刊印了一部按照经史子集分类的综合性国家藏书目录——《四库全书总目提要》二百卷。其中著录《四库全书》的提要以外，并附有存目提要。为了查检方便，还编制了《四库全书简明目录》二十卷（简明目录是总目提要的缩写本，但由于两目编成的时间不同和历年查禁书的结果，使总目与简目所著录的图书有个别出入的情况）。这两部目录是在当时统治者普查全国图书之后编成的，所以他们著录图书的原则是：凡对清王朝有利的则"悉登编录，罔致遗珠"，而对其不利的如含有民族意识或对当时社会有进步意义的图书则"应行抽毁"。但是，由于这部丛书的空前庞大，还是保留了我国许多优秀的文化典籍，所以这两部目录也一直是较全面地评介我国古籍内容的主要工具书。通过它们对于了解祖国文化遗产，可起"知类通方"的指引作用。鲁迅先生在给一位大学生介绍应该阅读的古籍书单中，即开列了《四库全书简明目录》，下面并写着："其实是现有的较好的书籍之批评，但须注意其批评是钦定的。"（见古典文学出版社《〈四库全书简明目录〉出版说明》中所引许寿裳《亡友鲁迅印象记》）1957 年，上海古典文学出版社已将《四库全书简明目录》重排出版。科学出版社在 1958 年也刊行了余嘉熙先生所著的《四库提要辨证》二十四卷，此书将总目提要不够确切的地方加以"详细考证，铨疏厘略"，从而更充实了这部目录的内容，提高了它的参考使用价值。

在修纂《四库全书》期间，除去编定了总目提要和简明目录以外，还由当时的四库馆臣编写了禁毁书目四种，即：《全毁书目》《抽毁书目》《禁书总目》和《违碍书目》。这四种书目的出现，封建王朝的统治者认为是"于以见国家功令，所以维持风教者在是"。实际上，从这四种目录，可以看到当时封建王朝对广大人民的严酷统治，和他们摧残文化的严重罪行。如目录前所附的"圣谕"说："有应禁各书存留，即行解京销毁，俾得搜查净尽，无违。"又说："使遐陬僻壤，咸得周知，凡有存留书目开载各书，即日呈出。……断编零帙，尽数呈缴，不使稍有遗匿，致干罪谴。其各凛遵毋违。"可以想象，在这样大肆搜查抽检之后，会有多少优秀图书在一旦之间变成灰烬。因此，凡列入禁毁书目的著作，在今天来说，多是罕见的图书。其中往往保存了不易多得的史料。辛亥革命以后的一些收藏家和图书馆，便常以曾否列入禁毁书目，作为评定图书价值的标准之一。1959年，商务印书馆重刊了《清代禁毁书目四种》，并附刊了近人孙殿起编辑的《清代禁书知见录》，这部书的出版使我们可以更全面地看到清王朝文化统治的全貌。新中国成立后，近十二年以来，我们编辑出版的许多目录之中，有以下两种大型目录，值得介绍。

从中华人民共和国成立之初，党和政府就很重视全国新出版图书的登记工作。自 1950 年迄至今日（注：1962 年），皆由出版局版本图书馆，根据全国缴送的样书，编成《全国总书目》，每年出版一册（开始名《全国新书目》）。这是一种资料性很强的登记性目录，它可以全面地反映一定时期内全国文化、科学和出版事业的发展情况，同时也起了登记、分类、编目和鉴定图书的作用。由于它采取了新中国成立后编定的新型分类法，因此在宣传图书和指引阅读方面的重要意义，就更为突出了。从科学研究或一般文化工作者的需要讲，这是一部不可缺少的参考文献。

在 1959 年至 1962 年间，中华书局出版了上海图书馆编辑的《中国丛书综录》。全书分为三册，第一册是总目分类目录，第二册是子目分类目录，第三册是子目书名索引和子目著者索引。

第三册是为辅助查检第二册而编制的工具。这是一种大型的丛书目录，也是一种综合性的目录学工具书。通过这部综录可以指示我国旧有的各种丛书的子目和各种书籍见于何种丛书，以及全国各大图书馆收藏丛书的总情况。这本目录的出现为扩大古籍图书的流通和利用提供了极大方便，为全面整顿我国古典文献奠定了很好的基础，同时在发展和充实目录学的内容和方法上提供了许多可供参考的经验。这种大型的丛书目录，在我国目录学史上是从不曾出现过的。

（原载《新闻业务》1962 年第 10 期）

目录版本学家钱遵王及其藏书

我国唐以前图书多为统治阶级所垄断，封建帝王收集国内图书，藏于秘阁，编成目录，以记一代艺文。如汉刘歆撰《七略》，晋荀勖撰《晋中经》，南朝宋王俭撰《四部书目录》等，都是奉当时最高统治者皇帝之命而做的国家藏书目录；而私人藏书向无目录传世。唐五代以后，雕版印刷术盛行，民间可以镂版自行印刷，书籍才能够广泛流传，由是，公家藏书反不及民间为多。

从我国历史上的记载来看，公家藏书，在每一次封建王朝的覆灭时，常随之而散失。但民间私人的藏书，因比较分散，则不可能在同一时期全部毁掉，因此，私家藏书反而成为公家补充藏书的源泉。

自宋尤袤、陈振孙而后，至清初四百年间，私人藏书家代有传人。到清康熙初年，私家藏书达到了最盛的时期，如钱曾、季振宜、黄虞稷、王士禛诸人，都是当时的藏书名家。他们的藏书各有特点，对目录学、版本学的研究也都有很大贡献。由于他们的广征博采，保存了很多富于思想性、史料性、艺术性的图书，并编制了各种类型的图书目录。另外，他们收集图书、编订目录的坚韧毅力和认真刻苦钻研学术的态度，也是值得我们钦佩的。像清初虞山（江苏常熟）大藏书家钱遵王就是当时较突出的。他在目录学、版本学的研究上，也多有建树，时至今日，还保存了他不少的研究成果，为发扬光大我国的文化，提供了不少资料。

钱遵王名曾，生于明崇祯二年（1629），卒于清康熙四十年（1701）。遵王是钱谦益的族曾孙，少为诸生，入清不仕。曾经随同谦益学诗文，很受到谦益的赏识。谦益晚年编选《吾炙集》

时，即标遵王诗居于首位，由此可以看到谦益对遵王是如何的器重了。遵王自幼生长在富有的家庭中，但是，他不追求奢侈的物质享受，也不在官场中钻营，谋求名利，而是把平生精力放在采集遗书秘籍，抄校宋元精集上。他在《述古堂书目》自序中，曾娓娓地述说一生笃学好书的情况："余二十年，食不重味，衣不完采，捆当家资悉藏典籍中，如虫之负板，鼠之搬姜，甲乙部居，粗有条理。忆年驱雀时，从先生长者游，得闻其绪论；逮壮，有志藏弆，始次第访求，问津知途，幸免于冥行擿埴。然生平所嗜，宋椠本为最。"由于他笃学好书如此，因而有许多罕见的古籍，被他保存下来，传至后代。这在我国文化史上，是一巨大贡献。他的功绩不仅是收藏保存了宋元以来的精刻本；并且，还由于他积学好古的兴趣，借校传抄了许多罕见的孤本秘籍，使许多有价值的书册，得到增益流通。这在私人藏书史上，是很重要的一件事情。

抄书之风，自明季中叶以迄清初，盛极一时，名家辈出。如山阴祁承㸁澹生堂、常熟毛子晋汲古阁和冯已苍冯定远弟兄，以及叶石君朴学斋、秀水朱彝尊潜采堂等家的抄本，都是最为藏书家重视的。钱遵王的抄本，在当时也是其中翘楚。他抄书极为严肃认真，采用底本多是宋元精刻。遇有残缺，必想尽一切办法，寻求善本，补成完帙。他所抄各书的卷尾栏外，总有"虞山钱遵王也是园藏书"，或"钱遵王述古堂藏书"等题款。抄书用纸古雅芳洁，行款精整，字体遒丽，时人誉之为"楮墨精良，下真迹一等"。其抄本中的《五彩著色画本香奁集》《白描卤簿图》《营造法式》等书，尤为难得的精品。

遵王藏书的特点，可概括为二：一是量大，二是质精。钱氏藏书自遵王之父裔肃时已负盛名，传至遵王，更得到大量的增益补充。他根据全部藏书分类诠次，编成藏书目录。传至今日，尚保留了遵王手订的三种藏书目录：一为《也是园藏书目》，一为《述古堂书目》，一为《读书敏求记》。这三种书目，详略不同，体例各异；但各有所长，对研究目录学者，都是重要的参考资料。《也是园藏书目》收书最多，计三千八百余种；《述古堂书目》收书二千二百余种；《读书敏求记》收书最少，仅六百三十四种。以这三种书目所载之书，与其后的清政府藏书目录《四库全书简明目录》来比较，是毫无逊色的。《四库全书简明目录》汇辑了有清一代的公家藏书，亦不过收书三千四百七十种，由此可见钱氏藏书之丰富了。

遵王利用他丰富的藏书，编辑了上述三种书目，为后人研究学术提供了非常重要的参考资料，在近代学术史上，曾经起了相当大的作用。这三种书目皆按经、史、子、集四部，分类排列。《也是园藏书目》仅记书名卷数；《述古堂书目》除记书名卷数外，间载册数及版本；《读书敏求记》所收之书，为钱氏书藏中之精华，专记宋元精椠，标明书之次第完阙，古今异同，并加以详细考订，是研究版本学重要的参考书之一，自乾嘉以来，藏书家皆奉为枕中秘宝，各种批注本有二十余种之多。相传遵王对这本书目是极为珍秘的，在未刻之先，把它秘藏书箧中，出入亲自携带，朱竹垞曾想借阅此书，但想尽办法都未借到。后来，竹垞在江南做典试官，曾设置酒筵约请遵王，同时，暗以黄金美裘贿赂遵王的书童，把《读书敏求记》原稿偷出来，雇用十数人用半夜的时间，抄录了一部副本。由此可见，该书在当时藏书家中影响之深了。

遵王藏书，除去博的特点之外，另一特点是精。遵王除继承了其父裔肃遗留的藏书外，还接受了钱谦益绛云楼失火后的全部藏书。这两大来源，其质量是精美无比的。钱谦益在裔肃墓志铭中，曾有如下记载："从孙嗣美好聚书，书贾多挟策潜往，余心喜其同癖，又颇嗛其分吾好也。天启间，官史局与中州王损仲商订宋史。……人言嗣美家有宋刻善本而未信也。辛丑从其子曾见之，刻画精好，阙文俱在……。"从这一段叙述中，可见裔肃藏书精美之一斑。至若钱谦益绛云楼藏书，则更是誉满海内，珍本秘籍指不胜屈。曹溶在《绛云楼书目题词》中，称谦益"尽得刘子威、钱功父、杨五州、赵汝师四家书；更不惜重赏购古本。书贾奔赴捆载无虚日。用是所积充牣，几埒内府"。

此外，更可提出的是绛云楼藏书，经火灾之后，还留有清常道人赵琦美（赵汝师之子）脉望馆校藏的抄刻本多种。其中值得大书特书的是传至今天尚存在人间的《古今杂剧》二百四十二种。（此书已归北京图书馆珍藏，1954 年商务印书馆影印收入《古本戏曲丛刊》第四集）关于这一批珍贵的杂剧，从赵氏父子经钱谦益传至遵王，几经曲折，留存到今天，的是不易。后人给了它极高的评价，当 1938 年这批书被发现后，郑振铎先生在《劫中得书记》中，曾赞誉地说："这宏伟丰富的宝库的打开，不仅在中国文学史上增添了许多本的名著，……而且在中国历史、社会史、经济史、文化史上也是一个最可惊人的整批重要资料的加入。这发现，在近五十年来，其重要恐怕是仅次于敦煌石室与西陲的汉简的出世的。"从这一段话，可以品评出这一批藏书的重大价值了。钱遵王处在明末清初以经学为正统的时代，敢于从戏曲艺术的角度，以兼容并蓄的治学态度，把数百种戏曲小说整理编排，收入藏书目中，从而使这批宝贵的文艺资料不致湮没无闻，这在我国文学史上是一巨大功绩，在我国目录学史上，也是新的创举。

遵王在整理藏书、编纂目录方面，虽然苦心孤诣地创造出不少成果，但是，他毕竟是在距今三百多年前的封建社会里成长的，加上他家庭出身的影响，因此他所编辑的书目，是有其一定的时代阶级局限性的，我们在参考使用这些书目时，还应给予一定的批判。但是，总的说来，钱遵王用他终生的精力，搜集图书，抄校异本，保存了历史上许多罕见的书籍，在目录学、版本学方面，做出了不少贡献，这是必须肯定的。

（原载《光明日报》1962 年 9 月 1 日）

古籍善本书著录浅说

全国古籍善本书总目编辑工作会议在 1978 年 3 月召开之后，颁发了《著录条例》供各收藏善本书的单位使用。最近，在广州又召开了全国古籍善本书版本鉴定及著录工作座谈会，对善本书的著录问题进行了广泛的讨论。经过这次讨论和一年来的工作实践，使我对古籍善本书著录的内容和方式，逐渐形成了一些看法，现在提出来，请同志们批评指正。

我国图书目录编制有着悠久的历史，根据史书记载，早在汉成帝河平三年（前 26），刘向即对汉代的国家藏书进行核对整理、编制提要目录，到汉哀帝建平元年（前 6），刘向之子刘歆编辑完成了汉代的国家藏书目录《七略》。自此奠定了我国历代编制图书目录的基础。

从西汉末年至清代末年，二千年间我国的图书目录，其编制形式，几乎一律都是书本式。著录的内容项目大概有一基本格式，即以书名为主，先行著录。迄至辛亥革命以后，随着公私图书馆的建立，开始有少数图书馆采用卡片编制目录。这主要是受了国外图书馆的影响，从而使我国传统的图书目录编制形式发生了变化。但这种由卡片组成的目录，也只局限在图书馆里面使用。有关专业性的学科目录，还多是以书本形式出现。

《古籍善本书总目》是专业性很强的参考目录，必然也将以书本的形式流通使用。但在编制成书本目录之前，必须先编制成卡片目录，而后汇辑成书本式的目录。因此在著录每张卡片的项目要求上，必须格式统一，文字简明，能准确地反映图书的特点。

　　著录古籍善本书卡片上的项目，可分为书名、著者、版本、稽核、附注五项，这是与一般古籍图书的编目著录项目相同的。但为了有效地鉴定版本和便于为编辑《总目》提供参考材料，在附注项之后，增加"备考"。这是与著录一般古籍图书不同的一点。

　　下面就各项著录的内容和要求谈一些粗浅的看法。

一、书名项

　　是著录书名和卷数的地方。它是由书名和卷数所组成。书名是认识一部书的起点，因此著录一部书，首先要确定书名。但是，一部书题名的地方有数处。如：封面、卷端、书口（版心）、边栏、序、跋、目录等处都可能有题名。而所题之名，又往往不同，这就需要有明确规定。定书名的标准，应以一书的正文卷端所题书名为标准。但有的书卷端不题书名，而题篇名，所谓"小题在上，大题在下"，这是由于古代简策制度带来的影响，必须加以区别。例如《史记》明嘉靖初年震泽王氏刻本及现尚流传的宋刻本都在正文卷端题名《五帝本纪一》，同行下面题名《史记一》。遇到这种情况，就不能拘守卷端题名著录的规定。还有的书卷端所题的书名不能代表全书，例如《四书章句集注》，卷端首行题名《大学章句》，这实际只是《四书》中的一种，它和《中庸章句》《论语集注》《孟子集注》合起来才称为《四书章句集注》。如只著录其中一种，自然不能代表全书。遇此情况，应参考封面、目录、序、跋或其他参考书，定出正确的书名，并在附注项注明"书名据×××所题拟定"。

　　著录书名之后，即应详计卷数。书籍分卷是中国古籍主要的标志，它与册数的作用不同，有的一册书包括数卷，也有的数册书合为一卷。因卷数与内容有密切关系，所以在编目著录时应详细计算，著录清楚，不可含糊或著录错误。同种书如卷数不同，即表示这部书版本不同。例如叶昌炽著的《藏书纪事诗》有两种版本，一为其同乡江标（建霞）所刻的六卷本，即《灵鹣阁丛书本》。这个本子错误很多，叶氏自己也很不满意；另一个本子即叶氏自己刻的七卷本，这是比较好的本子。又如《水浒传》有百回本、一百二十回本及七十回本等，其内容因回数各异而有所不同。对所有古籍都可通过卷数（回数）初步判定其内容性质的异同。因此编目著录必须详注卷数，以便作为辨别版本的依据。检查卷数要十分细心，绝不能认为是机械而又烦琐的数字问题而不加重视。检查一书有若干卷，是否完整，不能只看目次所列的卷数与正文的卷数是否相合；同时还要注意目录或书口上所列卷数有无割裂、挖补的痕迹，以防用残书充全书。旧社会的书估为了营利，常常把残书充全书。尤其是对宋、元、明时代较早的残书，往往涂改卷次，挖补目录，以残充全，售卖高价，骗人上当。对这些遗留到今天的作伪书，在编目著录时，必须认真辨识，不可疏忽大意。

卷数的计算要以原书为准。凡原书未分卷者，一般称不分卷。篇幅虽少，首尾完整者可称一卷，篇幅较多者应注不分卷。有些卷数不连贯的书，如宋苏轼撰《东坡集四十卷后集二十卷内制集十卷乐语一卷外制集三卷应诏集十卷续集十二卷》），应将各个著作的卷数分别著录清楚，不应统称东坡集九十六卷。但一书有总名而无总卷数，只有当中个别著作的卷数，其卷数可以总计著录，个别著作的书名及卷数于附注项分别列出。

有些书籍的目录所列卷数与本书正文的卷数不相符，在目录中有时题"嗣刻"或"未刻"，这是初刻的未足本，不能做残本计算。例如明代遗民陈瑚著《确庵文稿》四十卷，其中卷十一、十七、十八、二十五、二十七、二十九至四十俱注未刻，实刻二十三卷。著录时还应题为四十卷，在附注项注明未刻的卷数及实际已刻的卷数。

二、著者项

是表明著作人的时代和姓名及其对著作所采用的方式，或与该著作的关系。可分三方面说明：

著者时代一般以著者的卒年代表他的时代。但也可参考其生平事迹、写作时代及习惯题法。例如《燕子笺》的作者阮大铖，其一生的主要活动都在明朝，他在投降清朝三年后即死去了。因此著录他的时代还应题为明。又如黄宗羲在明朝灭亡后，即不再出来做官。有的人为尊重他有民族气节，编目时把他的时代著录为明。但从其生平事迹考虑，他生于明万历三十八年（1610），死于清康熙三十四年（1695）。从出生算起他在明朝只有三十四年，而在清朝却生活了五十多年，而其学术成就也都是在清代完成的。因此，定他为清代人为宜。

著者姓名应采用真名，不得用字号或别署。古籍图书在序、跋或卷端题著者姓名时，多附加籍贯、官衔、字号等。编目著录时，必须区分清楚。例如有一书名为《次柳氏旧闻》，卷端题下署名"赵郡李德裕文饶撰"。正确著录应是"唐李德裕撰"，不能著录为"唐赵郡撰"。又如有一书的著者在序言后署名为：顺治十四年春仲郡司李中州祝昌撰于公署。此书著者应著录为：清祝昌撰，而不能著录为：清李中州撰或清李祝昌撰。因为司李是官衔而不是郡司中的李某人。

还有的书，在序跋中称谓著书人的姓名时往往加尊称如"某公""某君"等。在著录时若不够细心，有时将尊称作为著者名字，而著录错误。例如将《知畏堂集》作者张采，著录为张公采。相反的，也不要把姓名里带有"公"或"君"字的名字给省略错误了。例如宋罗公升（著有《罗沧洲集》）误为罗升。

有的后代子孙编印他们先人的著作往往自称"男××辑"，或

"孙××辑"。男字因无此姓，不会发生问题；"孙"字则极易误认为姓。如《夏检讨年谱》一卷，题"孙味堂恭辑"。应著录为"夏味堂辑"，如著录为"孙恭辑"或"孙味堂辑"，则完全错了。

总之，著录古书作者的姓名，常会遇到种种复杂情况。如有伪托某人所做，有的嫁名某人，有的一人前后更名，有的用别号，也有的不著撰人姓名。诸如此类，都必须考订其真实姓名，统一著录，不得分歧或著录错误。

著作方式也称为著作关系，其含义就是著者对其著作负有什么样的责任。最常见的著作方式有下列数种：

（一）撰

自著者称撰。譔、纂、述、学等都可称撰。

（二）编

把一人或多人的著作按一定次序排比为一书，称编。

（三）辑

集录零散文篇成为一书的称辑。

（四）注

对前人著作进行解释称注。笺、疏、训诂、音义、集解、集传等可依原书所题著录。

（五）其他

纂修、批点、考订、索隐、释文、绘、藏等，可根据情况依照原书所题著录。

三、版本项

是著录一部书籍的版本情况记录，要准确地反映一部书的版本特征，以便区别于本书的其他版本。版本的特征主要从出版年、出版地、出版者的异同来区分。

出版年著录的依据，主要是根据牌记或刻书的序跋及封面所题年款而定。但是古籍旧书经过多年流传，往往失去了牌记、封面及刻书的序跋；或者是翻刻本保留了原版的年代，因而不易鉴别。但任何事物的发展总有其一定的规律，古籍图书的发展，从年代去考察，亦可发现每一朝代的刻本，有每一朝代的风格特征。例如从字体风格方面看，宋元版书字多手写体。北宋早期刻书多欧体字，字体秀丽俊俏，字形略长。中期以后流行颜体字，字体雄伟朴厚，字形肥拙，间架开阔。南宋以后刻书多用柳体，字体细瘦而锋利，笔画挺拔有劲。元及明初刻书字体渐趋柔软圆润，多用赵体字。民间坊本往往又掺用简体字。明代嘉靖以后刻版字体呆板、方正，横平竖直。万历至明末刻本字形变长，笔画横细竖粗，有如现代之铅字。清初至乾隆盛行两种刻书字体，一种是硬体字，横轻竖重、捺拙而肥。此种硬体字康熙朝多数较瘦硬，乾隆时多肥润。另一种是软体字，即是手写体字，字体优美，但缺乏古意。以上是从字体鉴别出版年代。

又如从行款边栏的特征分辨年代。一般宋版书多白口，版心多有刻工名；元版多黑口，四周双边，目录中间常常刻有花鱼尾；明版书明初多大黑口，嘉靖以后多白口，很少带有刻工姓名。

此外，书中的讳字、印书的纸张、书中刻工的姓名以及书上的题跋、识语、藏书印章等，都可作为著录年代的参考依据。

出版地的著录，亦是鉴别版本的主要依据之一。宋元时代刻书业的三大中心所刻的浙本、建本、蜀本，都有各自的独特风格。

明清两代刻书事业更为普及，全国各地都有刻书的书坊，刻书工人亦多流动生产。因此各地刻书的特殊风格不太显著，仅从版刻的风格来鉴定出版地是不容易辨别的。因此对于出版地的著录，必须是确知为某地者，再照原书所题地名著录。例如对所谓北宋猫儿桥本的《文选》，其出版地应著录为"宋杭州开牋纸马铺钟家刻本"。

　　出版者的著录：古籍的出版者就是刻书单位，古代的刻书单位从其性质区分，概括有官刻、家刻和坊刻三种。无论著录哪一种类型的出版者，都必须有确切的证据始可注明某某刻本或印本，不能约略估计。因为有的书既是官刻本又是坊刻本。例如方志是官修，但有书坊刻印等情况，若稍有疏忽即易造成著录分歧。有的书版由一刻书单位转让给另一单位或个人，在书内同时保留了两个刻书牌记，遇此情况著录时应仔细分析，比较正确地决定取舍，并尽可能地在备考项将两个牌记记录清楚，以便于鉴别版本异同。例如，《新编事文类聚翰墨大全》一书封面有"安正堂梓　万历辛亥岁孟夏月重新整补好纸版　每部价银壹两正"的题识。卷末又有"嘉靖丁巳清白堂杨氏归仁斋新刊"牌子。从这两个牌记的时间先后，可知该书原是归仁斋刻的书版，后由安正堂重新整补印行的。因此对出版者的著录应该是"明嘉靖三十六年杨氏归仁斋刻万历三十九年安正堂重修本"。

　　还有的书版虽然易主，但易主之后未经重新整版即行印书，在著录出版者时，应择其有确切年代者为依据。例如有一部《绘像注释魁字便蒙日记故事》卷端题名下有"闽建书林刘玉田梓行"字样，在卷末又有"万历甲寅孟秋四有堂周氏静吾绣梓"的牌记。遇此情况则以有确切年代的刻书人为出版者，著录为："明万历四十二年周静吾四有堂刻本"。把"刘玉田梓行"的字样，在备考项注明。

　　版本项中除去时间、地点和具体刻书人之外，还有版本类别在编目著录时也是极为重要的。版本类别主要是指版刻的不同种类，即从制成一本书所采取的方式方法而言，如抄本、稿本、刻本、活字本、套印本、钤印本，等等，可根据原书情况分别著录。这里应该特别注意的是同一种书，却有一两种或更多种不同的本子，即所谓的翻刻本、重刻本、增修本等等不同情况，分述如下：

（一）原刻本

原刻本的名称是对重刻、翻刻本而言，凡是初次刻印的称为原刻本，或称初刻本。例如：明祁彪佳撰《祷雨文》一卷，明崇祯十七年（1644）苏州府刻蓝印本。祁彪佳崇祯时任南京巡抚，他授命苏州府刊刻著作，以收民心，是有一定政治意义的。此本又是蓝印，证明既是初刻又是初印本。因为朱印、蓝印都是初印特征。

（二）重刻本

原书版片漫漶残损或散佚不全，又重新雕版刊刻的称重刻本。如清康熙三十七年（1698）徐惇复刻宋苏舜钦著十卷本《苏学士文集》即为重刻本。因该书序言中说明前代曾有刻本，但版已毁，至清康熙时徐惇复又据原书重刻。重刻本有两种情况：一是将一书的内容，依照原本刊刻，而行款、字体与原本不完全相同；另一种情况是依照原刻本的版式、行款照样刊刻，后一种与翻刻本基本相同。

（三）翻刻本

据原书书版复刻，其字体、行款与原书完全相同。明代正德、嘉靖间翻刻宋本的风气盛行。如明嘉靖时袁褧嘉趣堂翻刻宋严州本《世说新语》、王延喆翻刻宋黄善夫本《史记》、郭云鹏济美堂翻刻宋廖莹中世绿堂本《河东先生集》等。

（四）影刻本

按照原书影抄摹写，然后上版刻印的称影刻本。例如明崇祯六年（1633）赵均翻宋刻本《玉台新咏》，边栏行款，字体墨色，均如宋刻。如不读卷末赵均的后序，不易分辨出原刻和翻刻的区别。因此，书估往往把赵序撕掉，以赵刻本冒充宋本。而近人徐乃昌又据赵本加以影刻，刻法极精，字画如写，印刷用旧纸或用仿宋罗纹纸。书估又多以徐刻本冒充宋本或赵本，致使研究版本学多年的专家，也未能分辨清楚。这的确是古书版本的幻中之幻，在鉴定版本时绝不可大意。

（五）重修本

一书的版片，因年久漫漶，字迹模糊或散佚不全，经后人整理补版重印的称重修本。例如明张大复撰《梅花草堂集》，初刻于明末崇祯间，后遭兵乱散失十之三，至顺治十二年（1655）又为之重修补刻。在著录版本时，应题为"明崇祯刻清顺治十二年梅花草堂重修本"。

（六）递修本

一本书的版片经过两次以上不同时期的重修补版称为递修本，如宋本《汉书》，宋代、元代都曾补版重印，应著录为"北宋刻宋元递修本"。

以上所列六种不同版本类别，在编目著录时，除重修本、递修本，须于版本项注明外，其他如原刻、重刻、翻刻、影刻等只是作为鉴别版本的结果，可于备考注明，不必在版本项著录，以求目录款目简明。

四、稽核项

是查对审核图书册数、图像、装订形式的项目。

著录册数应以现存实际册数为准。稽核一书是否完整，应以卷数全、缺为依据，但从藏书数量上检查图书必须以册数为根据，因此对册数的著录必须准确。

著录图像在册数之后空一字，著录为"有图"或"有图像"即可。关于图像有若干幅，刻印是否精良，可于备考详细注明。

装订形式的著录，一般线装、包背装都可省略不予著录。对于卷轴（卷子本）、折装（梵夹装）、蝶装（蝴蝶装）等，则应于册数后空一字著录清楚。

五、附注项与备考

是有关解释书名、著者、版本、稽核各项的补充说明。为了使目录的各个项目简练明确，除去有关书名的如"书名本馆拟定""丛书子目"或有关卷数的"残书存卷"等情况于附注项著录外，其他有关补充各项的说明，都可于卡片背面的备考著录。其主要内容包括：第一，要详细著录一书行款、字数、版口、边栏、刻工、牌记。第二，必须要注明著者的简历。如个人奏议、传记和各代的诗文别集等著作，都应将著作人和被传人的确切时代注明。第三，有关版本的考定依据及流传收藏情况。在编目著录时，必须详细著录第一条所包括的内容外，其余二、三两条，可根据各书不同情况著录其一或二。

从"备考"应著录的内容分析，它与附注项是一致的，甚至也可以说更加详细著录的附注项即是备考。两者是大同小异，其区别只是著录内容的详简与位置有所不同。附注项著录的位置在卡片正面稽核项下，著录文字要求简单、扼要、确切。备考著录的位置在卡片背面圆孔下方，按各书不同要求的内容分条著录，文字多少限制不严，必要时还可把有关鉴定版本的刊书牌记，临画下来。除此之外，没有更多的区别。如以元至正十一年（1351）虞氏明复斋刻《春秋诸传会通》一书为例，备考应著录的内容是：

十二行二十二字，黑口，左右双边，版心下镌刻工姓名，卷二十四后有：

〔虞氏明复斋刊　至正辛卯仲冬〕牌记。

卷首：春秋诸传序、春秋纲领。

序后有"至正辛卯腊月崇川书府重刊"题记。

以上所列该书的几点特征，对确定该书版本提供了必要的参考材料，是鉴定古籍善本书不可少的根据。这些根据的记录，既不同于传统的目录提要或题解，也不同于一般目录的附注。把它著录在卡片背面，作为鉴定版本的参考材料却十分重要。因此，在全国古籍善本书总目编辑领导小组成都会议上，把它定名为"备考"。这一"正名"工作也是十分重要和必要的吧！

（1979 年 4 月 8 日）

（原载《北图通讯》1979 年第 2 期）

试论《直斋书录解题》在目录学史上的影响

陈振孙字伯玉，号直斋，是我国南宋时期著名的目录学家和藏书家。他生于孝宗淳熙末年，祖籍浙江安吉。曾任江西南城县令、福建兴化军通判、国子监司业等职。他撰著的《直斋书录解题》是我国古代流传至今最早的私家藏书目录之一。这部目录改进了图书目录详注卷帙，略论撰人名氏及品题内容得失的旧有传统，开创了目录编撰解题的先例；又因其著录南宋以前所有的图书最为全面，使不传于今天的古书，借此书目可以了解当时流传的情况；传于今天的也可以借此辨别真伪，考订今本与古本的异同，因此它在目录学史上占有重要的位置。

从目录学的意义解释，书录即解题，但它不同于一般的藏书目录只记载书名，而是对一书的卷帙多少、撰著人的官职名氏及其学术的渊源或版本的类别，都加以评介论述。这种解题目录的编制，在目录学史上是一大进步，编写目录采用这种体例，虽不是陈振孙的发明，但采用"解题"这一名称却创始于陈氏此书。南宋初年晁公武曾撰有《郡斋读书志》，即是这一类型的解题目录，但它著录图书仅有一千四百多部，而《直斋书录解题》却著录图书三千多部。宋代以后，有明代高儒的《百川书志》，清初有钱曾的《读书敏求记》，以及清乾隆时官修的《四库全书简明目录》等，都属于同一类型的目录著作。此后许多藏书家多有相同于此类目录的编撰，从而形成了目录学中的一个流派。但是，这样一部承先启后，开创目录学新支流派的著作，经过改朝换代的兵燹战乱，竟而失传了。一直到公元18世纪晚期，清代乾隆时修《四库全书》，才从明代流传下来的《永乐大典》中辑录出来。

《永乐大典》中收录的《直斋书录解题》，由于编辑草率，脱文讹句很多，卷帙次序也多有割裂颠倒的地方。经过四库馆臣的校订编排，把陈振孙原来编撰的五十六卷本，辑录为二十二卷，这个二十二卷本的《直斋书录解题》即成为以后的通行本。

将二十二卷通行本的类目和分卷与现存五十六卷本元抄残卷的类目和分卷相互校核，即发现《直斋书录解题》的编制顺序是根据图书内容性质按类排列的，其分类体系继承了隋唐以来目录学正统派的四部分类法。即首先分为经录，其次为史录，再次为子录和集录，共为四录。每录之下有一大序，可惜这四录的大序没有留存下来，大约在永乐之后就已亡佚了。现在所能见到的只有作为标题用的五十三个类目。其排列顺序如下：

易　类	书　类
诗　类	礼　类
春秋类	孝经类
语孟类	经解类
谶纬类	小学类
正史类	别史类
编年类	起居注类
诏令类	伪史类
杂史类	典故类
职官类	礼注类
时令类	传记类
法令类	谱牒类
目录类	地理类
儒家类	道家类
法家类	名家类
墨家类	纵横家类
农家类	杂家类

小说家类	神仙类
释氏类	兵书类
历象类	阴阳家类
卜筮类	形法类
医书类	音乐类
杂艺类	类书类
楚辞类	总集类
别集类（上、中、下）	
诗集类（上、下）	
歌辞类	章奏类
文史类	

从上列类目中可发现五十三类中，唯别集类分为上、中、下三卷，诗集类分为上、下两卷。而其余每类各自为卷，虽有的类目少至存书一部也定为一卷，如墨家类、纵横家类存书各为一部亦各为一卷。如此以类为卷统计起来，恰为五十六卷。而二十二卷本却是根据每类收书部数的多少而定，少者合并数类为一卷，多者每类自成一卷，使每卷收书部数近似，平均分配而定为二十二卷。再以《直斋书录解题》所收全部藏书的总卷数相比勘，从其存书部数及存卷总数相查对，都可以发现二十二卷的通行本和五十六卷的原书内容是一致的，只是文字小有差异，多为乾隆修《四库全书》时四库馆臣为避清帝禁忌而做的修改，如把"虏"字改作"敌"字，把"乱华"改作"败盟"，"虏贼"改作"金国"，等等。

《直斋书录解题》的编制是根据陈氏实有藏书撰著而成。因此反映在分类的类目数量上，史录与子录的类目比其他两录的类目为详细，这样强调史籍和重视诸子百家的著述是值得注意的一个特点。另外，在具体类目的设置上，他也考虑到实际的需要而设立应有的类目，例如宋代以前的公私藏书目录，向无"语孟类"类目的设立，自宋哲宗元祐时，把《孟子》列在经部，是有《十三经》之始，同时把它作为开科取士的考试科目。陈振孙在当时政治形势的要求下，为了使《书录解题》符合实际需要而创设"语孟类"，并为之写一小序，他说："自韩文公称孔子传之孟轲，轲死不得其传，天下学者咸曰孔孟，……今国家设科取士，语孟并列为经，故今合为一类。"自设立"语孟类"类目之后，《明史·艺文志》沿用发展为"四书类"，而成为后代各家书目列类遵循的规范，再不单列"论语类"了。

又如"起居注类"自《隋书·经籍志》创立之后，《唐书·艺文志》沿用而外，至宋代《崇文总目》及晁氏《郡斋读书志》都改列"实录类"。陈振孙为了"类聚得体，多寡适均"而增设"起居注类"，并写有小序说明："《唐志》起居注类、实录、诏令皆附焉，今惟存《穆天子传》及《唐创业起居注》二种，余皆不存，故用《中兴馆阁书目》例与实录共为一类，而别出诏令。"这篇小序突出地反映了陈振孙在目录学中推陈出新的观点。他既继承了过去目录的传统，沿用了旧的类目，但又有所创新。根据现有的藏书性质和便于使用把实录并入"起居注类"里，而从其中分列出"诏令"作为一个新的类目。"诏令类"是陈氏以前任何公私书目中从未设立过的新类目，这个创新在图书分类学上的影响也是极为深远的。

在同样的情况下，他对有所改进或新创立的类目都写了小序加以说明。现在保存下来的小序除去上列两序外，尚有小学类、农家类、阴阳家类、时令类、音乐类、诗集类和章奏类七个类目的小序。这几篇小序最值得注意的是音乐类，陈氏对此类目的改革有着独到的见解，其思想观点虽还是维护旧的礼乐，但是他把传统的乐经与民间流行的音乐做了本质上的划分。他在音乐类的小序中指出："窦公之大司乐章，既已见于周礼，河间献王之乐记，亦已录于小戴，则古乐已不复有书，而前志相承，乃取乐府、教坊、琵琶羯鼓之类以充乐类。"他认为把民间的音乐并入古代乐经中去是不对的。因此，他在"杂艺类"前设立"音乐类"，把礼乐中的一些民间音乐图书作为近似杂艺的一项技术艺从经录中提出来，列入子录中，这不能不说是图书分类史中的一次突破。

此外如法令、奏议、时令、诏令、别史等类目的编定，也都是从陈振孙开始创立的。宋代以后公私书目即多仿此而立类。到清代纂修《四库全书总目提要》及《四库全书简明目录》继续沿用这些类目之后，其影响则更为巨大了。

《直斋书录解题》共著录图书三千零九十六种，五万一千一百八十卷。这个数字不仅大大超过了宋代及其以前的私人藏书，而且与当时的政府藏书相比，也绝不逊色，甚至是超过的。例如稍早于陈振孙的晁公武所编撰的《郡斋读书志》著录藏书二万四千五百卷。当时南宋政府编制的《中兴馆阁书目》也不过著录藏书四万四千四百八十六卷，加上孝宗淳熙以后所得的图书，由张从龙等编为《续目》，又增加了一万四千九百余卷，正、续目加在一起才比直斋藏书多出八千余卷。《直斋书录解题》不仅在藏书数量上超出当时所有的书目，更重要的是在解题文字及内容的精要和参考使用价值等方面，与当时所有的书目相比较，它也是非常突出的。

《直斋书录解题》更重要的贡献是把传统的目录学和新兴的版本学结合起来，融会到解题中，这在我国目录学的发展史上，起了很重要的促进作用。《四库全书总目提要补正》中称它说："解题叙述诸书源流，州分部居，议论明切，为藏书家著录之准绳。"《四库全书总目提要》中也说它是"古书之不传于今者，得藉是以求其崖略；其传于今者，得藉是以辨其真伪，核其异同，亦考证之所必资，不可废也"。一部私人藏书目录，得到后代目录学者对它这样高的评价，即说明了它是具备了一定的实用价值和影响的。

《直斋书录解题》在目录学方面的贡献，有如上述，但对其在版本学方面的创造和成就却从无人论及。在某些论述版本学的著作中，一般都公认南宋初年尤袤所撰的《遂初堂书目》是记载图书版本的滥觞，因为它"往往一书而兼数本"。实际上《遂初堂书目》不仅没有解题，而且对原书之卷数及撰著人也都省略不著。间或于经部、史部的少数图书中著录一二不同版本，也仅只简略地注出"京本某书""监本某书""杭本某书"，难以看出版本的优劣及其源流。清代著名的校勘学家顾千里在《石研斋书目》序言中说："由宋以降，版刻众矣，同是一书，用校异本，无弗复若径庭者，每见藏书家目录：'经某书；史某书云云'。而某书之是何本，漫尔不可别识，然则某书果为某书与否？且或有所未确，又乌足论其精确美恶耶？今先生此目，创为一格，各以入录之本；详注于下。既使读者于开卷间目瞭心通，而据以考信，遂不啻烛照数计……。"顾千里在这里说自宋代以来，所有的藏书家目录都没有详细著录版本，只有秦恩复的《石研斋书目》开始著录版本"创为一格"，这个结论是不公允的，也不符合历史的真实。因为"创为一格"，开始详著版本的书目，不是清代的《石研斋书目》，而是陈振孙的《直斋书录解题》。他在解题中对藏书版本的论述是很多的，如在唐元度撰《九经字样》中写道："往宰南城，出谒，有持故纸鬻于道者，得此书，乃古京本、五代开运丙午所刻也，遂为家藏书籍之最古者。"寥寥数十字，叙述了作为一个藏书家，平时注意收集图书的习惯和他得到"善本古籍"的经过，同时也说明了他得到的这部"善本书"刻于何时、何地，在他所有的藏书中所占的地位，等等。又如《春秋经》著录为："每事为一行，广德军所刊古监本也。"仅仅十数字已把古书的款式和版刻记录清楚了。

作为一个版本目录学者的藏书家，不仅要注意到现有印本书，而且还要自己抄录流传较少的罕见本书籍补充丰富其藏书，以便于参考研究使用。例如他对周必大的《周益公集》曾经抄录补配其内容中有触犯时忌、不利于当时统治阶级利益的一些卷次。他在解题中说："其间有《奉诏集》《龙飞录》《思陵录》

凡十一卷，以其多及时事托言，未刊，人莫之见。郑子敬守吉募工人印得之，余在莆田借录为全书，然犹漫其数十处。"又如对当时流传很少的十卷本《孙子》，他在抄录完毕撰著解题时说："《唐志》及《中兴书目》并无之，余从程文简家借录。"《造化权舆》也是流传很少的一部唐朝人的著作，他从《道藏》中把它抄录成单行本并撰解题说："陆师农著《埤雅》颇采用之，其孙务观，尝两为之跋，余求之久，不获，己亥岁，从吴门《天庆道藏》中借录。"类似这种抄书的例证是不胜枚举的。在他五万多卷的藏书中由他自己或请人抄录的罕见图书是极为众多的，因而保存了大量在当时已经是流传很少的图书。

陈振孙在《直斋书录解题》中记录版本方面，不仅注意到印本和抄本，而且对拓本也非常重视。他在《御注孝经》解题中写道："唐孝明皇帝撰并序，今世所行本也，始刻石太学，御八分书，末有祭酒李齐古所上表及答诏，且具宰相等名衔，实天宝四载号为《石台孝经》。乾道中，蔡洸知镇江，以其本教授沈必豫，使刻石学宫云。欧公《集古录》无之，岂偶未见之耶!？家有此刻，为四大轴，以为书阁之镇。"在《解题》里他对《孝经》的作者、序跋者、刻石经过、授受源流、摹拓本末及其收藏情况都做到条分缕析，叙述得十分清楚简洁，可称得上是撰写版本目录所遵循的圭臬。

根据以上所述，《直斋书录解题》在图书分类体系、编目方法以及解题内容各方面，都有独到的见解和卓越的贡献。这一著作不仅继承发扬了我国目录学的优良传统，保存了失传的古代文献资料，而且通过陈氏多年的实践创造可贵的经验。今天，这一部有丰富内容的目录学遗产，还有待于我们做进一步的研讨和利用。当然，我们也应注意到陈振孙是七百年前的封建官僚知识分子，由于受阶级地位的局限，他的一些错误观点，必然要反映到《解题》中去。例如他对王安石的变法等政治措施，就是极端反对，他把由于阶级矛盾日益尖锐而造成的国弱民贫现象，归罪于变法的结果，就是把事件发展的本末颠倒了。

最后，谈一谈《直斋书录解题》的版本流传情况。目录学本来不是猎取功名或投人所好的"趋时之具"。陈氏的《书录解题》恰恰是这样不为人所重视的目录著作，所以一般达官显宦和追求功名利禄的士大夫都不重其书。宋代印刷事业虽然很发达，但对这种不是趋时射利的作品，却很少有人去刊印它。因此，宋代刊印的《直斋书录解题》今已不可得见，但从其他文献中还可考见此书在宋末已有传本，而且为当时学者所重视，如南宋遗民周密在《癸辛杂识》中称："近年惟直斋陈氏书最多，盖尝仕于莆，传录夹漈郑氏、方氏、林氏、吴氏旧书至五万一千一百八十余卷，且仿《读书志》作解题，极其精详。"此书在宋代的传本，已为识者所重视，并评它是"极其精详"的一部好目录。

元代有无刻本，不见著录。传于世的有抄本，残存第四十七卷楚辞类、第四十八卷总集类、第四十九至五十卷别集类等。又有子部数卷，仅见卢文弨（抱经）校跋，未见其书。据通行本中的"随斋批注"推断，当有元刻本。随斋即元代程棨，《解题》中多有其批注。

明代有万历武林陈氏刊本，仅见著录，未见原书。清乾隆间有卢文弨抱经堂抄校本。其后有吴骞拜经楼增校本及顾千里抄校本。

今人李盛铎木犀轩有传抄宋兰挥旧藏本，此本应早于卢氏抄校本，但内容讹文脱字极多，实非善本。

以上所列皆为五十六卷本。

其二十二卷本则自清代修《四库全书》时，自《永乐大典》中辑出。此后即用活字排印成《武英殿聚珍版丛书》本，广为流传。此本一出，首先由福建书局翻刻，随后苏州、杭州相继刊刻，而成为普遍的通行本了。

辛亥革命以后，研究目录版本学的风气曾兴盛一时，这部重要目录学著作的刊印也受到影响。因此一些较大的出版社又排印了铅印本。如商务印书馆出版发行的《万有文库》《丛书集成》等丛书都收录了《直斋书录解题》。但单行的排印本还不曾见到。

新中国成立后，国家出版单位在"古为今用"的方针指引下，曾计划出版这部目录，但遭到林彪、"四人帮"一伙的压制与破坏。现在大地重光，文化出版界展现了欣欣向荣生动活泼的局面。出版机构已将这部重要的目录学著作，列入出版规划之中，在不久的将来，《直斋书录解题》将以新式标点的校订本出现，在社会主义的四个现代化中，发挥其应有的作用。

（1979 年 10 月）

（原载《宁夏图书馆通讯》1980 年第 1 期）

古籍丛书编目著录浅论

我们伟大的祖国是世界四大文明古国之一，其历史之悠久，文化之辉煌，典籍之丰富，举世闻名。两千多年来，在不同的政治环境中，出于不同政策的需要，在破坏或保存这些典籍方面所造成的功勋和过错也是尽人皆知的。十年动乱，我们的典籍又一次遭到浩劫。为了保护和继承文化遗产，做到"古为今用"，敬爱的周总理在逝世前不久发出指示："要尽快地把善本书总目编出来。"打倒"四人帮"之后，图书馆界为实现周总理遗愿，于1978年起开始编辑《中国古籍善本书目》，我们有机会参加这一工作，感到十分荣幸。

在全国总编过程中，经常遇到这样一种情况：同一种书，由于各馆著录歧异，往往需要经过一次甚至数次函询或查书比对，方能并片、定稿。产生这种歧异的原因是多方面的：或者因为各馆藏书全残不一，未加审核，视残为全；或者由于没有细检全书，只看到某一侧面，以偏概全；而更多的则是由于对一些问题缺乏统一的认识。

这里，我们仅就丛书编目著录中一些常见的、带有普遍性的问题谈谈自己的看法，供各地编制馆藏古籍书目或地区性善本书目和古籍联合目录时参考。

一、关于丛书的定义和范畴问题

丛书，往日又称汇刻图书。顾名思义，它是将两种以及两种以上的著作（通称子目）合刻为一书，并冠以总名。这里有两个前提：一是数量，不得少于两种子目；二是书名，须有总名统括全书。前者自不待言，后者则常被忽视，其所以要强调这一条，是因为：第一，丛书大抵都是编辑者抱着一定的宗旨而搜罗汇刊的，有的还做了校订、注释、增补等方面的工作，而总书名往往在某种程度上体现了编者的意图、全书的特征或编者所付出的劳动，并且成了固定的名称，已为世人所熟知。第二，在中国的古籍中，有的虽是将多种书汇刻在一起，但并无总名。有四种情况：一是在流传过程中，总名佚去；二是各种子目版式相同，由于某方面的原因，辑者还没来得及列总目、取总名；三是个人诗文集汇总刊印，习惯上已归入"别集类"；四是以其中一种子目为主体，其他实为附刻。前两种，我们编目时应多方考证，还其原名或拟订总名；后两种，则纵具汇刻形式，仍然不能视为丛书，宜做单书著录。

　　从图书分类的角度上看，丛书依其子目的类别性质又分为汇编与类编两种。汇集不同部类的书为一书，属汇编丛书，也可称为"狭义丛书"；汇集同部类的书为一书，属类编丛书，又称"广义丛书"。《中国古籍善本书目》采用五部分类法，设经、史、子、集、丛五部，各部之下又分若干大类；因此丛部所收之丛书只限于狭义丛书（即汇编丛书），而类编丛书则按部类性质，各入其类。这是很清楚的，但有两个地方容易出现淆乱：一是由于古代学科界限不如今日精细，文学、历史、政治、经济、法律、哲学，等等，经常融为一体，而古籍分类法的类目又是沿袭千百年来传统的分类体系，若不经心，某些丛书就难以分清是汇编还是类编。比如《稗海》《顾氏文房小说》实际上不纯是小说，《历代小史》《国朝典故》收录的也不全是史籍，应属汇编丛书，可是有的古籍目录只望文生义，将其分别归入了子部小说类和史部杂史类。古人如此，今天犯有同样错误的亦不乏人。二是将两种或数种个人诗文集汇刻为一书者在中国古籍中屡见不鲜，尽管它已具有丛书的某些素质，但习惯上并不视为丛书，而仍然应该归入别集类，只有同时收录属于经、史、子部的著作，才能视为自著丛书。应该说，这是一种例外，但属"约定俗成"，我们还是应该遵循。

丛书既然是"聚众书为一书"，构成丛书的最小单位就应该是"书"而不是"篇"，相应的我们著录的丛书子目也就应该是书名而非篇名。这本来也是很清楚的，但又有四种情况容易引起淆乱：一是节录，内容删去甚多，但保留原有书名，过去称为"杂纂"；二是残帙，在流传过程中佚去许多篇幅，至今保存者只是其中一部分甚至是一小部分；三是辑佚，是辑者从其他书中"钩沉""拾遗"辑集成书的；四是单行，即选择某书中的某一章节单刻发行，以篇为名。所有这些，我们认为虽非原貌，但仍具书之规模，并已在社会流传，不能再视其为"篇""章"，而应该给予"书"的地位，凡将它们汇刻在一起并给予一个总括的名称者，就应该视为丛书，如《说郛》《玉函山房辑佚书》《汉学堂丛书》，等等。

二、关于择定丛书书名的问题

中国古籍目录，传统上都是以书名为主要款目，一般人都已习惯于这种著录方式。可是相当数量的中国古籍，卷端、封面、目录、版心、序跋、题词、书签往往题名不一，加上过去一些书目又习惯于自拟书名，这样，便出现了"一书多名""同书异名"的情况。比如明代俞允谐辑刻的《三异人文集》，此次善本书目卡片汇总，全国有九个馆报片，其书名就有六种提法，且都有所依据。这种情形，常使编目人员感到为难。再说，丛书不同于单刻本，除部分自著丛书外，卷端大多没有总名。因此，择定丛书书名便成了编目中重要的一环。

编制书目，为的是方便读者检索，发挥图书资料应有的作用。据此，当一书有多个名称时，我们所择定著录的书名，就应该具有稳定性、常见性、共同性，能够体现编者意图、揭示图书内容特征，而稳定性又是最主要的、居第一位的条件。纵观一部丛书中的各处题名，我们认为总目录页的题名较多地具有这种特质。因为一部丛书的总目录，不外是撰于编书之前，或写于成书之后；不是编书的计划，便是刻书的总结。总目前的题名，正是编者对全书的高度概括。相对而言，封面题名不如它稳定，刻版易主、书贾牟利，都可随意更换；版心、书签题名不如它完整，限于版面，往往从简；序跋、题词之名，他人写的常加谀语，自己写的会有谦辞；至于卷端题名，前面讲过，除部分自著丛书刻有总名外，一般丛书往往没有。所以我们择定丛书书名时，以取目录页题名最为恰当，只在该书没有总目录时，才依次考虑择取自序、版心、封面和他处的题名。

在著录书名时，凡有多个书名者，除择定一个作为正式书名外，其余书名或者具有同等属性，或者具有解释性质，都应择其要者加上"一名""又名"或"亦名"字样，在目录上揭示或在索引中反映，以利读者能从多种渠道找到自己所需要的资料，充分发挥目录的检索功能。

至于自拟书名，尤忌滥用，只到万不得已才为之。有的人喜欢随意改动书名、自拟书名，实在是往日古籍编目工作中的一种陋习，其结果往往让读者找不到所需要查找的书。当然，就知见目录中"知"的部分而言，我们不应苛责，但终以审慎为宜，不妨先多做一番考证，尽量地找到它应有的书名。

三、关于丛书书名项应否著录总种数和总卷数的问题

查往日书目，有的著录种数和卷数，如《北京图书馆善本书目》；有的则不著录，如《中国丛书综录》。我们以为，从揭示图书、方便读者来讲，著录比不著录为好。况且，某些丛书已印出种数、卷数，有的本身就是书名的组成部分，据实照录，并

不费事，真正难得甚至不能确定的毕竟为数不是太多。更重要的是，它与版本有密切的关系；有的丛书，一刻再刻，一印再印，每刻印一次，子目都有增减，从而形成了不同的品种，同是清代江藩著述，五种本与七种本有《节甫老人杂著》与《江氏丛书》之别；同是明代吴琯辑刊的《古今逸史》，四十二种一百二十三卷本与五十五种二百二十三卷本则有"原刻"与"增定"之分；《山居小玩》与《群芳清玩》，均系毛晋刻版，子目也只两种之差，但编者不同，书名也起了变化。所以应分别著录出种数和卷数，以反映该书内容和版本之不同。

总种数和总卷数的计算，应以所列子目书名数为准，凡子目附录和子目所包括的下一级小子目，只计卷数，不计种数。

在著录上有这样四种具体情况可做特殊处理：

一是凡丛书书名已揭示种数者，书名后可省略种数，只著录总卷数，如《五子隽七卷》（明陈继儒评注，明书林肖鸣盛刻本）、《四史剿说十六卷》（清史珥撰，清乾隆二十五年清风堂刻本）。

二是凡顺序编卷（集）之丛书，不管一卷（集）中包括多少子目，亦不管子目是否再分卷，均只揭示该丛书的顺序编卷（集）数，不再著录种数和子目的分卷数。如《说郛》一百二十号（卷）（明陶宗仪辑，清顺治三年宛委山堂刻本）、《居家必备十卷》（明□□辑，明末刻本）。

三是续编、附刻之种数、卷数应如实反映。如《盐邑志林四十种六十六卷附一种六卷》（明樊维城辑，明天启三年樊维城刻本）。

四是若系残书，无法考出其种数卷数者，则用"□□种□□卷"表示。如《学庵类稿□□种□□卷》（清王原撰，清康熙刻本）。

四、关于丛书编、撰者之著作方式问题

自著丛书一律称"撰"，汇编、辑佚、地方、家族和其他类编丛书则有两种提法：一曰"辑"，一曰"编"。两相比较，以孰为宜？我们倾向于前者，理由是：

第一，在汉语中，"编""辑"是近义词，皆有"聚集"之意，但又有细微的差别，主要表现在工作的深度上。"辑"者，收集也。班固《汉书·艺文志》曰："会向卒，哀帝复使向子侍中奉车都尉歆卒父业。歆于是总群书而奏其《七略》：故有辑略，有六艺略，有诸子略，有诗赋略，有方技略。今删其要，以备篇籍。"颜师古是这样注释"辑略"的，"辑与集同，谓诸书之总要。"这里指的是刘歆继承父业，将刘向写的群书提要汇集为书。"编"者，"简册相次也"。《史记》有"孔子读易，韦编三绝"的说法；《汉书注》有"编，所以联次简也"之笺释。就是说，曰"编"者，不仅有收集之功，还兼有顺其次序之劳，比"辑"更进了一步。譬如类书，编辑者先要广搜博采，积累材料，经过"辑"的过程，继而要"裁成类例，含咀英华"，完成"编"的任务，故可曰"编"；而丛书，虽然也有"编"的步骤，但主要是"聚众书为一书"，故宜称"辑"。实际上，"编"与"辑"很难截然分开，往往是"辑"中有"编"，"编"中有"辑"，所以今天常将"编辑"二字连用。

第二，从历史发展的角度看，历代书目大都称丛书之著作方式为"辑"，人们对此已经熟悉，"约定俗成"，如果没有特殊需要或根本差池，则应尊重历史上习惯的著录方法，无须多做更改，不然反会给读者造成麻烦。

五、关于子目书名的著录问题

丛书目录应否著录子目，今天不再成为问题，人们已经充分认识到往日某些古籍书目不著录子目的弊病，所以《中国丛书综录》一发行便深受欢迎。但是究竟怎样来揭示子目，也还有一些问题有待商讨。

首先，以何为据？丛书一般都有总目录，不少丛书的总目录所列的子目与子目卷端题名不尽一致，前者往往从简。过去有些丛书目录的编者在著录丛书子目名称时，不查卷端，只简单地照抄总目，《中国丛书综录》就有这种例子，如《增定汉魏六朝别解》之类。我们认为，还是严格依子目卷端题名为宜。一方面，书目应该全面、详细、如实、准确地揭示图书原貌，唯有这样，才能取信于人；另一方面，在流传过程中，丛书极易分散，总目也常佚去，假若不按卷端题名，人们便难以通过丛书目录来确认某个丛书零种是否隶属某一丛书；再说，目录页并不稳定，后人可以随意搬走或更换，这样势必影响到丛书目录著录的统一性及其实用价值。

其次，对于一些特殊情况须做特殊处理，比如：

有的丛书，特别是属于集部的某些丛书，卷端仅题著者姓名，总目或版心却镌有完整书名，我们就不要拘泥于卷端，需在总目或版心中择善而从。比如《中晚唐诗纪六十二卷》（清龚贤辑，清康熙半亩园刻本）、《中晚唐诗二十一种二十三卷》（清刘云份辑，清刘氏野香堂自刻本），就属于这种情况。

有的丛书，其中某个子目顺序编卷，页次相连，可各卷因内容不同而题名互异。如前述《三异人文集》中有一种子目，卷一题"李卓吾评方正学"、卷二题"李卓吾评杨椒山"、卷三卷四题"李卓吾评于忠肃"。遇此情况，就不能以卷一为准，而须综合著录为"李卓吾评方正学、杨椒山、于忠肃四卷"。

有的丛书，个别子目内容上并无变化，可各卷卷端题名不同样，或者换了冠词，或者在中间增减了数个字。对于这种情况，仍以按卷一卷端题名为宜，如有必要，可做适当附注。

六、关于子目的排列次序问题

这次善本书目卡片汇总，还常常看到：同一丛书，各馆子目顺序迥异。这并非全是由于疏忽，而大多是因为在流传中总目佚去，各馆根据现在藏书的次序著录的，有的甚至是依据书根上编的顺序。

前面讲过，一部丛书的总目录，多是由于编者手辑，体现了编者的意图，具有一定的科学性。因此，我们认为，著录丛书子目时，其排列顺序，一定要以该丛书的总目录为准；如果总目佚去，应该参考有关书目，找到准确依据，以尽量保持该书的原貌，切忌信手编排，任意为之。

再者，丛书多属大部头，有的子目达到几百个，在长期流传过程中，难免散失。旧日书贾为了牟利，经常采取两种手法：一是把本来不属于同一版刻，甚至根本不属于一部丛书的某些品种，掺杂进去，以假充真；二是将一部丛书的某些零种汇集一起，重新题名，甚至在书根上写出册次，以残充全；三是收购一些零散版片，胡刷乱印。假如我们编目时，不按总目录进行清点，并按其顺序著录子目，即会受骗，影响所编书目之质量，贻误后人。

凡丛书原书总目系按类排列者，著录时则应照录其类名。比如《夷门广牍一百六种》，据该书总目，分为"艺苑""博雅""尊生""书法""画薮""食品""娱志""杂占""禽兽""草木""招隐""闲适""觞咏"十三类。编目时应如实地著录这些类目，在类目下再详列所属子目，这对于反映该书内容是大有好处的。

七、关于"顺序编卷"的问题

所谓"顺序编卷"，即是一部丛书有连续的卷次。或者一卷即是一个子目；或者一卷之中包括数个子目；或者数卷共为一个子目。

有人认为这样的书不能称为丛书，其实不然。从形式上看，或者说从表面上看，它已是一个整体，似乎不可再分成单书；实际上，它的各个子目之间，并没有什么内在的联结，在内容上亦不存在相互接续的关系。如把每个子目抽出来，依然是一种独立的著作。所以对这样顺序编卷的书，还是应该视为丛书。

著录"顺序编卷"的丛书时，除了应将总卷数在丛书书名项揭示外，为了醒目，还宜将其卷次在子目前标出。比如：

增定汉魏六朝别解六十二卷

　　明叶绍泰辑

　　明崇祯十五年隐山居刻本

　　　经部

　　　　卷一

　　　　　古三坟一卷

　　　　　　……

　　　史部

　　　　卷十五

　　　　　越绝书一卷　汉袁康撰

　　　　　　……

《中国丛书综录》在著录这样的丛书时，有的未做如此描述，甚至随意改变子目卷数。比如《居家必备》，实为十卷，十卷之中包括一百三种。《综录》只收了前面八卷，又不标卷次，结果成了"八十七种不分卷"。

八、关于分编、分集而又未见总目之丛书的处理问题

一部丛书，分为若干集或若干编（如《宝颜堂秘集》分为正集、续集、广集、普集、汇集、秘集），各编（集）版刻时间不一，历来未见总目，怎么著录？我们认为，可以根据藏书的实际情况，分别采用分、合两种办法：

如所藏各编（集）皆全，可以作为一部丛书著录，立一个款目，并分编（集）详列子目。若是编制联合目录，其中有一馆藏全者，更应这样办理。

如所藏各编（集）不全，则可分立款目，但须在版本项揭示丛书总名。

需要说明的是，就专门编制丛书目录而言，我们赞成首先立足于"合"。因为只有这样，才能节省篇幅，才能充分地揭示丛书全貌，有利读者查找。

九、关于残书的处理问题

由于丛书卷帙浩繁，各子目又可独立成书，所以在长期流传过程中极易散佚，形成残本。对于丛书残本，编目时可以这样处理：

第一，若所存子目在半数以上，宜做丛书著录。在备注项注明实存种数、卷数，并详列所存子目；若所存子目太少，则可拆散做单书处理，但需在版本项著录"□□丛书本"。

第二，有总目录之抄、稿本，实存子目不全，应如实揭示所存子目；无总目录之抄、稿本，丛书名上也看不出残缺情况者，原则上可视为全帙。

第三，一书确系同版，且通过原书总目或前人著录能够查出其子目全貌，而各馆所存皆有残缺者，编制联合目录时可以将子

目汇总著录。若汇总之后，仍有残缺，则应在备考项内注明现存种数、卷数，并详列子目。

第四，一书确系同版，向来未见总目录，无法窥其全貌者，亦可将子目汇总著录之，例如《格致丛书》。

但是，有一种情况必须注意：昔日书贾牟利，往往将丛书残本拼凑，另起新名；某些藏书者，也常将丛书残本汇集成帙，重标名称。遇此，编目时不可轻信，必须详加考察，还其真貌，防止以讹传讹。

十、关于批校题跋本的著录问题

总的说来，丛书中批校题跋本远不如单刻本中多，但是著录起来有些麻烦。

经常遇到的情况是，在众多子目中，仅少数几种有批校、题跋。为醒目，应在版本项揭示；但须将子目标明，避免造成全书皆有批校、题跋的错觉。

假如有批校、题跋的子目较多，不好在版本项一一列出时，可在子目下面著录之。

若仅有题跋而无批校，则只须在版本项著录即可。

一书同时有清代与近人批校题跋者，应将批校、题跋者之时代著录清楚。

凡属转录前人批校、题跋的，应将原批校、题跋者与转录者一并著录，并要防止误将转录者变成批校题跋者、误将转录变成亲笔。

十一、关于历来未见总目录，又无总名依据，但习惯上有共同称呼之丛书的著录问题

这类书籍，开始大都没有明确的总名，或没有文献可征的编

辑计划，多属随刻随印随售。但是，它们或在编辑者的意图上，或在内容的连贯上，或在刊刻者的旨趣上，或在全书的版式上，有一根无形的线索在贯穿着，所以后世的学者或藏书家，常常把它们汇集一起，并给了一个共同的、概括的称呼，代代相传，约定俗成。这样的书，我们仍然可以视为丛书，应该在目录上予以揭示。

大致有这样两种情况：

一是刻印时间拉得很长，刻地非一处，刻者非一人。比如《二十一史》，自宋眉山井度辑刻《七史》到明嘉靖南京国子监补刊，中跨三个朝代，历时一个多世纪，几经递修，成为有名的"三朝板"。虽然明朝南监逐部做了补刊，但并非哪一个祭酒主持汇刻汇印。对于这类书，在著录时除于版刻上如实揭示起讫时间外，还应在各个子目下反映具体的刻书时间、地点、刻书人及其递修情况。

二是刻印起讫时间不算太长，基本上限于一个时代，或由一人刊刻，或在一地付印。比如明范钦《天一阁奇书》，虽然都是由范氏刻于明代嘉靖年间，版式基本一致，但因是随刻随印随售，时代久远，至今不知道究竟刻了多少种。《天一阁书目》著录二十种，《中国丛书综录》收罗二十一种，此次全国古籍善本书目卡片汇总，加起来得有二十三种。明胡文焕刻《格致丛书》，也是这种情况。对于这类书籍，我们认为编目时可将零散子目汇总著录，在丛书名后写"□□种"；既可在版本项概述刻书时间、地点和刻书者，也可以进一步在子目下描述各自的刊刻情况。

十二、关于所谓"大丛书里套小丛书"的问题

这种情况在丛书中并不稀见：有将几种甚至上百种丛书汇刻在一起者，如《景印元明善本丛书》《丛书集成》等；也有多数

收录单种书，间或收录一种或几种小丛书者，比如明袁褧辑《金声玉振集》中收录了马文升撰《马端肃公三记》（每记一书，共三书），清张海鹏辑《墨海金壶》收录了《古微书三十六卷》和《荒政丛书》十卷（每卷又包罗一种至几种书）。

处理这种书的时候，要注意下面三点：

第一，要审查所包含的"小丛书"与全书的版式、字体、墨色、纸张等是否一致，会不会是前此之单刻本？若属单刻，与本丛书无关，宜做另一部丛书著录。

第二，所包含之"小丛书"，不管它收有多少子书，一旦收入某一丛书中，便成为该丛书的一个组成单位，等于一个子目。统计子目种数时，只能以一种计。

第三，对于"小丛书"的子目，应该全面揭示，著录时比"小丛书"的书名低一字，以示区别。

以上是我们在编辑《中国古籍善本书目》实践中所遇到的一些问题和处理这些问题的粗浅体会，提出来供从事古籍整理工作的同志们参考。如有不当，祈予教正。

（丁瑜　陈绍业　阳海清）

（原载《图书馆学研究》1982 年第 1 期）

我国雕版印刷术与活字印刷术的比较研究

印刷术的发明是我国古代劳动人民对世界文明的伟大贡献。印刷术的操作方式基本上分为两种，即雕版印刷和活字印刷。早在公元7世纪唐代初期，我国最先发明了雕版印刷，以后到公元11世纪中期宋仁宗庆历年间又有活字印刷术的发明。

从印刷技术的发展考察，活字印刷比雕版印刷是更为先进的工艺技术。虽然现在印刷技术已发展到了照相代替手捡铅字排版，并把激光、电子等先进技术使用到印刷工业中去的时代，但是，一般广泛流通阅读的书报刊物，往往还是采用活字排印。因此，国内外所有研究印刷史的著作，对活字印刷非常重视，并特别强调它在文化学术领域发展中所起的巨大作用，甚至称它为"文艺复兴时代的最伟大的发明""是文明之母"。我国自明、清以来，藏书家的藏书目录中，往往是把活字印的书籍选为"善本"（珍本）给予特别著录。不过从现存古代印行的图书或是在前人藏书目录的记载中，都可以发现活字印本图书的数量与雕版印刷的图书数量相差极为悬殊，活字印刷像是印刷术中的一种点缀，它只是与雕版印刷相辅而行，真正作为普及文化、传播学术的有效方法和工具，还是雕版印刷术和用这种技术印刷成的书籍。它在文化领域中一直起着主导作用，居于首要地位。这种情况，我国与欧洲是不大相同的。

公元11世纪40年代，宋仁宗庆历年间，平民毕昇创制了世界上第一套活字。当时的著名学者沈括在其所著的《梦溪笔谈》卷十八技艺门做了详细记载。活字印刷的方法是："用胶泥刻字，薄如钱唇，每字为一印，火烧令坚。先设一铁板，其上以松脂蜡和纸灰冒之。欲印则以一铁范置铁板上，乃密布字印，满铁范为一板，持就火炀之，药稍熔，则以一平板按其面，则字平如砥。若止印三、二本，未为简易，若印数十百千本，则极为神速。常作二铁板，一板印刷，一板已自布字，此印者才毕，则第二板已具，更互用之，瞬息可就……”沈括不仅把毕昇发明的活字印刷术详细记录下来，而且把毕昇制造的泥活字也保存起来，传给了他的后人。但是，他的子孙对这批活字似乎没有利用过，或是很少利用。因此，还没有发现过北宋时期有关泥活字的记载，就更谈不到用活字印刷的书籍了。与此相反，从现存宋人著作的藏书目录和留传到后世的宋刻本图书来看，可以看到雕版印刷技术到南宋，却形成一个全面发展的兴盛时期。

宋代刻印书籍，数量多，技艺高超，流传的范围也极为广泛。宋代的中央和地方官府、寺院、私人和书坊都有从事刊印书籍的专门设施，从而形成了几个刻书业的中心，如当时的浙江、福建、江西、安徽、四川、江苏等地区都有著名的刻书中心。其中尤以浙江地区为最发达。浙江是南宋的都城所在，经济繁荣，文化兴盛，浙东、浙西又盛产纸张，更成为促进刻版印刷事业发展的有利条件。浙江的刻书地点很多，如临安（杭州）、湖州（吴兴）、明州（宁波）、婺州（金华）、绍兴、建德等地都盛行刻书。至今尚有宋朝时候在这些地方刻印的书籍被保存下来，像南宋绍兴二年（1132）湖州王永从一家出资刊刻的《思溪资福禅院大藏经》共计五千四百多卷。北京图书馆即保存有比较完整的一部，计四千六百四十七册。这部五千多卷的佛教经典，从开始雕版至印刷完成，仅仅用去一年时间。参加刻经的工人多达二百六十余人。这样众多的刻版工人能集中到一起，刊刻一部书，就可以想见当时雕版印刷事业兴盛的状况了。

再从当时刻工的劳动经历考察，也能看出雕版印刷事业发展兴盛的情况。例如曾在湖州刻《思溪藏经》的刻工董明，他在刻完藏经之后，于次年又去绍兴刊刻《资治通鉴》。绍兴九年

（1139）到临安府刻《汉官仪》，同年在临安还刻过《唐文粹》。绍兴二十八年（1158）又去明州（宁波）刊刻《昭明文选》[1]。在这期间他当然还刻过不少书，如在湖州刻《北山小集》、在临安刻《后汉书》等，就不一一列举了。以董明繁忙的刻书经历和他的劳动成果为例，如实地反映出了宋代雕版印书业的发达和普及。

除此之外，在宋、元、明、清历代文献典籍和目录中还可考见有关雕版印刷事业繁荣兴盛的记载资料。南宋初年著名藏书家尤袤编辑的《遂初堂书目》是最早记载图书版本的藏书目录。这部藏书目录分为四部四十四类、其中虽有京本、监本、杭本、江西本、川本大字、川本小字之区分，但无活字本的记载。

稍晚于尤袤的目录学家陈振孙，编撰成我国著名的解题目录《直斋书录解题》二十二卷[2]，收录图书三千零九十六种。他在解题中介绍了雕版刻本、抄本、摹拓本。但未言及活字印本。尤袤、陈振孙都是南宋时人，距沈括和毕昇的时代相去不远，在他们编撰的有关记载版本的图书目录中，均未涉及活字印书。可见活字印刷术自毕昇发明之后其流传不广，甚至是没有得到流传。当时作为传播文化的书籍，除去抄写之外，唯有赖于雕版印刷的广泛利用。

《宋史·艺文志》序中记载"周显德中，始有经籍刻版，学者无笔札之劳，获睹古人全书……"。《宋史》的作者脱脱、欧阳玄是元代人，他们虽把雕版印刷术的发明时间推迟到五代末年，但在《艺文志》序中，并未涉及活字印刷书籍的史实，只是明确地指出由于有了刻版印刷的书籍，读书人才避免了抄写的劳苦，能够方便地看到前人的著作。

元朝继宋兴起之后，由于民族间的复杂关系，使得这个时期的政治、经济、文化等方面呈现出一种特殊形态。元朝统治者既要压迫限制汉族人，又要吸取汉文化以提高蒙古民族的精神和物质文明。元世祖忽必烈曾三次拘掠江南民匠四十多万户，安置在全国各大市镇。其中也有许多雕版印刷工人。那时又因元世祖尊崇孔子，不改汉制，并发放官款雕印汉文图书，刻书之风大为盛行。《元史·百官志》谓，"至元二十七年（1290），立兴文署，召工刻经史子版，以《资治通鉴》为起端。"又说，"延祐二年（1315）增置百人，兴文署掌刻经史，皆属集贤院。"可见元代雕版印刷事业非常发达，而且有完善的组织机构进行管理，是宋代所不能及的。并且当时所刻的史书极为精美。例如兴文署刻的《资治通鉴》、元大德间江南九路刻《十史》[3]。官府刻书之外，各地书院所刻的经、史、子各部书，也都为后世所推崇。清顾炎武《日知录》卷十八记载有："闻之宋元刻书，多在书院，山长主之，通儒订之，学者则互相易而传布之，故书院之刻有三善焉：山长无事而勤于校雠一也；不惜费而精工二也；板不贮官而易印行三也。"由此亦可得见元代书院刻书之精善，是得到后世学者的称颂和赞扬的。

元代刻书，除官府、书院之外，书坊刻书亦极为发达。因为书坊刻书以盈利为目的，必须刻印易于出售为广大群众欢迎的图书。像医书、科学用书等日常使用的书籍为主要刻印对象。有的书坊还刻印上图下文的小说。这种新形式，是雕版印书技术的又一次重大改进。由于坊刻本的读者对象广泛，所以书坊刻印书籍的数量也大为增加。《书林清话》卷四论述元代书坊刻书之盛谓："元时书坊所刻之书，较之宋刻尤多，盖世愈近则传本多；利愈厚则业者众，理故然也。"元代的书坊发展迅速，雕版工人众多。不仅保持了宋代在浙江、福建等地原有的刻书业中心，而且在山西平阳（今日临汾一带）又形成了北方的刻书业中心。当时集中于平水地方的著名书坊有曹氏进德斋、高氏尊贤堂、王氏中和轩、司家颐真堂、张氏存惠堂、晦明轩、段宅、许宅，等等。可称得起是书坊林立，充分显示出当时雕版印刷事业的繁荣盛况。

综观元代建国九十年间，从中央直属的秘书监、兴文署到各路儒学刻书机构，以及各地的书坊，约计一百数十家，印刷书籍约三千余种，凡流传于今日或见于公私藏书目录者均为雕版刻本。记载元代活字印刷书籍的文献，仅见于元朝丰域县尹王祯所著的《农书》。他为了推广活字印书的方法，在《农书》中以专文做了介绍。

当时活字印刷的程序分为：写韵刻字、锼字修字、做盔嵌字、造轮、取字、做盔安字、刷印七个工序。具体操作方法是先在木板上刻字，用小细锯将每个字都分别锯开，再用小刀削修整齐，按韵编号排在字盘中备用。在排版时先以木板做印盔，削竹片为界栏，排字成行，再用竹片夹紧。印盔排字既满，用木楔楔牢，使字不动，然后用墨刷印。

为了减轻排版检字的劳动和提高效率，王祯还创制了韵字轮盘和杂字轮盘，以便于检字排版。这项改革发明是印刷技术的一个飞跃。可惜这项技术发明没有得到当时经营刻书业者的注意和重视，未能普及使用。就是王祯自己著作的《农书》也未能以活字排印。因此他在《农书》的跋语中说："前任宣州旌德县尹时，方撰《农书》，因其字数甚多，难于刊印，故尚己意，命匠创活字，二年而工毕。试印本县志书约计六万余字，不一月而百部齐成。一如刊版，使知其可用。后二年，予迁任信州永丰县，絜而之官，时《农书》方成，字嵌印。今知江西，现命工刊版，故且收贮以待别用。然古今此法未有所传，故编录于此，以传世之好事者，为印书省便之法，传于永久。本为《农书》而作，因附于后。"从这段跋语中，可以看到王祯命令匠人用两年时间制作的数万个活字，只印行了一部《旌德县志》，此后即不曾利用。更为可惜的是那部用活字印刷的《旌德县志》也未曾流传下来保存到后世。

明代的印刷事业，在我国印刷史上是最为兴盛的。尤其是明代中叶的成化、弘治以后，社会环境比较安定，经济与文化都获得较快的发展。书籍印刷除去广泛使用雕版印刷技术之外，活字印刷技术也逐渐兴起。明嘉靖间俞泰在无锡桂坡馆刻《初学记》跋中记载："经史子集活字印，二十年来，无虑数千卷。"明蔡允谊辑《华氏传芳集》卷四有："著《九经韵览》又虑稿帙汗漫，乃为铜版锡字，翻印以行。"明弘治间唐锦著《梦余录》有"近时大家多镌活字铜印，颇便于用"的记载。清人龚显曾在《亦园脞牍》中谓："明人用木活字版刷书，风乃大盛。"这些记载都反映出明代在利用活字印刷技术方面有了较快的发展，制作活字所用的材料也不局限于只用某种单一的材料。不仅有木活字，还有铜活字和铅活字等。从现存明代活字印刷的书籍可以看到，当时木活字印本较少，使用铜活字刷印书籍是大量的。

　　明代用铜活字印刷书籍，主要流行在江苏的无锡、苏州、南京等一带地区。其中无锡华燧会通馆的铜活字创制最早。华氏在弘治三年（1490）刷印了《宋诸臣奏议》一百五十卷。以后又印《锦绣万花谷》《容斋随笔》《文苑英华》等书。稍晚于他的有华坚兰雪堂在正德八年（1513）印有《白氏长庆集》《元氏长庆集》，以后又印《蔡中郎文集》《艺文类聚》《春秋繁露》等书。至嘉靖初年，无锡人安国也用铜活字印书多种，如《吴中水利通志》《颜鲁公文集》等。此外尚有建阳游氏、建业张氏、五川精舍、五云溪馆等都有少量印本流传至今。同时又有不知名氏的人用铜活字印《唐人诗集》，所收均为初唐至中唐人的作品。这些诗集版式如一，字体秀劲古雅，当是同一家编辑刷印，惜无总目录留存，对其刻印渊源也就不可考了。1982 年，上海古籍出版社搜集全国所藏，经过编辑整理定名为《唐五十家诗集》影印出版。

　　这里值得注意的是明代活字印本书籍，尤其是铜活字印本，在弘治、正德、嘉靖三朝七十多年中，虽有较多的出现，而总数亦不足百种。在此之后即逐渐消失了，大量书籍的印刷依然是利用雕版技术。

　　自嘉靖末年至万历、崇祯之间刻书事业更为繁荣兴旺，全国几个刻书中心有了进一步的发展。如南京的三山街，书坊栉比鳞次；徽州、杭州书坊林立。这些地方所刻的戏曲小说，往往附有精美插图，当时的各类书籍不仅在数量上有了显著增加，在内容和形式上也有了很大变化。以万历至崇祯时的几个著名刻书家为例，可充分反映当时雕版印刷事业发达的情况。如徽州歙县人吴勉学，在万历年间开设师古斋书坊，刊刻经、史、子、集四部书百余种。流传到今的还有《五经》《四史》《资治通鉴》《二十子》《四唐汇诗》等卷帙繁多的书籍。这些书都是用工多、费时久、必须雇用众多的刻字工人和具备雄厚的经济力量始能完成。

和吴勉学同时的还有钱塘人胡文焕，他原籍也是安徽，后在杭州经营文会堂书坊。他除刻各类单行书籍之外，还辑刻丛书多种，选取罕见书和日常用书数百种刊刻《格致丛书》《百名家集》《寿养丛书》等。

还有金陵唐氏富春堂、陈氏继志斋刻印的插图本戏曲、杭州容与堂刻印的插图本小说，都达到了雕版印刷的高峰，使得这些书籍文图并茂大放异彩。

明末刻书兼具质量高、数量多的应以虞山毛晋汲古阁为最。毛晋生于明万历二十七年（1599），大约在他三十岁时，就开始刻印书籍，经营出售，一直到他去世后，他的儿子毛扆继承父业经营刻印书籍。据《汲古阁校刻书目》记载，毛氏父子共刻书板十万九千六十七叶。若以每叶刻三百字计算，则刻有三千二百多万字。这不仅是一个庞大的版刻数字，而且使许多濒于失传的罕见古籍，依靠毛氏汲古阁刻本得以流传于后世。例如汲古阁刻印的《六十种曲》中即有多种稀见的戏曲。其他如《三唐人文集》《唐人选诗》《唐人八家诗》等，都是为后世所称赞的精刻善本。又如他刻的《十三经注疏》《十七史》《津逮秘书》等，虽是寻常之本，或是收购别家转售之版，但部帙浩繁，版片众多，数量之大，反映了当时雕版印刷技术之普及。

清朝建立之后，对辉煌的汉族文化很为重视，因此图书的刊印迄未衰退，活字印刷亦有所发展。清世宗雍正四年（1726）用铜活字排印了一部巨大的类书《古今图书集成》一万零四十卷。清高宗乾隆又命金简用木活字排印《武英殿聚珍版丛书》一百三十八种二千四百十六卷。此后，民间亦多所效仿，活字印刷术逐渐兴起。虽然有帝王提倡在前，民间响应在后，活字印刷犹不能与雕版印刷并驾齐驱，用活字印刷的书籍究竟还是少数。这可从清末目录学者邵章编著的《增定四库简明目录标注》（以下简称《标注》）所收历代不同版本的书籍做一比较。《标注》共著录历代书籍七千七百四十八种，每种书都标明版本，分别为刻本（雕版）、抄本、稿本、活字本等。约计不同版本二万部，其中活字印本只有二百二十余部，约占雕版印本的百分之一强。再以新中国成立后出版的《北京图书馆善本书目》为例，这个目录共著录历代善本书一万一千多部，其中明、清两代的活字印本亦仅只一百五十余部。

综括以上引用的文献记载和现存的历代古籍图书，都反映出我国自发明印刷术之后，雕版印刷术在传播文化、交流学术等方面，一直起着巨大作用。而活字印刷术自北宋庆历年间创制之后的八百年间，却没有得到推广普及和迅速发展。其主要原因有三：

第一，在封建社会制度下，劳动人民的发明很少得到统治阶级的重视，不易得到传播普及。

第二，我国的汉字，每字一形，不若西方拼音文字之简单，制作活字必须有数以万计的单字，方便于排版使用。

第三，活字印刷技术本身存在着一定的局限性，为一般人所不易接受使用，可归纳为：

（1）泥活字以烧土做成，易于残损，不易长久保存。

（2）木活字木质有伸缩性，沾水后，高下不平；又易粘动，取用不便。

（3）锡活字难于沾墨，印刷字迹多模糊不清。

（4）铜活字在当时未能制作字模（范），一字一刻费工费时。

（5）金属镌刻活字，价格昂贵，非一般书坊所能经营。

（6）活字存放易于丢失错乱，不便保存。

（7）活字排版后，容易分合移动，易使文字错乱，文章发生讹脱。

以上几项是我国早期活字印刷未能迅速发展普及的直接原因。到了清代末年，欧洲的印刷术及设备大量流入我国，许多经营出版印刷业者开始采用照相石印和铅字排版等印刷技术刊印书籍，我国流传使用了千余年的雕版印刷技术逐渐被淘汰了。但是，它在历史上所起的作用却永远闪耀着辉煌的光彩。

注：

[1]宋绍兴刻本《汉官仪》《资治通鉴》《文粹》《文选》均藏北京图书馆。

[2]《直斋书录解题》五十六卷。原本久佚，清乾隆时据《永乐大典》辑为二十二卷，此处故以二十二卷称之。

[3]九路本《十史》。元大德间以建康路为中心刻《史记》《汉书》《后汉书》《三国志》《晋书》《隋书》《南史》《北史》《唐书》《五代史》十种史书。或称九路本《十七史》，实误。

（原载《图书馆学研究》1984 年第 2 期）

目录学

目录在我国有着悠久的历史。它的产生以书籍的存在为前提。我国在公元前 5 世纪春秋战国时期，已经有使用简策、绢帛制作的书籍。以后随着文化历史的发展，书籍流通利用的范围日益广泛，书籍的数量也不断增加。为了管理和使用大量的藏书，开始有了编制"目录"的需要。所以，唐朝魏徵撰《隋书·经籍志》有"古者史官既司典籍，盖有目录以为纲纪"的记载。

目录是"目"和"录"组合而成的名称。"目"的含义是指篇名或卷次的名称；"录"是对"目"的说明和记录。公元 1 世纪汉明帝时，兰台令史班固撰《汉书·艺文志》提出"目录"这一名词，他说："刘向司籍，九流以别；爰著目录，略叙洪烈。""目录"一词即从此产生。目录有"一书目录"和"群书目录"的区别。目录学中所论述之目录，一般均指"群书目录"。它是将多种书籍按照一定的次序汇集编写而成的检索工具。目录在历史上曾经有过多种不同的称谓，有的称为"略"，有的称为"志"，或称为"簿""考"，以及"解题"和"提要"等不同的名称。"目录学"则是目录工作实践经验的概括与总结，它是研究编制目录的理论和方法的科学。古时称为"簿录之学"或"流略之学"。

我国史籍中最早出现的第一部目录著作，是汉武帝时杨僕编撰的《兵录》。《汉书·艺文志》有"军政杨僕捃摭遗逸，纪奏《兵录》，犹未能备"的记载。可知当时编制成的是一部不够完备的专科目录。此后较全面大规模的编制群书目录，当以汉成帝时刘向、刘歆父子领导的校书工作为滥觞。

刘向字子政，沛人，系西汉经学家、文学家、我国目录学的开创者。他为人简易，不交接世俗，专心于经术书传。元帝时，官谏大夫用阴阳灾异推论时政得失，并弹劾外戚宦官专权误国，两次入狱。成帝即位，诏复进用，迁光禄大夫，官至中垒校尉。其子歆，字子骏。避哀帝讳，更名秀，字颖叔。少通诗书，能属文。汉成帝河平三年（前26），诏刘向校经传、诸子、诗赋；又命步兵校尉任宏校兵书；太史令尹咸校数术；侍医李柱国校方技。这次校书编制目录有较细的分工和较科学的工作方法。刘向采取广备众本以校异同，并相互补充、删除重复，条别篇章以定目次，校勘讹文脱简、命定书名等一系列工序，最后写定正本。每完成一书，刘向则撮其旨意，撰写出每书之"叙录"。每篇叙录实际就是一书的内容简要说明。刘向又"别集众录，谓之《别录》"。也就是将各书的"叙录"汇集一起，编成群书提要目录。在此期间，刘向命他的儿子黄门郎刘歆参加了这项工作。此后，他们父子共同校书达十九年之久。正当《别录》接近完成的时候，刘向于汉哀帝建平元年（前6）故去。刘歆继承父业，以《别录》为基础，删繁就简，编成我国第一部综合性分类目录《七略》七卷。他又将《别录》按照《七略》的分类增修定稿成《七略别录》二十卷。亦简称为《别录》。

《别录》和《七略》是奠定我国目录学基础的开创性著作。它是将目录工作的实践经验，概括总结为理论，又将之运用到具体工作中而取得的成果。它对后世目录学的发展有着重大的影响。它首次将学科分类与整理图书的方法结合起来，制定了图书分类法，即《七略》的"七分法"。这个方法是将图书分为七个部类，每一部类称为一"略"。有"六艺略""诸子略""诗赋略""兵书略""数术略""方技略""辑略"。"略"下面再分"种"；种下面再分"家"。层次分明，类别清楚。这种以学科性质作为分类标准编撰而成的目录，起到了以类求书和辨章学术、考镜源流的作用，成为我国目录学千百年来的优良传统。其次是在《七录》和《七略》著作中创立了撰写叙录、总序、大序、小序的编目著录方法，使目录内在的联系更加充实完备。使用目录的人，可以由大类（略）而及小类（家）；由小类而及图书，由图书而了解学术流派、授受源流，从而构成完整的目录体系，把目录工作提高到严密的科学组织形式上面，成为我国目录学史上最光辉的一页。第三，《别录》和《七略》的编定，著录了数以万卷计的图书，全面反映了西汉以前所有的典籍，尤其对古文经书的传播和发展起了推动作用。在工作过程中，刘向采取广罗众本、比较异同和精审的校雠方法，从而孕育出我国目录学、校雠学和版本学的萌芽，并从长期工作实践中结出目录学著作的硕果。《别录》和《七略》，这两部目录学的重要作品，经过历次兵燹战乱，在唐末五代时就已失传。现在只能通过《汉书·艺文志》及隋唐以前的有关著作来考见其内容和形式。

《汉书·艺文志》是正史《汉书》十志中的一志。东汉明帝时兰台令史班固纂著《汉书》，利用兰台、东观和仁寿阁的藏书，仿照刘歆《七略》分类编成的一部政府藏书目录。班固字孟坚，陕西扶风人。父班彪是著名史学家，伯祖班游曾参加刘向的校书工作。班固出身史学世家，因此对从事史学、目录学工作具有良好的基础和条件。他编撰《汉书·艺文志》，仿照刘向的做法和体例稍加改动，将《七略》中的"辑略"析出，再将叙录分散写在《艺文志》的各略之后，作为各家的小序，使每略之后有总序，每家之后有小序，对先秦学术思想的源流演变，都有简明的叙述。此外还增加了《七略》未曾收录的西汉人著作，有刘向、扬雄、杜林三家的作品。凡比照《七略》著录上有所删改、增补，或分类上有所合并改动之处，均注明"出""省""入"若干家、若干篇，以示与《七略》之不同。《汉书·艺文志》保存了《七略》的基本内容，因此成为研究我国古代典籍最重要的一部参考书。历来学者对它多有高度的评价。清金门诏《补三史艺文志》序称："后汉班固因之以作《艺文志》，诚千古文苑之津梁，而为藏书之鸿宝也。"和他同时的经学家金榜谓："不通《汉书·艺文志》，不可以读天下书；《艺文志》者，学问之眉目，著述之门户也。"又说："不读破天下书，不能治《汉书·艺文志》；不读《汉书·艺文志》，亦不能读天下书。"此论虽不尽确当，亦可见此书在学者中之影响。后世对《汉书·艺文志》研究注释和补证的有数十家，以宋王应麟的《汉书艺文志考证》为最早，清姚振宗的《汉书艺文志拾补》收集散佚为最全。它为《汉书·艺文志》又增补一百八十五家，三百一十七部，对先秦至西汉末之典籍殆已包括皆尽，是当代研究古代学术思想史重要之目录著作。

《汉书·艺文志》的出现，开创了在"正史"中编制政府藏书目录的先例，成为中国目录学中特有的一种类型，称为"史志目录"。它是指"正史"中的《艺文志》《经籍志》和某些朝代的《国史艺文志》。正是由于这些史志目录在"正史"中留下记一代文献的记录，借以使后人便于考察历代典籍之聚散，学术源流之发展。自《汉书·艺文志》之后，官修"正史"之中编有《艺文志》者凡六部，计唐魏徵撰《隋书·经籍志》、后晋刘昫撰《旧唐书·经籍志》、宋欧阳修撰《新唐书·艺文志》、元脱脱撰《宋史·艺文志》、清王鸿绪撰《明史·艺文志》。其中《隋书·经籍志》在目录学事业中的贡献，堪与《汉书·艺文志》媲美，是其他数志不堪比并的。

《隋书·经籍志》主要依据隋代及初唐时的政府藏书并参考有关目录文献编撰而成。其编制体例多仿《汉书·艺文志》，有总序、大序、小序，以说明诸家学术源流及其演变。其特点是在书名卷数下加注释，间或注明书之内容真伪、存亡残阙，并以夹注附入亡佚书目。这种著录上的改进，既反映当时现存之典籍，又说明前代图书流存散佚之情况。在分类方法上，它不取汉代的"七略"；而以经、史、子、集四部分类。四部分类虽然始于魏晋，但其目录书不传。现存用四部分类的目录书，当以《隋书·经籍志》为最古。由它所确立的经、史、子、集四部分类，直接影响后世公、私藏书目录的编制，千余年来一直使用。从其内容考察，书中所载均为研究唐代以前古籍之概况，而其编制体例、分类体系又是今天研究中国目录学和目录学史的重要文献。

自唐五代以后，由于印刷术的发明与普及，书籍能够更广泛地流通，因而私人得到大量收藏图书的机会。在私人藏书风气盛行的影响下，对目录学的研究和藏书目录的编制起了很大的促进作用，出现了不少私人藏书家和具有很高水平的藏书目录。这些私人藏书目录以宋代晁公武的《郡斋读书志》和陈振孙的《直斋书录解题》两书为最著。

《郡斋读书志》作者晁公武，字子止，山东钜野人。出身仕宦，家富藏书。北宋末逃避金兵侵略，随宋室南渡，曾任临安府少尹。后至四川，在转运使井度属下任事，得到井度的赠书。他利用丰富的藏书，于绍兴二十一年（1151）编成《郡斋读书志》。这是我国最早的一部私人藏书提要目录。其中著录图书一千九百三十七部，三万四千五百卷。稍晚于《郡斋读书志》的私人藏书目录，还有《直斋书录解题》。作者陈振孙，字伯玉，号直斋。浙江安吉人。官至国子监司业。他积三十多年的藏书经验，改进图书目录的编撰体例，成为颇负盛名的目录学家和著名藏书家。宋周密《齐东野语》称"近年惟直斋陈氏书最多，盖尝仕于莆，传录夹漈郑氏、方氏、林氏、吴氏旧书至五万一千一百八十余卷"。《直斋书录解题》即是这五万余卷藏书的目录。晁、陈二目所著录之书，已有大部散佚不传。今人欲查考宋及宋代以前的某些古籍，可以凭借它们来了解大概；对于流传至今的古籍，也可借它们来辨别真伪完阙，起到考定版本、剖析源流的作用。

宋代目录学事业的成就是多方面的。早在北宋景祐间曾编纂总括政府全部藏书的《崇文总目》；南宋初，又出现以著录版本为特点的《遂初堂书目》；还有的学者开始了目录学理论的研究工作，如史学家郑樵撰著《通志·校雠略》，从理论上阐明图书类例、著录、注释的观点，为目录学的领域提供了新的内容。

南宋覆灭之后，元、明两代在目录工作和目录学研究方面，都没有显著的建树。仅有元初马端临纂辑《文献通考》中的《经籍考》七十六卷，可谓此时期目录学著作中之代表。该书内容因多节引前人的著作，或辑录史传、文集、杂说及序跋等，故称为"辑录体目录"。此类目录能起到"览此一篇，而各说具备"的作用。有的学者对其备加推崇，影响所及，清代朱彝尊撰《经义考》、章学诚撰《史籍考》，都是仿马氏之作而成书的。

清朝入关建立政权之后，经过顺、康、雍三朝的巩固与发展，出现了武功文治盛极一时的局面。高宗弘历于乾隆三十七年（1772）下令纂修《四库全书》，借以宣扬其文治业绩，并企图通过大规模征集图书的措施，达到彻底禁毁含有民族思想、反对清朝统治的著作。次年设立四库全书馆，任命兵部侍郎纪昀为总纂官，历经十年全书始成。共收书三千五百余种，分经、史、子、集四部，故称《四库全书》。与此同时并由纪昀负责纂成《四库全书总目提要》二百卷。其中著录收入《全书》的图书三千四百六十一种，七万九千三百零九卷。还有经纂修官校阅，但未收入《全书》的著作，也为它写出提要编为《存目》以便参考。《存目》著录图书六千七百九十三种，九万三千五百五十一卷。这些书籍基本上包括了乾隆以前的重要著作。《四库全书总目提要》既出自众学者之手，又吸收了当时有关古籍研究的成果，因此被认为是我国古籍中最有实用性和影响最为深远的一部目录学名著。

《总目》在编制完成之际，纪昀等还节录提要，删除《存目》，编成《四库全书简明目录》，于乾隆四十九年（1784）率先刊行。政府藏书目录能同时编制繁、简二本，先后刊行，亦为前代未有之创举。于此可以想见有清一代目录事业之兴盛。

清高宗弘历纂修《四库全书》，既有"寓禁于征"的目的，因而对查禁、销毁不利于清王朝的著作非常严格。他曾多次诏谕查禁缴呈应禁文书。在此高压政策下，军机处及各地巡抚陆续编写印制《全毁》《抽毁》《违碍》及《应禁》书目进呈，并刊印通报各地官府以便查缴销毁。德宗光绪初年，广东布政使姚觐元搜集传世之禁毁书目，汇辑为《清代禁毁书目附补遗》，著录禁毁书千余种。近人孙殿起辑有《清代禁书知见录》，著录禁书两千余种。两目所得三千余种，数量之大与《四库全书》不分轩轾，亦可见乾隆朝禁书之烈。此亦为清代目录工作所独有之特点。

　　清代自顺治在关内建立政权，历经康、雍之治，学术文化得到新的发展。私人藏书日益增多，目录学也获得较快的相应发展。从而出现了纂著各种类别目录的鼎盛现象。如以补"正史艺文志"之缺而编撰的"史志目录"，较著的有姚振宗的《后汉书·艺文志》及《三国艺文志》；秦荣光的《补晋书艺文志》；黄虞稷、卢文弨的《补辽金元艺文志》；金门诏的《补三史艺文志》；钱大昕的《补元史艺文志》等。有以个人藏书为内容的私人藏书目录，如钱曾的《也是园藏书目》和《述古堂书目》；徐乾学的《传是楼书目》；季振宜的《季沧苇藏书目》等。有以考订版本、研究图书为内容的版本学目录，如钱曾的《读书敏求记》，邵懿辰的《四库全书简明目录标注》，张金吾的《爱日精庐藏书志》，黄丕烈的《士礼居藏书题跋记》等。有专记一地艺文的地方目录，如王士禛的《选明代山左诗钞采访书目》；卢文弨的《毘陵经籍志》等。还有以学术研究为主的读书记目录，以及专科目录、丛书目录，等等。其类别之多，数量之大，非前代所可比拟。

　　我国目录学历史悠久，源远流长。自西汉刘向开创目录之学，迄至清末两千年间，各种目录著作约计数百种，而专论目录学之理论著作，仅见宋代郑樵撰《通志》中的《校雠略》和清代章学诚撰《校雠通义》二书。到20世纪30年代，我国的目录学开始了新的起点，出现了一些有价值的目录学著作和高质量的目录及索引，从而也推动了目录学的教学与研究。新中国成立之后，目录学和目录工作得到文化、教育部门及学术界的重视。对目录学专论的研究、对传统古典目录著作的整理出版、对各种目录的编制，都有极大的发展，出现了前代不曾有的繁荣景象。目前，我国的目录事业开始进入自动化时代，目录学的研究已不仅仅是簿录之学。随着电子计算机技术以及其他现代新技术在目录工作中的广泛应用，目录学已出现了一系列新的课题，有待于人们去做进一步的探索和研究。

（原载《中国文化概览》1988 年 11 月）

书海掇珍：名人题跋漫录

　　古籍图书在庋藏和流传的过程中，往往经藏书家或读者在书衣、扉页、卷尾及书眉等处撰写题记。题记也称题识、跋尾或识语，最通行的称谓是题跋。简要地说，写于一书卷前者为题；写于卷尾者为跋；只写年、月、日和署名号者称题款。题跋繁简不一，形式多样，内容所记是有关一书的来历及阅读此书的时间、地点，有时也对此书的作者生平、版本源流以及此书的分合聚散加以考证和评论。

　　题跋形成一种文字体裁，其产生的时代很早。西汉成帝时，光禄大夫刘向在内廷校群书做《叙录》，当为撰著"题跋"之滥觞，将众书题跋辑集为专著则盛行于宋代之后。此种文字既是学术研究的结晶，又是关于书的评价和记录，更是鉴赏收藏家为鉴定版本、评骘一书价值的重要参考依据。到了清代，众多的文人学者和收藏家相互效仿，簿录甲乙、撰写题跋成为一时风气。早期著名的题跋专集当以钱曾的《读书敏求记》为代表。钱曾字遵王，为清初江南著名藏书家之一，也是知名的目录版本学家。他为自己的藏书编有《述古堂书目》《也是园藏书目》。《读书敏求记》则是他辑录藏书题跋之专集。相传遵王对这本藏书题记极为珍秘，在撰写成书之后并未刊印，而是把稿本秘藏书箧之内，出门远行亦随身携带。翰林检讨朱彝尊曾多次向其借阅，均未达目的。后来，朱彝尊为监考典试江南，设酒筵请遵王，同时以黄金美裘贿赂遵王的书吏，把《敏求记》稿本偷取出来，雇用多名书手用半夜时间抄录出一部副本。此后，《敏求记》始流行于世。从这一记载可想见书籍题跋在学者文人和藏书家中被重视的程度。

　　书籍题跋是对藏书的评论、考据追踪溯源的重要资料，同时也是收藏家或读者对书籍情感的记录。因此，在阅读古旧书籍时，看到前人书写的题记跋文，自会产生出一种惊喜的感触。如果此题记出自名人手笔，该书必被视为珍贵善本，身价立增百倍。近日，中国文物研究所文物资料信息中心在整理藏书工作中，发现古今名人题跋古籍图书多部，简要介绍如次，对书籍史研究、收藏家鉴赏一尽芹献之诚。

　　《爱吾庐手稿五种》五卷

　　《爱吾庐书画记》四卷

　　此二书是清道光、咸丰间两淮盐运使李恩庆撰辑历代法书名画的题跋和诗文集。蓝格稿纸，毛茸原装。版心上镌楷书"爱吾庐"，下镌"北平李氏"。《爱吾庐手稿五种》五卷为李氏亲笔所书，《爱吾庐书画记》四卷系膳清稿又经李氏墨书校改，百余年来向无刊本。咸丰七年（1857）汀州知府、书画鉴定收藏家李佐贤以同僚之谊借观三月，其所撰《书画鉴影》一书多取材于此稿。之后书稿即无从踪迹。迨至1942年，当代书画名家于非厂氏发现某典肆用此稿纸页包裹杂物，急与肆主商议以物换得现存全部稿本。当乱世抢救残籍于典肆之中，亦为书林之佳话，文人之雅事也。题跋五则可见稿本流传聚散之迹。

　　李恩庆跋：

　　咸丰四年九月在甘凉道任。正本录完，此稿本付儿辈存之。寄云。

　　李佐贤跋：

　　咸丰七年秋曾假归于石泉书屋，饱观三月。短至后寄还。并记。佐贤。

　　何宝善跋：

李恩庆字季云，亦作寄云，遵化隶汉军正白旗，道光十三年进士。工山水，富收藏。此其自辑《爱吾庐书画记稿本》，在甘凉道内付其儿辈者。《八旗画录》载颜均伯亦有藏本。故其封面自注前集凡四卷。延津剑合不知须何时耳。守拙识。

于非厂跋：

北平李寄云《爱吾庐书画记》四卷，向无刊本。丙寅岁于阜成门大街广庆典肆得见所记"阎右相历代帝王像"用以裹什物。盖寄云手稿也。即商之典肆，易得其未拆散者，计有《书画记》三册，《书画见闻记》《爱吾庐题画诗》《寄云论史读诗绝句》《爱吾庐书画题跋》各一册，《书画记》卷一（唐宋）已佚。卷二（元）予在《晨报》曾布之，原稿又失去，今所存者此两卷矣！壬午三月非厂记。

……

竹朋所为《书画鉴影》多录自《爱吾庐书画记》中，《书画记》予曾得手稿三册。八年前又失去一册。此函李氏手稿计五种，皆无刊本。壬午九秋菊花正放，读此并记。非厂。

佐贤即李仲敏，号竹朋。山东利津人。道光十五年（1835）进士。官汀州知府。嗜古精鉴定。光绪二年（1876）卒。

何宝善号守拙。近代江苏淮安人。

于非厂本名照。山东蓬莱人。久居北京，清光绪贡生。辛亥革命后任小学教员，并为北京《晨报》编文艺副刊。熟识燕都史地民俗掌故，为华北著名记者。书法善瘦金体，绘画工花鸟，亦精篆刻，历任中国画院副院长、国画研究会副会长、北京市文联理事等职。1959 年病逝，年七十二岁。

《孙氏书画钞》一卷

《孙氏书画钞》一卷为明孙凤撰。明秦凤楼家抄本。明居节跋。居节字士贞，号商谷。苏州人。从文徵明学书画，为入室弟子。晚年僦居虎丘，茅屋蔬食不以为苦。居节作画古朴简远有宋人风韵。其行书流畅自如，颇为时人所喜。

居节跋：

孙凤字鸣岐，长洲人。雅善装潢，喜读书。人有以古昔书画求装潢者，则录其诗文跋语，积久成巨帙，名之曰《孙氏书法名画钞》。上海秦凤楼侍御尝命侍吏录藏之。间以示余，俾识其姓氏。益见吾吴右文之盛，虽工艺之微者靡不博古精鉴而又能汇次成书以传于远，其用心良勤矣。万历庚辰三月廿有八日题于栖凤斋。居简。

此《书画钞》白棉纸无格抄本。卷端钤有"凤楼""秦少悦父""诱心使者"等印记。居节跋尾书"题于栖凤斋"。可证为明上海秦凤楼家抄本。三百年后为张氏韫辉斋收得。有"张氏葱玉"朱文方印。

《宝素室金石书画编年录》二卷

清释达受辑其所撰金石书画考证评论等文字，以编年为序成书二卷。达受生于清乾隆五十六年（1791）。九岁于海宁白马寺出家，号六舟。善翰墨书画，精鉴别古器碑版，富收藏。摩拓金石碑刻尤称绝技。阮元称其为"金石僧"。《编年录》未见刻版，流传较罕。此抄本时代虽近，但经叶景葵先生通校一过并题款，实为难得之善本。叶氏字揆初，浙江杭州人。别署存晦居士，又号卷庵。是近代有影响的实业家、藏书家。对整理和保存古籍文化有很大贡献。1949 年逝于上海，享年七十五岁。

叶景葵题记：

癸未六月叶景葵借读一过，略校讹字。

《覡园烟墨著录》二卷

徐坚字友竹，号覡园。江苏吴县贡生。家在邓尉山光福里，是梅花最深处，自署邓尉山人。山人善书画、精篆刻，诗文并佳。康、雍、乾三朝公卿文士多与交往。卒后，其门人许兆雄就家藏徐绘卷轴，辑其标目及众名家诗文题跋汇编成《縕园烟墨著录》二卷。属同里沈钦韩训导撰序、跋尾、书像赞，刻版刊行。沈钦韩字文起，号小宛。嘉庆举人。博通经史，尤长于训诂考证，是吴县知名学者。其校跋之书，最为藏书家所重视。此《烟墨著录》乃清嘉庆十九年（1814）刻本，白纸初印，内有小宛朱笔眉批多处，正文卷端题款一行。

沈钦韩题记：

嘉庆丁丑秋仲刻本已印，许子凫舟重属校勘一过。钦韩。

《衍极》五卷《考释》一卷

此书元代南安教谕郑杓撰。其友刘有定为之考释。元惠宗至元间（1335—1340）刊行于世。历经一百五十余年近于湮没。明万历四十六年（1618），苏州沈率祖得此书五卷全本，并为之做《考释》一卷合《衍极》刻版刊行。清乾隆间纂修《四库全书》，馆臣称五卷刊本字句讹脱，遂取《永乐大典》辑集《衍极》二卷。二百年来流传于世者多为二卷本。明刻五卷本较罕见。文研所藏五卷及明万历四十七年（1619）刻本，有何焯义门先生批校和题记。警句连篇，朱墨灿然，堪称善本中之珍品。

何焯跋：

余求此书久未得，但闻钱遵王先生有元时椠本。不知先代尝再刊也。康熙辛巳首夏从江都市中得此本。船窗把卷，欣然忘食，顾安得钱氏书校勘耶。焯识。

何焯墨笔眉批：

汉制：乡置有秩，郡所署秩百石。亭有亭长，亦曰亭候。候与侯分书相通，异于县，不满户置长之长。以为其吏之名尤非也。

何焯朱笔眉批一：

王僧虔答竟陵王子良云："亡曾祖领军洽与右军书云俱变古形。不尔，至今犹法钟张。"盖书至右军一变矣。

何焯朱笔眉批二：

李白死于肃宗宝应元年壬寅。明年代宗改元广德。乙巳改元永泰。明年十一月始改元大历。石函科斗《孝经》安得白尚传其书以授阳冰也。绢素易朽，又不足辨矣。

何焯字屺瞻，号茶仙，长洲人。学者称义门先生。康熙二十四年（1685）拔贡。康熙帝南巡赐举人，复赐进士，值南书房，命侍读皇八子。因皇八子结党获罪，后获免。康熙六十一年（1722）卒。焯笃志苦学，读书必审核批校。藏书数万卷，多宋元旧椠。终身致力于校勘。所读书无不丹黄满幅，朱墨批校，皆成珍善之本，深为藏书家所重，不惜重金购其所阅经史。从而做伪冒其笔迹之批校题跋本杂出不穷。此本批校题记字如虞褚，流畅隽美。尝经韫辉斋收藏，当系何氏手笔不误。

《冬心先生画竹题记》一卷

金农字寿门，号冬心，浙江仁和人。晚年客寓扬州，以书画自给。生平嗜奇好古，收藏金石文字千余卷。工书画，自创一格。善诗文不同时俗。年逾六十始画竹，不宗前人，以宅旁竹篁千株为师，自成家数。乾隆十五年（1750）居扬州司空寺，寺内外多种修竹，冬心则无日不画竹。每画毕，必有题记。记以抒情，画以寄兴。自春四月迄秋九月，辑《画竹题记》一卷。江鹤亭出资为之刊版印行。不久，版毁于火。故此书流传不多。此本为清乾隆十五年刻本，有清代收藏家广西巡抚张联桂跋，当代著名书画鉴定家、藏书家张珩先生题记。

张联桂跋：

庚午孟秋，魏丈稼孙远道邮属《冬心先生画竹题记》。是刻于乾隆辛巳三月，金陵汤凤录写，刻手为杜尔儒。印刷精良，墨系明代碎墨略参新烟，故古色盎然，直如宋椠之精者。当时订印无多，以饷四方友生。版寄于广裕牲纸局，旋乃祖龙攫去。后拟重刊未果。今稼孙丈拟求原刻本重雕以广传流。昨岁嘉平始觅得初印本以报。他日工竣，乞寄十册为祷。

戊子上元节弢叔记。是刻稼孙后回闽中亦未成事。又记。

张联桂（1838—1897），江苏江都人，字弢叔，室名向心斋、延秋吟馆。咸丰朝太常博士，官至广西巡抚。法越之役，定界时以理力争，使龙州外之金龙洞复归于我，功标史册。

张题此跋时，稼孙已谢世。音信阻隔，张尚不知也。

张珩题记：

甲戌七月偶过风雨楼，案头见此。爱其纸墨精妙，因以明人尺牍数纸易归。希逸记。

张珩（1915—1963），字葱玉，浙江吴兴人。故宫博物院鉴定委员，曾任文物局文物处副处长，文物出版社副总编辑，对中国文物事业贡献甚多。

《炎兴背盟录》一卷

宋章颖撰。章颖字茂献，南宋江西临江人。历经孝、光、宁三朝。官至教授侍读。理宗嘉定十一年（1218）卒，享年七十八岁。章颖平生端直有气节，不为穷达所移。多年在朝为史官，仕途坎坷。著作有《舂陵志》《南渡十将传》至今留传。《炎兴背盟录》未见传本。文研所藏本封衣上题《钱大昕日记》摘记称："《炎兴背盟录》一卷，叙绍兴三十一、二年思陵史事。"同页又有黄裳先生题记一则称："《背盟录》非原题也。""是何氏作伪也。"此说极是。按我国古书造伪由来甚久，概而论之约有两种。一为依据书籍内容作伪，借以阐述某种学术观点，或介绍某种史实记载，或为抒发个人情感而伪托于名人著作。再一种即以书的版本造伪。如以明版书伪造宋元版书。其方法则采用染纸造蛀、抽换序跋、增删章节、伪造牌记、钤盖伪刻藏章印记，不一而足。此《背盟录》之造伪则两种方法兼而有之，即用旧抄本散页挖改书名并伪造目录而成。为表示书籍之真又抄录钱氏日记以做证明。钱氏日记指明《背盟录》记绍兴三十一二年事。此本开卷目录即标出"绍兴三十一年和三十二年的五条标目"。

细查书之内容所记，实为金天德元年（1149）至正隆六年（1161）（即绍兴十九年至绍兴三十一年）完颜亮事。正文内容与前列目录大相径庭，文不对题也。此种挖改书名，假托作者，以充罕见之书的做法，更是作伪者惯用之技。此本虽为伪造之书，但不愧为旧抄中之精本，书品古雅，不失为大家收藏之物。其中或有流行本失载的宋、金史料，尚需悉心校勘始能得知。此书作伪者何梦华名元锡，字敬祉。浙江钱塘人，寓居苏州。与著名藏书家黄丕烈诗酒酬唱，品题藏书甲乙，为时人所欣羡。何氏斋名梦华馆，多庋善本。道光九年（1829）客死粤中，年六十四岁。

封衣题钱大昕日记：

炎兴背盟录一卷，史臣章颖纂，监修绍兴三十一、二年思陵史事，迨炎兴以来两朝五十余载事迹。置院既久，不以时成涉笔，观者为之太息。右录钱大昕日记。

黄裳题记：

此旧抄一册，何梦华旧藏。见于来青阁，因以一石半米之值收之。卷前大题割去新补，盖残卷也。《背盟录》非原题也。视何氏印记即钤于新补处，是即何氏作伪者。此前数行亦梦华手写。其人以书为贸易，受其欺者不少。黄荛翁曾记之。丙申冬日黄裳记。

黄裳，1919 年生，山东益都人。著名记者、作家，又是著名的学者与藏书家。此题记书于 1956 年。

（原载《收藏家》1999 年第 1 期）

为什么宋版书最好

整理古籍必须鉴别版本，这是最基本的工作。版本中应重视善本，历代善本包括：宋元时代的刻本，明清两代的精刻精抄本，以及各个时代具有学术价值的稿本、批校题跋本等。其中，最为世人艳羡，视作拱璧珠林的则为宋版书。

早在明代嘉靖时，钱塘学者高濂曾指出宋版书的优点："宋代刻书，雕镂不苟，校阅不讹；书写肥细有则，印刷清朗，故以宋刻为善。"到了明末崇祯年间，著名的刻书和藏书家毛晋，为搜求宋版书，就在他的藏书楼汲古阁门前，悬挂征求启事谓："有以宋椠本至者，门内主人计叶酬钱，每叶出二百……有以时下善本至者，别家出一千，主人出一千二百。"可见当时宋版书流传不多，藏书家已不是单纯地把它作为传播知识、交流文化的读物，而是作为珍贵的艺术品和罕见的历史文物来收藏了。

清初钱谦益（牧斋）和曹溶（秋岳），都是重视版本的藏书家。曹溶为钱氏《绛云楼书目》撰序，明确地阐明他选择藏书的标准是："所收必宋元版，不取近人所刻及抄本。虽苏子美、叶石林、三沈集等，以非旧刻，不入目录中。"清代中叶著名版本校勘学者黄丕烈（荛圃），因笃嗜收藏宋版书，乃以"佞宋主人"自号。他为获得一部宋版《陶诗》，又名其书斋为"陶陶室"。

古人笃爱宋版书如此，今人亦不乏其例。那么，宋版书为什么如此珍贵呢？这是由于宋版书流传不多，极为罕见，加以宋代刻印的书籍内容近于古本，刊印精美，装潢考究。北宋时期，除首都汴梁（开封）外，尚有浙江的杭州、福建的建阳、四川的眉山等地，都是刻书的中心。后代的兵燹战乱、水火天灾，给宋版书带来了厄运，使北宋印本书籍能留存到今天的，除极少数的佛经外，其他书籍犹如凤毛麟角，很难见到了。

南宋小朝廷偏安江左，但有鱼米茶桑棉盐之利，东西两浙又盛产纸张，对刻书事业的发展十分有利，当时全国各路均有刻书。而以两浙东西路的浙刻本最精，成都府路的蜀刻本稍次。福建刻本优劣参半，其中麻沙本最差。各地区刻书又有官刻、家刻、坊刻的区别。官刻刊印装潢精美，家刻校勘精审，坊刻内容广泛。

南宋刊刻的书籍，内容的编排形式有了改变。我国古代的经、史，其正文和注疏都分别写在或刻在两个书本上。南宋初期，盛行在同一书版上，用大字刻正文，用小字刻注疏。如浙东茶盐司刻《周易》《尚书》《礼记》《春秋左氏传》，都把经文、注疏合刻在一版之上。建安（今福建建瓯）黄善夫刻《史记》，把《集解》《索隐》《正义》都刻在正文之下。这样给读者带来了很大方便。

南宋刻书，数量之多，效率之高，都是空前的。如绍兴二年（1132），湖州（吴兴）王永从一家刊刻《思溪资福禅院大藏经》，全经五千四百八十卷，从开雕到完成，仅用一年时间，参加刻经的工人多达二百六十余人。其中有一位叫董明的刻字工人，他在湖州刻完《思溪藏经》，于次年去越州（绍兴）茶盐司刊刻《资治通鉴》；绍兴九年（1139）又到临安府刻《汉官仪》，同年在临安还刻了《唐文粹》。绍兴二十八年（1158），又到明州（宁波）刊刻《昭明文选》。此外，还在湖州刻《北山小集》，在临安刻《后汉书》等。二十余年间，刻书不少，其经历充分反映当时刻书数量之多和效率之高。

坊刻本即书铺所刻的书。南宋的书坊多集中在临安和建阳两地。它们除了刊印经、史、子、集四部书籍之外，主要刊印佛经、俗文、杂书等民间读物。现今有铺名可考的，在临安和建阳两地，尚有四十多家。其中最著名的是临安府陈宅书籍铺。书肆主人陈起，字宗之，自号陈道人。他擅长诗文，与当时江湖诗人相唱和，编著《江湖小集》刊行于世。他的儿子陈解元，名思，也开设书铺。陈氏父子刊印的书籍，在卷尾部分题有"临安府棚北睦亲坊南陈宅书籍铺"或"临安府棚北大街陈解元书籍铺"一行牌记。因为著名书坊多设在棚北大街，所以，书坊本又称"书棚本"。陈氏书籍铺印书，纸墨工料多选上等，刊刻技术高超，是坊刻本中的精品，极为后世藏书家所宝重。

宋版书为世人珍重若此，究竟它是什么样子，能否一见便能辨识？要解决这个问题，必须多看实物，加以细心研究。其主要特征是：印书多用皮纸和麻纸，文理坚致有韧性。版式疏朗雅洁，版心下方往往有刻字工人姓名和每版的字数。

刻书选用字体，各地风格不同。浙本多用秀丽俊俏的欧体字；蜀本多用雄伟朴拙的颜体字；建本字形介于颜、柳之间，横轻竖重。印书用墨也很讲究，色泽青纯匀净。

装订形式采用"蝴蝶装"。其方法是将书叶面对面相对折齐，在书叶反面版心的地方用糨糊粘连，再用较厚的纸包裹作为书皮；从外表看，厚皮包背，与现代的精装书相似；翻阅时候，书叶两边展开，如蝴蝶双翅，故称"蝴蝶装"，简称"蝶装"。宋版书流传至今，能保持原来蝶装的，极为难得。现存宋版书多已改装为清代盛行的"线装"了。

除以上所述，宋版书尚有一种较突出的特征，即宋刻书多有讳字，尤其以官刻本避讳更多，是鉴定宋版书及其年代的重要依据。

数百年来，借助宋版书保存了后代刻本所没有的资料；或用宋版书校正明清以来所刻古籍的讹误，在学术研究和历史的考证等方面，都起了一定的作用。例如流行最广，号称精审的殿本《二十四史》，其中《南齐书·本纪第一·高帝上》有宋孝武帝的宗室刘遐犯罪的记载。原文是："遐坐通嫡母殷氏养女，殷亡舌中血出，众疑行毒害。"读此文不禁怀疑，刘遐的嫡母殷氏，舌中出血，怎能就怀疑是被儿子毒害呢？再查阅明监本《南齐书》则作"殷言中出血"。这就更为荒谬了，言语中怎能出血？再校以宋版《南齐书》则为"殷亡，口中血出"。更以《宋书·列传第十一·宗室》相校证，则有"遐与嫡母殷养女云敷私通，殷每禁之。殷暴病卒，未大殓，口鼻流血"。据此则情节与文字俱能吻合，可证宋本之佳。当然，宋版书不是精善无瑕的，有些校勘不精的书坊本，往往存在脱文讹字。读者如不讲求审定版本，就会发生错误，闹出笑话。宋叶梦得《石林燕语》记载有位教官考试生员，所出题目是"乾为金，坤亦为金，何也？"。参加考试的生员，虽然有的人熟读《九经》，但是对此题目却不知如何下笔。后来，有人怀疑所出之题有误，请教官取原书查看，果真是福建麻沙本《周易》将"坤为釜"的"釜"字，误刻为"金"字。教官不察，闹出了笑话。可见整理古籍，必须重视鉴别版本，但又不能盲目迷信宋版，要择善而用。

（原载《文史知识》1983 年第 9 期）

"一方古砚写传奇" 补遗

读 3 月 18 日《中国文物报》"收藏大观"栏目载"一方古砚写传奇",很有启迪。文中介绍"青州黑山红丝砚"自清雍正二年(1724)辗转流传至今,历经六位名人学者铭刻收藏,渊源有自,授受之迹昭然可见。二百六十年的岁月留痕,更增加了这方古砚的文化品位和历史价值。唯一遗憾的是对此砚的第二位收藏者"梃梼"的身世未加考证,不免泯灭了当年收藏古砚人的维护文物之功。故不揣冒昧将有关梃梼藏砚事迹寄"收藏大观"为一芹之献。

按"梃梼"又作廷梼。字又恺,号绥阶。江苏吴县(今苏州市)人。清乾隆二十五年(1760)生。是苏州著名的学者、藏书家。与当时的闻人周廷瓒、黄丕烈、顾之逵并称"苏州藏书四友"。廷梼因有家传宋、明古砚三方,故题其读书室名为"三砚斋"。

嘉庆二年(1797)夏天,廷梼移居苏州枫桥故宅,筹建藏书之所,以庋古今书籍及先世手泽。是年适得刑部侍郎王昶赠其元代清客居士砚一方,同时又购得元代学者黄翔凤旧藏"廉石砚"。家藏三砚与新获二砚合为五砚,故名其新筑书室曰"五砚楼"。清代经学大师钱竹汀特为之撰《五砚楼记》。"青州黑山红丝砚"上铭文"五砚门"当即源于此。

袁廷梼卒于嘉庆十三年(1808),享年 48 岁。遗著有《红蕙山房集》《五砚楼藏书目》《金石书画所见记》和《渔隐录》等。梼身殁不久,田产房舍斥卖大半,藏书文物亦多散佚。藏书友之一的黄丕烈写有志感诗,录二绝如下:

漫说收藏五砚楼，人亡人得已堪忧。
而今楼在人何在，手触遗编涕泗流。

白堤萧瑟起悲风，又见枫渔老去同。
从此城西踪迹少，仅存水月一衰翁。

　　黄丕烈与袁廷梼同为收藏鉴赏家，不仅是志趣相投的挚友，而且是儿女亲家。老友病故，泪下手抚遗编，赋诗识感。二百年后读之更觉山阳笛韵令人怆然。

　　　　　　　　　　（原载《中国文物报》2001 年 4 月 8 日）

漫谈书籍修复与书画装裱

我国最早的书籍是刻在龟甲兽骨上、铸在青铜器上的，以后书写在竹简木牍上面，一直到发明纸张之后，书籍的制作才与装裱技术结合起来。

公元 3 世纪以后，纸已成为写书的主要材料，那时用纸装书的方法是每写完一个文件的内容，即把写成的若干张纸粘连起来，连成一横幅，在一端粘裹一支木棍做轴，从左向右卷起成为一束，这就是一卷，这也可以说是装裱字画中手卷的雏形。因每卷书都以轴做中心卷起来，所以一卷书也称一轴书，唐朝韩愈诗中有："邺侯家多书，插架三万轴。——悬牙签，新若手未触。"（《送诸葛觉往随州读书》）

明朝都穆著的《听雨纪读》亦记载有："今之书籍，每册必数卷，或多至十余卷，此仅存卷之名耳。古人藏书皆作卷轴，邺侯家多书，插架三万轴。"李泌是唐京兆人，德宗时封邺侯。韩愈和李泌同时，从这首诗的记载，可知唐代的纸书具有卷轴的形式，而且已经能够大量生产，所以一个私人藏书家就有数万卷的藏书。

卷轴的长度多有不同，对于较长的卷轴，要检阅当中的某一句、某一段，往往要卷来卷去，很不方便。为了解决这个矛盾，有人发明把卷子折成 11—12 厘米宽的长方形的纸叠，在纸叠的最前面和最后面裱上较厚的纸，作为书衣（书皮）。这一装裱书籍技术的改进，使书籍的形制发展到了一种新的形式，称为"折装"，或称为"经折装""梵夹装"。

折装大约盛行在公元 8、9 世纪，这种书籍的装式是由卷轴发展到册叶过渡时期的形式。这种装式虽免除了卷轴书翻阅时的不便，但是卷子的折痕经过长时间翻阅，常常断裂成一张一张的叶子。由于印刷术发明之后，印书用的雕版是一方一方的版片，所以，印出的书也是一张一张的叶子。为了便于阅读和保存，又有人设计把这些叶子粘连在一起，使书籍的装式由卷轴时期，发展到册叶时期了。所谓册叶时期的书籍，是把单张叶子装订成册，后人称它为"册叶"。其时代约在 10 世纪初的唐朝末年，宋欧阳修在《归田录》卷二中记载有："唐人藏书皆作卷轴，其后有叶子，其制似今策子，凡文字有备检用者，卷轴难数卷舒，故以叶子写之。"

册叶是装订书籍的一种先进方法，其延续使用的时期也最久远。随着时代的进展，册叶的具体形式又有不同的演变，即由最初的"旋风装"，改进为"蝴蝶装"，再进而为"包背装"和"线装"。

"旋风装"亦称"龙鳞装"或"鱼鳞装"，其装制是首叶单面书写文字，其他各叶均两面书写，以一长条卷纸做底，除首叶因单面书写，把无字的一面全幅裱于卷端外，将其余双面书写的叶子，把每叶右边栏外空白处，逐叶向左鳞次相错地粘裱在首叶末尾的卷底上，看去好似鱼鳞错叠相积，收藏时，从首至尾卷起，外表完全是卷轴的形式，但开卷之后，除首叶因裱于卷底不能翻阅外，其余均能逐叶翻阅。

旋风装的缺点是书叶较长，只能手写，不便印刷；每册书叶不能过多，否则，不便卷藏。随着印刷术的兴起，书籍有了较多的生产，因此，又有"蝴蝶装"的创制。

蝴蝶装简称"蝶装"。装订的方法是将书叶面对面相对折齐，在书叶反面版心的地方，用糨糊粘连，再用较厚的纸作为书皮，从版心粘连处抹上糨糊，粘裹好书皮。从外表看好像现在的平装书；翻阅时，叶子中心粘在书背上不动，书叶两边展开，犹如蝴蝶的翅膀，故称蝴蝶装。

蝴蝶装的缺点，是所有的书叶都是单层，纸质较薄时，如遇翻阅，很易使正面与正面的书叶相连，看到的都是书叶的背面，使读者感到费时不便。于是，又有"包背装"的创制。

包背装的特点，是将书叶正折，使版心向外，书叶左右两边的余幅（栏外的空白处）都向书背，然后用纸捻订起，再用裱好的书皮包裹起来。从书的表面看，依然很像蝴蝶装，而书叶的折叠和装法和它截然不同，与后来的线装却很相似，这种装式从元朝到明朝中叶二百多年的时间里，一直是普遍流行的。

到了14、15世纪的明朝中叶，线装形式的书籍又逐渐兴起，而且直到现在还流行着这种装订形式。用线订书的方法，基本上和包背装相同，但不用整张的纸做书皮包背；而是在书的前面和后面各用一张同样的纸做书皮，一面打好折口，粘在书口处，其他三面裁齐，然后凿孔穿线，订成一册。

用线装书籍，在我国传统的装订技术史上是最先进的。它既便于翻阅，又不易破散，不仅有美观的外形，并且便于重装。因而流行的时期也最长久。

从书籍装订的沿革，反映出我国文化历史的悠久，从而也可看到我国书籍的丰富和众多。但是在浩如烟海的书籍之中，有些书籍经过兵燹水火的灾害，竟然失传了；也有的侥幸剩下一两部，成为珍贵的海内外孤本，像在故宫看到的《唐写本切韵》即是海内孤本了；也有的书籍，由于年代久远保管不善，传至今天，只剩下残篇零叶。但这样的残叶，也是极为珍贵的文献资料了。上海图书馆在整理旧书时，从普通旧书的衬纸中发现了两张《水浒传》残叶，但这样的残叶，也是极为珍贵的文献资料。还有的书籍是利用已经印过字或写过字的纸印成的（这些纸大多数是官府的旧公文）。因此，有的书正文是一部普通的书，而书叶背面却记载有难得的文献资料，对这样的书版本学家称它为"公文纸印本"。日本的一些学者对中国的公文纸印本书非常重视。京都大学文学部教授竺沙雅章最近即出版了《汉籍纸背文书的研究》。因此对需要装修的古籍，尤其是对必须托裱的书叶，在进行工作时，首先要审查书叶背面有无字迹，是不是需要保留的文献资料，更要周密考虑应不应该裱，如何裱，裱成何种品式。

从这个问题再联系到书籍装修与书画装裱的关系也是非常密切的，因为两者的物质基础是相同的，两者都离不开纸与糨糊。其他如装裱用的名称术语、书籍书画的品式、操作技术、艺术风格及使用的工具设备等等都是互有关联或是大同小异。

第一，从名称上考察，自唐代以来装裱字画即称"装背"。而装修书籍在唐宋时代亦称"装背"，唐代书画收藏家张彦远在《历代名画记》中记载有"自晋代以装背不佳；宋时范晔能装背"。这是说画的装裱。从书籍的装修看不仅有文献记载，而且有实物可证：北京图书馆藏有一部宋版《文苑英华》，在每册封面附叶下有"景定元年十月廿五日装背臣王润照管讫"一行木记。这部书既是宋刻本，又是宋代原来的蝴蝶装。

第二，在品式方面，书籍与书画也是先同后异。传统的书画装裱品式多种多样，概括起来可区分为挂轴、手卷、册叶三种类型，而书籍的形式亦可分为卷轴（手卷）、折装（册叶）、蝴蝶装、包背装、线装等。

第三，在使用工具、材料和设备方面也是大同小异，如裱案、纸壁、裁刀、裁尺、鬃刷、排笔、针锥、油纸、砑石、镊子、剪刀、特制书画用糨糊、纸张中的单宣、棉连、罗纹、金笺等。

第四，在操作技术方面，无论是书籍，还是书画，都需要裱和补的方法，这是最基本的，两者用料相同，做法也相同。其他如洗霉、揭托纸、补破洞、全色（修裱书籍无全色这一名称，但有仿旧、作旧，其义相同）操作技术都是大同小异或基本一样。

第五，在传统艺术风格方面，装裱书画和装修书籍都要求保持传统艺术风格，因为我国古书装修技术有悠久的历史，在不同的时代有不同的装裱（装订）风格。为了保持古籍善本书的历史文物性和艺术代表性，要求装修时保持书籍原来面貌。残损破坏的古籍经过衬纸、裁切、更换护叶和书皮，虽然可以焕然一新，但是失去了古书的时代风貌，对保存善本和研究版本是一种损失。因此对较早的有版本价值的善本书要采用"整旧如旧"的装修法，以保持文物特点，装修时要求不补字、不描栏、不划栏，不要有求全的思想。对珍贵的古书来说，一字的模糊或一段界栏的断线残缺都能影响考订版本的正确与否，因为一字之差就会闹出笑话和误了大事，因此在装修书籍时绝不能以意致字。

装裱字画也是同样道理，既要裱旧成新，但又不能失去原画的固有风格，对历代流传下来的旧画，更应注意装裱的时代风格，不宜轻易进行揭裱重装。早在宋代赵希鹄就曾指出："画不脱落，不宜装背；一装背则一损精神。"这也是强调要尽量保持原画的风格，不应轻易改动原画的旧装。但是装裱旧画与修书又不完全相同，画要恢复旧观，更要注意艺术效果，如一幅残破旧画，污痕满面，无法张挂，必须重新装裱，才得以恢复旧观，因此在装裱时要进行"全色"这一工序，这是技术要求较高的一种技艺，南京、武汉等地的代表都有很好的经验加以介绍了，我是门外汉就不多说了。

（原载《文物保护技术》1982 年第 3 辑第 82—87 页。中国文物保护技术协会：《文物保护技术：1981—1991》，科学出版社，2010 年）

南宋浙刻本《经典释文》

　　《经典释文》三十卷，唐陆德明撰。德明名元朗，以字行，苏州吴县人。南朝陈后主至德初任国左常侍。陈亡，还归乡里，隋炀帝擢为秘书学士。唐初，秦王李世民辟为文学馆学士，高祖李渊喜其渊博，赐帛五十匹。贞观初迁国子博士，封吴县男，卒于封地。

　　陆德明的治学思想和注释经典，在当时有很大的影响。因此，受到陈、隋、唐三个朝代帝王的重视，屡受提升和封赠。他以毕生精力编著的《经典释文》可称为集汉魏以下校勘学之大成。考证精深，音义广博。所采汉魏六朝音切，总计二百三十余家；又兼载诸儒之训诂，以证诸经各本之异同，凡后来得以考见诸经古义者，注疏以外，唯赖此书以传，极有助于儒家经典的讲习传授。

　　陆氏编著《经典释文》，采取"古今并录，括其枢要；经注毕详，训义兼辨"的原则。其内容首列"叙录"一卷，详述经学传授源流，其次为《周易》《古文尚书》《毛诗》《周礼》《仪礼》《礼记》《春秋》《公羊》《穀梁》《孝经》《论语》《老子》《庄子》《尔雅》总为三十卷。上列诸经皆选择单字注明音训，称为"释文"或称"音义"。这是六朝以来注释经籍和诸子字音、字义的一种著作体裁。后代虽有人批评陆氏列老、庄于经典，而摒弃《孟子》，似乎有悖于儒家正统，未免不伦。实则北宋以前《孟子》不列于经，久已成为定论。老、庄自西晋以来即为士大夫所推崇。陆氏生当六朝陈季，受学风影响，列老、庄于经典，亦是当时学术思潮反映的结果。

　　《经典释文》原本是用朱、墨两色分别书写。凡经文的切音训义皆用墨书，注文的切音训义则用朱书，以便于区分辨认。惜其后雕版印刷虽兴，而技术未精，朱墨不能兼施。故自宋以来，经文的音训和注文的音训，都已混合并列。虽然如此，本书犹是阅读唐代以前古籍和研究文字学、音韵学最为重要的文献工具。

　　宋代雕版盛行，刊刻诸经，卷末多附陆氏所撰音义。后更将音义散入章句之下。单行刻本《经典释文》反而甚少流通，故宋本极罕见。世传有叶林宗影宋抄本和钱牧斋绛云楼藏宋本，久已亡佚不存。毛晋汲古阁藏宋本亦仅存《春秋左氏传音义》一卷。近日上海古籍出版社计划影印北京图书馆所藏南宋浙刻递修本，乃唯一幸存之宋刻本"全书"。

　　此本每半叶十一行，每行十六、七字不等，注文双行，行约二十三字，白口，左右双边，版心下记刻工姓名。字体方正严谨，犹是南宋初年风范。间有版框大小不一，字体较松软者为后世补版，由刻工姓名亦可考见。全书刻工约分三期：陈明仲、张谨、孙勉、张清、徐政、徐升、徐杲、毛谅、陈锡、包正、徐茂等为南宋初叶杭州地区良工，是为第一期。石昌、金祖、丁松年、方至、朱春、庞知柔、徐琪、陈寿系南宋中叶杭州地区补版工人，为第二期。此外又有张富、何建、余友山、沈贵等为元代补版工人。因知此书确是宋、元两朝递修本。清彭元瑞等编撰《天禄琳琅书目后编》曾著录此本，因卷七后有宋太祖乾德三年（965）和开宝二年（969）校勘官聂崇义、薛居正、赵普等衔名，而定此书为北宋官刻本，当是误解，绝非事实。

　　此宋刻本，元时版送西湖书院。《西湖书院重整书目》中有《经典释文》一目，盖即此本。每册首叶又有蒙古篆文官印和"国子监崇文阁官书"木记，可知元朝即藏宫中。明、清两朝亦均为内阁收藏，其卷端之"文渊阁印""万历三十三年查讫"木记以及"天禄琳琅""古稀天子宝"等印皆可为证。此本既在内府，很少有人见到，刻印流传更为不易。因此，元、明两朝未见

南宋浙刻本《經典釋文》书影

刻本。迄至清康熙时纳兰成德刻《通志堂经解》收有《经典释文》，乃据叶林宗影宋抄本重刻，始有刻本流传，但与此宋刻本多不同。乾隆五十六年（1791），四明卢文弨又据影宋抄本刊印，此后通行本即多据卢本重刊。卢文弨是乾、嘉时著名的藏书家，性喜校书，凡书经其披览，必予以校勘，即无别本可勘同异，亦须厘正字画。因此卢刊本多有校改。顾千里在《思适斋集》卷一《跋经典释文》中称："予尝言近日此书有三厄，卢抱经重刻本所改多误，一厄也；段茂堂据叶抄本更校，属其役于庸妄，舛驳脱漏，均所不免，二厄也；阮芸台辨一书曰《考证》以不识一字之某人临段本为据，舛驳错误不计其数，三厄也。彼三种行于天壤间一日，则陆氏之面，晦盲否塞一日，计唯有购叶抄原本，重加精雕而云雾庶几一扫，其厄或可救也。"顾千里是嘉、道间著名的校勘学者，所撰跋文虽因学派观点之不同，评论卢刻本有言过其实的地方，但亦可见宋刻本之难得。

辛亥革命后，清逊帝溥仪曾将这部宋刻本《经典释文》"赏赐"给亲信，流散到宫外，落入私人手中。卷一至六为北平琉璃厂藻玉堂书店收得，1946 年售与北平图书馆。其余二十四卷在新中国成立初期由某藏书家捐献给人民政府，后移送北京图书馆，至此一部两地分离的"残书"又得破镜重圆。现将由上海古籍出版社影印出版，使八百多年前幸存于今日的珍贵版本扩大流传，为学术研究提供资料，其意义是非常重要的。

（1979 年 12 月 27 日）

（原载《文献》1980 年第 1 期）

宋人笔记中的宋刻珍本——
《甲申杂记》和《闻见近录》

　　北宋一代，有关历史琐闻一类的笔记杂著有大量作品传世。明人辑《五朝小说》，在"序言"中论及宋人笔记时谓："唯宋则出士大夫手，非公余纂录，即林下闲谭。所述皆生平父兄师友相与谈说，或履历见闻，疑误考证；故一语一笑，想见先辈风流。其事可补正史之亡，裨掌故之阙。"由于宋人所做笔记多系亲身经历，或"父兄师友相与谈说"的事情，所以其内容具有重要史料价值，可补正史之不足。近年中华书局校点排印了多种宋人笔记，如苏辙的《龙川略志·别志》、魏泰的《东轩笔录》、何薳的《春渚纪闻》、蔡絛的《铁围山丛谈》、陆游的《老学庵笔记》等，以《丛刊》的形式出版发行，为历史考证和史学研究提供了非常可贵的资料。与此同时，还以介绍宋元旧刻精品为目的，陆续有北京图书馆藏宋本《甲申杂记》和《闻见近录》两种宋人笔记亦将影印。此宋本极为罕见，其内容与明、清间刊印的通行本亦多有不同，故介绍如后。

作者与作品

　　《甲申杂记》《闻见近录》均为宋王巩撰。巩字定国，自号青虚先生，大名莘县（今属山东省）人。父王素字仲仪，宋仁宗初年官屯田员外郎。祖父王旦字子明，真宗时名相，封魏国公，谥文正。曾祖王祐官兵部侍郎。王巩出身累代显宦、世代书香之家。他本人又天赋聪隽，长于诗文。早年随苏轼游，至京都，为参知政事冯京所赏识，荐举于朝。因受王安石等变法派的阻挠，被派往扬州任副职。

神宗熙宁间苏轼知徐州，王巩前去拜访，苏轼与之同游泗水，登魋山，吹笛赋诗，赏月饮酒。并在泗水之滨的黄楼设宴款待他，与会者三十余人。苏轼说这次游赏聚会自"李太白死，世无此乐三百年矣"。苏赠王巩诗谓："相逢不用忙归去，明日黄花蝶也愁。"正因为王巩和苏轼的交谊非常深厚，故苏轼于神宗元丰初年谪贬黄州（今属湖北省），王巩受到牵连亦贬窜宾州（今属广西壮族自治区）。在宾州贬所经三年之久，才被改谪监筠州盐税（今江西省高平县）。王巩在筠州将谪贬期间所写的诗集寄给苏轼，苏轼颇受感动，给他的集子写了一篇序言，对王巩受己之牵连被贬，深表歉意。序言之外，还复一信，赞王巩之诗"篇篇皆奇，老拙此回真不及"。又有赠诗曰："鬓霜饶我三千丈，诗律输君一百筹。"通过这些诗文信札，可以看到当时的一代文豪苏轼对王巩的才华文笔十分赞赏。

元祐初年，王巩被赦免召回京都，官宗正丞。宗正官职品级不高，但系掌管朝廷宗人亲属的工作，能多知朝廷大事。王巩在任期间，曾多次遇到拜官授职的机会，总因为他跌宕傲世、不拘小节，受到谏官的反对而不能赴任。

哲宗亲政后，绍圣初年，他又被谪为荣州（今四川省）签判。不久召回，一生都未能显达。王巩的事迹，史书缺乏系统详尽的记载，《宋史·王素列传》附有他的传记，不足百字，极为简略。宋人笔记中却有不少与他有关的琐闻轶事；苏轼集中更多论及他的诗文。可见王巩在北宋一代是有一定影响的人物。

王巩家学渊源，知识广博，通经学、擅长诗文。著有诗集和《论语传注》，可惜在靖康之变中亡佚。传于后世的著作有笔记三种。

《甲申杂记》一卷。"甲申"即宋徽宗崇宁三年（1104）。内容所记凡四十年，上起宋仁宗下讫徽宗大观元年（1107）。无论朝廷大事，乡野琐闻，不分事件发生先后，均随手札记。

《闻见近录》凡八十六条。所记上起周世宗下讫宋哲宗元祐、绍圣间，而以宋真宗、仁宗两朝事为多。

《随手杂录》凡三十三条，其中记五代十国事三条，余均记宋朝事。

王氏所著二书内容所记多是亲历、亲见、亲闻之事。凡有关当代之政治、军事、经济、医术、宗教、习俗均有涉及。如"汴河旧底有石板石人"条，详记真宗、仁宗两朝疏浚汴河的方法和执行制度；"柴世宗销天下铜像铸钱"一条，反映出五代时期，国贫民困的情况；"熙宁八年，饿殍无数，作万人坑"条，记录遭逢灾荒的岁月，广大农民饿死，少数富豪施赈祭亡魂，以抚慰人心的事，反映了变法的失败。又《甲申杂记》有一条谓：

> 老人多言，历日载几龙治水，惟（龙）少为雨多，以其龙数多即少雨也。又旧言雨旸有常数，春多（旸）即夏旱，夏旱即秋霖。皆大不然。崇宁四年岁次己酉，凡十一龙治水，自春及秋皆大雨水。

千百年来即有九龙治水的民间传说，作为气象预测的根据。迄至 20 世纪 40 年代出售的日历上，还刊有九龙治水的记载。王巩在八百年前已指出它不可信，实在难能可贵。更重要的还在于他提供了崇宁四年（1105）"自春及秋皆大雨水"。是非常有用的气象历史资料。

至若有关北宋历朝帝后之间的揽权争宠，皇储废立，朝臣的升降，边将的调遣；变法后，新党、旧党派系间的斗争；王安石、苏轼等人的轶事，在此书中都有反映。王巩以当代人记当代事，其所记的史实则更具有真实性的价值了。

流传与版本

王巩所著笔记三种，在他生前并未刊印，也没有抄录副本，只存有自己手写的稿本。到他晚年还将全部稿件赠给了友人之子张由仪。靖康间，会稽令翟巽赴任过维扬，见到张由仪收藏的稿本，又尽数携去。

绍兴元年（1131），淮海张邦基在吴郡找到《甲申杂记》和《闻见近录》二书的抄本。又二年，复得《随手杂录》，张邦基合三书抄为一帙。至宋孝宗隆兴元年（1163），王巩的从曾孙王从谨借到向氏藏本，又重抄一部副本，藏于自己家中，从此王氏家中始藏有先人的著作。乾道四年（1168）夏六月，王从谨借同舍吴一能藏本校家藏的《甲申》和《闻见》二录，发现自抄本较吴本尚阙二十六条及辑《补阙》一卷附于后。可以考见在南宋初期，此书已有向氏藏本和吴氏藏本两个不同的抄本，经王巩的从曾孙校对整理，成为一个比较完全的本子。

稿本与抄本的渊源关系有如上述，现在能见到最早的本子不是抄本即是刻本。此刻本即北京图书馆收藏的宋刻《甲申杂记》和《闻见近录》二书。二书均每半叶十行，行十九字，白口，左右双边。版心上镌字数，中镌《杂记》《闻见录》。版心下镌况天祐、余致远、致、志等刻工的姓名。书中避宋讳字，遇构字则注"御名"；慎字则缺末笔。版刻字体近似颜柳之间，刻工况天祐于绍熙、庆元间在吉州曾刻《文苑英华》。根据刻工、字体和宋讳等特征，可定是书为南宋中期江西刻本，大致不差。

此宋本仅有《甲申杂记》《闻见近录》各一卷，不见《随手杂录》及《补阙》二十六条。与《宋史·艺文志》著录相同。可推断是书在南宋刊印雕版时，即刻两种两卷。

《甲申杂记》卷首钤有"文渊阁"篆文方印，可证是书在明代为秘阁所藏。又有"巴陵方氏收得古刻善本"等朱印，是清末湖南方功惠柳桥的藏书印记。光绪间方氏病故，藏书出售，此宋本为诗人樊增祥所得。

增祥号樊山，累官陕西、江宁布政使，后居北京，是当时著名诗人。光绪二十五年（1899）春，樊氏将是书赠给国子祭酒盛昱。盛氏于当年冬病逝。藏书散出，此宋本归藏园居士傅增湘所得。傅氏精于校勘、版本之学，家富藏书。1924 年，樊增祥于傅家重见此宋本，倍增感慨，曾撰跋文于卷末：

> 余己亥春入都，伯熙过我曰："君勿以手帕金见贻，得书画一、二种足矣。"适行箧有此书，即出示曰："此宋本佳否？"伯熙曰："大佳。"怀之而去。迄今二十六年，复见于沅叔案头，既悼意园之失弓，复贺藏园之得宝也。

甲子三月二十一日七十九翁樊增祥跋

此后，这两种罕见宋本，几经辗转，在新中国成立初期，终究为国家图书馆所收藏。

此书除宋刻单行本外，不见其他单刻。唯见丛书本。以顺治间宛委山堂刻《说郛》本、乾隆嘉庆间鲍廷博刻《知不足斋丛书》本，以及道光间晁氏木活字印《学海类编》本最为常见。这三种刻本均较宋本多《随手杂录》和《补阙》。据鲍廷博在《知不足斋丛书》本跋文中说："戊戌之秋（乾隆四十三年），余传朱竹垞老人手抄《随手录》及《补阙》一卷甫竟，复得宋刻《闻见》《甲申》二录于吴兴书贾。窃喜其合并之奇，又惧其久之而复佚也，为汇而刊之。"据此亦可知原宋刻本确为二种二卷。而《随手杂录》及《补阙》则向以抄本流传也。

鲍氏汇刻《甲申》《闻见》《随手》三书时，题总名为《清虚杂著》三种三卷附《补阙》一卷，收入《知不足斋丛书》第五集中。《学海类编》汇刻时题总名为《王氏三录》三卷，而将《补阙》分别刻入《闻见录》中二十五条，《甲申记》中一条；其题名与宋本和《知不足斋》本亦有不同，将《甲申杂记》改题为《甲申杂录》，故其总名题为《王氏三录》，其内容亦多歧字，如"张大夫士澄房兄士宁居咸平"条中有"冀五郎"。《类编》本做"冀邱邯"；又如"前人每子弟及冠，必置盛馔"条中有"其由是矣"。而《类编》本则缺。又如"上心忧惧"《类编》本做"上益忧惧"，其分歧不同之处仅《闻见近录》一卷之中即有百余字。可见刻《知不足斋》所据之底本与刻《类编》所据之底本原不相同，乃是两个系统。两书优劣显明易见，鲍氏所刻最近于宋本。因其中《甲申》《闻见》二录乃据宋本重雕。《类编》本舛误较多，因系据抄本上版雕印的缘故。

（1984 年 7 月 26 日）

（原载《文献》1984 年第 4 期）

棋苑萃珍——宋刻本《忘忧清乐集》

　　围棋创始在我国，早在春秋战国时期的古籍中，已有关于弈棋的记载。《论语·阳货篇》有一段文字，生动地描写了孔夫子对弈棋的评论，他说："饱食终日，无所用心，难矣哉，不有博弈者乎？为之，犹贤乎己。"这反映了二千五百年前，对弈棋的评价和弈棋在民间的普遍流行。以后到了两晋南北朝时期，弈棋的技艺有了显著的发展，出现了很多论述弈棋技艺的著作。如晋司马朗撰《围棋势》、南朝宋褚思庄撰《棋品》、东晋范汪等撰《围棋九品序录》、梁武帝萧衍撰《围棋品》《棋法》等。可惜这些专集著作都因年代久远，散佚无存了。

　　现在知道刻印成书，传世最早的围棋著作，仅有北京图书馆收藏的宋刻本《忘忧清乐集》。这是一部围棋著作汇编，由北宋末年御书院棋待诏李逸民编辑而成。

　　《忘忧清乐集》包括文字和棋图两部分，以蝴蝶装[1]形式分装三册。文字部分编辑四种[2]著作：首列《棋经》十三篇，题为"皇祐中张学士撰[3]"。次列宋徽宗赵佶作《御制诗》一首曰："忘忧清乐在枰棋，仙子精攻岁未笄；窗下每将图局按，恐防宣诏较高低。"第三种是《棋诀》四篇，为北宋国手刘仲甫撰。最后列张靖撰《论棋诀要杂说》一篇。棋图部分精刻三国孙吴至北宋时期所流行的著名"棋图"和"棋势"五十余幅。

　　我国古代每以围棋比拟兵法，《棋经》作者张拟仿《孙子兵法》例，著"论局、得算、权舆、合战、虚实、自知、审局、度情、斜正、洞微、名数、品格、杂说"共十三篇。分别论述围棋中的战略战术及弈棋的术语要义。这是我国围棋史上论述围棋技艺的杰出理论作品。本书作者张拟的生平事迹，不见文献记载。据《棋经》所题，仅知他在北宋皇祐时任学士。清《四库全书》据《永乐大典》辑《元元棋经》，其内容亦分为十三篇，篇目与张拟《棋经》均同，而题撰者名为"宋晏天章"。按晏天章乃元朝人，《元史·艺文志》著录。《四库全书》据《永乐大典》题为宋人，实误。清钱熙祚[4]刻《守山阁丛书》曾为之辩驳更正。但是，关于《棋经》的作者张拟，自元、明、清三代以来，却从未有人提出怀疑。近两年中华书局和日本讲谈社都曾借用北京图书馆藏宋刻本《忘忧清乐集》影印出版。二者在出版说明和有关介绍此书的文章中[5]，对《棋经》作者亦均肯定为"皇祐中学士张拟撰"。这是值得商榷的。

　　已故中国科学院语言研究所专门委员余季豫（嘉锡）先生，在《四库提要辨证》卷十四《元元棋经》条指出，《棋经》作者题张拟误，应该题为"张靖"。他根据宋邵伯温《闻见录》卷九记载有，"潞公（文彦博）为子弟，读书于孔目官张望家。望尝为举子，颇知书。""望尝曰：吾子孙当以立、门、金、石、心为名。长子靖与潞公同年登科，兄弟为监司者数人，公遇之甚厚。"季豫先生结论谓："盖即作《棋经》之张靖。其作拟者，草书靖字颇与拟字相似，传写之误耳。其称学士者，三馆职事之通称云尔。"余季豫先生辨证张拟为张靖之误，结论正确可信。只是他当时未能目验《棋经》最早的刻本，仅据前人记载史料，论证张拟即为张靖，其说可信，而资料尚嫌不足。尤其是将"拟"字解释为草书的"靖"字，更值得推敲。因靖与拟两字写法绝不近似，把"靖"误认为"拟"的说法，实在牵强。

　　若根据现存宋本《忘忧清乐集》的内容和刻版特征考证张拟乃张靖之误，其例证却是有理有据的。试分述如下：按《棋经》的第十三篇，标题为《杂说篇》。《忘忧清乐集》文字部分的最后一种题为《论棋诀要杂说》张靖撰。两篇题目虽异，而内容完全相同。可以证明二书为同一作者。再从二书的刻版形式、行款标题加以分析研究，就更证明张拟乃张靖之误。因《论棋诀要杂说》的作者题名为"张靖撰"。其姓与名两字均是同样大小之楷书镌成；《忘忧清乐集》中之《棋诀》的作者刘仲甫三字，也是用同样大小之楷书镌成。二书行款格式是一致的。唯有《棋经》的作者题名特异。其格式为"张学士拟撰"。"张学士撰"四字刻为大字，而拟字刻为小字，拟字与撰字之间又有数字空白。镌刻形式与前列二书题名款式迥然不同。此处所刻之拟字，绝非靖字之草书，实为模拟之拟。因《棋经》十三篇乃仿《孙子兵法》十三篇而做，故题曰"皇祐中张学士拟撰"。后人不察，乃将此拟字误为人名，使八百年前棋坛上增加了一名乌有国手。

《棋经》十三篇自成书之后，即为当时和后代的围棋国手奉为弈棋的圭臬。宋人于刻本《棋经》之后写有跋语谓："我朝善弈显名天下者，昔年待诏老宗刘，今日刘仲甫、杨中隐以至王琬、李百祥辈，人人皆能诵此十三篇。"元代人在当时的通行本中亦有跋语谓："尔后作者迭兴，莫不极力模拟。"清代《四库全书总目提要》亦称此书"为弈家之模范矣"。近代弈棋名家也认为《棋经》中有些论点，在当代仍应引用，绝不失其现实意义。这些评论充分反映出《棋经》作者丰富的实践经验和深邃的理论水平。但是《棋经》作者的名字，自南宋初年发生分歧之后，或称张靖，或谓张拟，迄至最近我国和日本分别重印出版此书，犹认为是张拟的作品，不无遗憾。现在此宋刻本重新出现在天壤之间，在人民图书馆中供广大专家学者阅读研究，故借《文献》丛刊一角，为《棋经》作者正名。永垂后世，不被湮没。

《忘忧清乐集》汇编的另一部专集是《棋诀》，作者刘仲甫字甫之，北宋江南人（或称济阳人）。清代《四库全书总目提要》和最近日本讲谈社出版的《忘忧清乐集·解说》均谓刘仲甫是南宋人，这还值得商榷。按刘仲甫在北宋哲宗元祐、绍圣间入翰林为御前待诏，是当时著名的国手。宋、元、明历代棋艺家在评论棋艺水平时，往往以刘仲甫为衡量高下的标准。可见他在我国围棋史上的地位是相当重要的。刘仲甫在去东京任职棋待诏之前，曾寓居钱塘，他在旅舍门前悬挂一面幌帜，上面书写"江南棋客刘仲甫，奉饶天下棋先"；当时不少围棋高手闻讯前去与他对弈，曾经在城北紫霄宫展开过比赛，没有一人是他的对手，于是名声大振。后来入翰林被聘为御前棋待诏。宋何薳著《春渚纪闻》，记刘仲甫事特详。何薳是北宋时人，其父何去非与苏轼（东坡）同时。《春渚纪闻》成书当在北宋末年，南渡之前。由此书之记载可证刘仲甫为北宋人。又据《忘忧清乐集》棋图部分中的《长生图》旁注有"东京于万胜门里长生宫刘仲甫饶玉珏黑先一百三十四着"的记录。又《遇仙图》旁注亦有"本朝刘仲甫"的记载。这两条注记说明"本朝的刘仲甫住在东京"，既称本朝又称东京，其时代当是北宋无疑。

《忘忧清乐集》的棋图部分，均为历代围棋名家比赛棋艺对局的模式。较早的有三国时代的《孙策诏吕范弈棋局面》图。当代（北宋）的有刘仲甫的《长生图》《遇仙图》等。特别值得注意的是在《遇仙图》边栏之外刊有"本朝刘仲甫遇骊山仙媪弈棋局图，又名呕血图"一行十九字。从这行题字，可以想象出宋代国手之中不仅只有男子，而且还有杰出的妇女。时人虽然故弄玄虚，托词"仙媪"，但是，她的棋艺确实高超。以刘仲甫这样驰名大江南北、无人能敌的名家，仍然经过呕心沥血的艰苦拼搏，方始战胜了"骊山仙媪"。通过这场激烈的比赛反映出我国宋代妇女的精湛棋艺。

《忘忧清乐集》是一部有关围棋的精辟论著，它既编集了弈棋的理论，又结集了丰富的实践经验。由于这部现存最早的刻本中保存了大量宋以前各代的棋局和弈谱的资料，它在围棋史上和棋艺的研究方面，所起的作用和意义就更为突出。这部宋刻本《忘忧清乐集》，版框高20.5厘米，宽27.5厘米，白口，左右双边，每叶二十行，行二十三至二十五字不等。版心下镌每叶字数，第七、八叶鱼尾下镌字数和一"荣"字。棋图题名左下方间有"周刁"两字。"荣"和"周刁"，当系雕版时刻字工人所记自己的姓名。全书用薄皮纸刷印，字体近似欧、柳之间，刻印精美，颇具南宋浙本之风格神态。书中避宋讳至孝宗朝。凡遇慎字均避，故可定为南宋孝宗时杭州地区刻本。书后附有清代著名藏书家黄丕烈[6]笔录钱曾[7]《读书敏求记》一则。黄氏并自撰跋文一篇，其中写道："今秋（嘉庆壬戌）七月四日华阳顾氏[8]约观所藏书，大半为旧刻名抄，令人目眩心悸。内有《棋经》，余所遇之奇与巧无过于是，得之，意蕊舒放，欣喜竟日。他日当作《三续得书图》，取老杜诗句以名之，阅此谱者，其乐不更无穷耶！"从这段跋文，可见黄氏得书后的欢悦心情和对此书之重视。

　　黄丕烈晚年，藏书尽皆散出。此宋本《忘忧清乐集》先后历经长洲汪氏艺芸精舍、湖州金仁甫、常熟瞿氏铁琴铜剑楼、上海丁福保先生诸家珍藏。1949 年新中国成立后，丁福保先生将此书捐赠给北京图书馆。1966 年 3 月，陈毅副总理见到此书后，十分重视，曾建议影印出版。不久因"文革"劫难开始，出版此书的计划受到阻挠。粉碎"四人帮"之后，国务院古籍整理规划小组计划出版一套综合性的善本丛书——《古逸丛书三编》。此丛书均是编选影印宋元旧刻中的精品，多为世上孤本，罕见之书。其中第一种即选定此宋刻本《忘忧清乐集》。1983 年 1 月，此影印本已由中华书局出版发行。同年 3 月，日本讲谈社也影印了这部棋苑中的珍贵文献。日本印本完全仿照原书大小和蝶装的形式。用墨选纸均极讲究，书衣用蓝绢，函套用梓木，内衬金线织锦。附印《解说》一册，内有缩印的全部棋图、棋势，均系中日文对照。一编在手，读文看图，都可一目了然，对中日围棋爱好者十分方便。这种出版古籍的形式和编印技术，是值得我国出版界参考借鉴的。

注：

[1] 蝴蝶装是盛行于宋元时期的一种图书装订形式。它的装式是将书叶反折，版心中缝的背口用糨糊粘连，不用线订，再以厚纸包裹做书皮。翻阅时，有如蝴蝶展翅，故称蝴蝶装，简称蝶装。

[2] 此书文字部分实际只有三种不同的著作。因第一种《棋经》中的第十三篇与第四种《论棋诀要杂说》完全相同，是为一种。只是后者增加了刘仲甫的注释。

[3] 张拟，《四库提要辨证》拟作儗。儗是拟的异体字。按宋刻本作拟不作儗。

[4] 钱熙祚，清江苏金山人，字雪枝。叙选通判。后以赴京谒选，病殁京邸。生前好表彰古今秘籍，曾于道光中辑刊《守山阁丛书》，收录流传较少的古籍一百一十二种。

[5] 见中华书局 1983 年 1 月《古籍整理出版情况简报》第 100 期。又见日本讲谈社 1983 年 3 月发行的《忘忧清乐集·解说》。

[6] 黄丕烈，清代藏书家、校勘学家。字绍武，号荛圃，江苏吴县人。清乾隆举人，官主事。刻有《士礼居丛书》。撰写藏书题跋数百则，后人辑为《士礼居藏书题跋记》六卷，又《杂著》一卷。均行于世。

[7] 钱曾，清代藏书家。字遵王，号也是翁。江苏常熟人，其藏书室名"述古堂""也是园"。多庋善本。撰有《也是园书目》《读书敏求记》。康熙四十年（1701）卒，年七十三岁。

[8] 江苏吴县顾珊，号听玉，与黄丕烈相交好。家住华阳桥，斋名试饮堂，多藏善本。其祖父顾若霖，雍正间即以蓄异书名于一方。

（原载《文献》1984 第 20 期）

宋刻珍本《禹贡论》《山川地理图》及其作者程大昌简论

　　《禹贡》是儒家经典《尚书》中的一篇，它以自然分区方法，记述了我国古代地理状况。内容分全国为九州，是我国最早具有高度科学价值的地理著作。《禹贡》文字简古深奥，后世注解阐述之作很多。宋程大昌的《禹贡论》和《山川地理图》，即是系统论述《禹贡》的代表作之一。此书初刻原印宋本，现藏北京图书馆，是研究我国古代地理学史的珍贵文献。

　　程大昌，徽州休宁人，宋高宗绍兴二十一年（1151）进士。孝宗乾道间官著作佐郎，慷慨有大略，对边防军政、农田水利颇多研究。南宋初，宋金两朝对峙。宋沿淮河多筑城堡，而疏于练兵。大昌上书孝宗提出"设险莫若练卒，练卒莫若择将"的战略主张，深得孝宗赞同，除浙东提点刑狱。大昌为人劲直，不事迎合，因得罪权贵，徙江西转运副使。宋朝转运使有掌握财赋及督察地方官吏之权，是直接影响人民切身利害的地方长官。大昌接任后，自谓："可以兴利去害，行吾志矣！"对官阶的升降，从不介意。是时，其所辖清江护田堤堰圮坏多年，岁罹水患，官守不加修治，乡民困苦。大昌莅任，修堤治堰，水患尽除，乡民称庆。事闻于朝，进秘阁修撰，召为秘书少监兼中书舍人。适遇临安六和塔寺僧人，托言修塔镇潮有功，求赐赏银并豁免庙田科徭。大昌上书力驳其妄，奏称"僧寺既违法置田，又移科徭于民，奈何许之？况自修塔之后，潮果不啮岸乎？"（《宋史·程大昌传》）在大昌力争之下，赏赐僧人之议遂罢。

　　大昌学识渊博，实践经验丰富，对古今史事无不考究，著述很多，行于后世之作有：《易原》八卷，《雍录》十卷，《考古编》十卷，《演繁露》十六卷续六卷，《北边备对》一卷。此《禹贡论·图》又其精心之作。孝宗淳熙四年（1177），大昌以侍讲之职，在禁中讲授《尚书》，写成《禹贡论》五十八篇，《后论》八篇，绘制《山川地理图》三十一幅，每图前均撰"叙说"一篇，《论》《图》共计五卷上表进呈。孝宗称其精博，诏付秘书省庋藏，以垂后世。

《禹贡论》成书之后，藏于秘阁，民间迄无传本。淳熙七年（1180），程大昌以敷文阁学士出守泉州，泉州市舶彭椿年从大昌得此书与《山川地理图》副本，嘱州学教授陈应行刻于郡庠，始有刻本行世。北京图书馆收藏宋本即此初刻宋印原本。《山川地理图》原稿使用彩色绘成，以青色为水，黄色为河，红色为古今州道郡县疆界。刻版印书时，由于雕版印刷技术未精，不能使用套色印刷术刷印，乃以黑色为水，双黑线为河，以单黑线为郡县疆界。这部地图册虽非彩色套印，但已是世界上最早有确实刊印年代的第一部印刷地图[1]。不仅是研究地理学史的重要文献，也是研究印刷史、版画史、科技史的珍贵实物资料。

此书正文每半叶十二行二十二字，白口，左右双边，板框高19.1厘米，广13.1厘米。版心下有龚遂、陈禾、叶志、张才等刻工姓名。刻字隽美，纸墨精莹，洵为宋刻本中之杰作。书末有淳熙八年（1181）陈应行刻书跋文曰："阁学尚书程公，曩在经筵进黑水之说，上动天听，因以《禹贡》为论、为图，启沃帝心。其本藏之秘馆，天下学者欲见而不可得。岁在庚子，公以法从出守温陵，而编修彭公提舶于此，与公有同舍之旧，得其副本。应行因再拜以请，而三复其说。见其议论宏博，引证详明，皆先儒之所未及，乃请于公愿刊之郡庠，以与学者共之。"从陈应行跋文可见，当时孝宗赵慎以及官员学者对此书评价之高。清乾隆间编撰《四库全书总目》亦称誉此书"援据厘订，实为博洽，至今注《禹贡》者，终不能废其书也"。

《四库全书总目》卷十一，著录有《禹贡论五卷、后论一卷、山川地理图二卷》。其所著录之卷数实误。按现存历代书目著录此书最早者，为宋陈振孙《直斋书录解题》，该目记载，"禹贡论二卷、图二卷，程大昌撰。凡论五十二篇，后论八篇，图三十一。其于江、河、淮、汉、济、黑、弱水七大川，以为旧传失实，皆辨证之。"宋本彭椿年序称："辨证经旨者，著之于论，论凡五十有二；论尝指事说理，而当证以山川实地者，则为之图，图三十有一；至其事不隶虞夏，而源流本出此经者，则又为后论八篇。"查宋本目录及内容篇章与序正合，与陈直斋《解题》所列之内容篇数亦合。可知程氏此书卷数确为《论》二卷、《后论》一卷、《图》二卷。经查《文津阁四库全书》本《禹贡论》内容亦为上、下二卷，不是五卷。《四库全书总目》及《宋史·艺文志》等书目之所以著录为五卷，乃在于原书《论》《图》均各分为上、下二卷，《后论》八篇自成一册，全书均未曾以数目字标示卷数，后人未察其详，故有不同卷数之著录也。

此宋刻本没有后人的批校题跋，纸墨如新，书中藏书印章有近人乌程蒋祖诒和祁阳陈澄中两家印鉴。此外，时代较早者唯见清代郁松年藏印。郁松年字万枝，号泰丰，上海人，道光二十五年（1845）恩贡生。好读书，藏书十数万卷，多宋元旧本。陈奂《师友渊源记》称其："饶于财，凡宋人典籍，有未刻或刻而板废者，不惜重资以置邺架。刊有《宜稼堂丛书》。"此宋本虽经郁松年收藏，但其所刻《宜稼堂丛书》却未见收录，更见其稀罕珍贵。此书非但宋本传世孤罕，其他刻本也不多见，后世翻刻或抄录全书者，唯见康熙间纳兰性德所刻之《通志堂经解》本，以及乾隆间手写之《四库全书》本最为完备。但《经解》本仅刻前、后《论》和《图》之"叙说"文字，未刻《地理全图》。《四库》本乃据明代《永乐大典》[2]抄录，《论》《图》俱备，唯缺《九州山川实总图》及《禹河汉河对出图》二幅，故亦不得称为全本。至若内容亦多有与宋本不同者。如宋本"宏

抚"，《经解》本做"宅抚"；宋本"既已为九"，《经解》本做
"故播为九"；宋本"汉世"，《经解》本做"河世"等约百余
处。两者相校，瑕瑜自见。

此宋刊本是北京图书馆于新中国成立初期，收集的孤本秘籍
之一，近期中华书局根据国务院古籍整理出版小组的规划，已将
之影印，辑入《古逸丛书》三编中，以广流通，供研究古籍者
之参考。

注：

[1] 中国科学院自然科学史研究所地学组编《中国古代地理学史》，
及英国李约瑟著《中国科学技术史》第五卷，均认为"杨甲在公元1155
年（宋高宗绍兴二十五年）前后编绘的《六经图》是我国的第一幅印刷
地图。而欧洲的第一幅印刷地图（布兰迪斯所制木刻图），较它晚二百年
左右"。按《六经图》现存南宋福建刻本残卷，并无刻书确切的具体年
代。作者杨甲是宋孝宗乾道间进士；程大昌乃宋高宗绍兴间进士。程中
进士早于杨二十年左右，以二人科第先后，可以推断杨甲刻《六经图》
之年，当不会早于程大昌刻《禹贡山川地理图》之年代。

[2]《永乐大典》原本已佚。

（原载《文献》1985 年第 3 期）

吕无党家抄本《明史钞略》及其他

  北京图书馆藏抄本《明史钞略》，有近人章炳麟、张元济、赵万里诸先生跋。或定为石门吕留良后人抄庄廷鑨所撰《明书》之残本。

  庄廷鑨修撰《明书》酿成惨祸，是清初最大的文字冤狱，处死七十余人，已亡者剖棺剉尸，妻孥流放黑龙江宁古塔与披甲人为奴，极尽人间之残酷。三百年来记载此冤狱之史实，散见于清人笔记、文集中，后人读之，犹恨慄悲叹不已。清初顾炎武《亭林文集》卷五《书吴、潘二子事》，记庄氏修史事云："苏之吴江有吴炎、潘柽章二子，皆高材。国变后，年皆二十以上。庄名廷鑨，目双盲。不甚通晓古今，以史迁有'左丘失明，乃著国语'之说，奋欲著书。其居邻为故阁辅朱国桢家。朱公尝取国事及公卿志状、疏草命胥抄录，凡数十帙，未成书而卒。廷鑨得之，则招致宾客，日夜编辑为《明书》。书冗杂不足道也。廷鑨死，无子，家资可万金。其父胤城流涕曰：'吾子三，皆已析产，独仲子死无后。吾哀其志，当先刻其书，而后为之置嗣。'遂梓行之。慕吴、潘盛名，引以为重，刻诸参阅姓名中。

  "书凡百余帙，颇有忌讳语，本前人抵斥之词未经删削者。庄氏既巨富，浙人得其书，往往持而恐吓之，得所欲而去。归安令吴之荣者以赃系狱，遇赦得出，亦买此书恐吓庄氏。又告之大吏，大吏右庄氏。之荣入京师，摘忌讳语密奏之。四大臣大怒，遣官至杭，执庄生之父，及其兄廷钺，及弟姪等，并列名者十八人皆论死。其刻书、鬻书并知府、推官之不发觉者亦坐之。发廷鑨之墓，焚其骨，籍没其家产。所杀七十余人，而吴、潘二子与其难。"

　　亭林先生与吴炎、潘柽章为忘年交，文书往来，过从甚密。庄氏修史曾邀请顾氏参加，顾托词未列名，幸获免于难。其所述之事略当可凭信。庄氏修史梗概如此。而所修之"史"因书禁版毁，三百年来即无从踪迹。岂料民国初年，江苏吴县周圭璋（特人），忽得一抄本。签题《明史钞略》，文内所记或署"庄鑨曰"，故推知为摘抄庄氏所修《明书》之残本。此书后归吴县潘博山先生收藏。并经张菊生先生为之影印，收入《四部丛刊三编》。原本则于新中国成立初期归北京图书馆珍藏。

　　《明史钞略》原书二册，不分卷第，墨格小字密行抄写，字行楷兼体，刚劲有致。册一内容首列《贞皇帝本纪》；次为《梃击、红丸、移宫、三案总论》；末为《悊皇帝本纪》。册二前为《列传》，有李成梁、戚继光、朱光、杜松、呼良朋等传，其次有《显皇帝本纪》；末为《开国以后释教之传》，辑录姚广孝、怀信、溥洽、梵琦等传。书中本纪和列传之次序先后参差，显系错简，当为后人装订时所致。此书虽残缺不全，但所记史事多有正史未收，可补官书之不足。其更为世人注目者，则为本书乃有清一代文字冤狱之首，无辜授命惨死者七十余人，充军为奴者数百人，凡有心人无不愤慨咒詈。

　　清初迄至雍正、乾隆间，因文网缜密，系统详尽记此冤案成一专书者极为罕见。晚清之际，国势疲败，文禁松弛，记庄氏狱案之书大行，如《庄氏记私史事》《书湖州庄氏史狱》《庄氏史案本末》等。辛亥革命后犹有《大狱记》《庄氏史案考》《庄氏案辑论》等刊行。迄至今日亦有以此案件为题材编为历史小说者，如 1985 年《民主与法制》刊出《江南书祸》连载于第四、五期。使这一数百年前的冤狱再现于今天，深刻批判封建制度荼毒人民、株连刑罚之残酷，亦可见庄氏史案影响之深远。

　　《明史钞略》虽影印收入《四部丛刊三编》，而知者不多。1936 年，历史学家孟森先生撰《书明史钞略》一文[1]，对《钞略》做了详尽的考证和评论。他认为，"《钞略》者，遇明史料则抄之，故有诸帝纪，当抄自一家《续明纪》之书。而其列传则实出庄氏私史，并合杂抄。故不曰庄氏《明书》，而曰《明史钞略》。"又谓："《明史钞略》之为书，虽所存庄氏私史之成分甚少，固亦有价值之书[2]。"从以上引文看出，孟森先生既肯定《钞略》之有价值，又指出《钞略》乃"并合杂抄"，而非抄自庄氏《明书》一种。此说尚可商榷，因庄氏《明书》无帝纪的记载，始见于清初陈寅清著《榴龛随笔》，其文曰："况无志、表、帝纪、世家，止有列传。"《随笔》记庄氏事多贬抑之语，其言庄氏《明书》无志、表、帝纪，或为夸大蔑视之词，或因未窥全书，均在所不免。若证之顾亭林评《明书》之文，对庄氏虽亦多所菲薄，但未言其书无表、志、帝纪，仅有列传，有失史书体裁之语。唯评其书"冗杂不足道也"。其所谓"冗杂"，可理解为内容冗长杂乱，因《明书》出于众人所编，故而"冗杂"。亦可理解为"本纪中再重出诸臣之传"，或书中引用"谕文冗长，不加剪裁"之意。

其次，关于《钞略》乃"并合杂抄"之书，并非抄自庄氏《明书》一书的论断。似亦值得推敲。《钞略》中《李成梁传》《戚继光传》后之"论曰"，均署"庄鑨曰"或空缺。犹沿汉司马迁撰《史记》，每一"本纪"或"传"后，有"太史公曰"之例。此可证《钞略》乃抄自庄氏私史，当无可怀疑。若以《明书》与《钞略》卷册数量相比较，亦可考见《钞略》当非"并合杂抄"之书。据顾炎武记载，庄氏私史原书有"百余帙"，陈寅清《随笔》亦记载谓"召匠刻之，凡五年而成"。顾氏明白提出原书有百余帙。陈寅清虽未说明该书卷册若干，但从刻书所用年限判断，其卷册亦绝非少量。《钞略》现存仅只两册，其内容已包括三朝本纪和多篇列传，可推知全书绝不会有百余帙之多，其内容取材节抄《明书》已绰然有余，实无须"遇明时史料即抄之"。至于其署名曰《明史钞略》而不题《明书》，亦有其深义。如此既可避清廷之禁令，亦符合删节原本抄录要略之义。据以上分析，可确定《钞略》实非"并合杂抄"之书。

孟森先生又谓："《钞略》中之帝纪，虽尽载明代指斥建州文字，然于奴儿哈赤、速儿哈赤等名字，往往空缺。尤可异者，并空及佟氏诸人名。《神宗纪》万历四十七年正月，有云：'援辽游击□□□叛附建州，以父□□在彼也。'《明实录》则云：'援辽游击佟国祚叛附建州，以父鹤年在彼也。'佟氏之盛，在康熙中叶。圣祖生母为佟氏，后所立之后亦佟氏，故佟氏布在朝列，北人至今尚有'佟半朝'之语。私史之狱，起于顺治十八年辛丑之春……"孟森先生因庄氏史狱起于顺治十八年（1661），而《钞略》所书文字却避康熙时讳，感到奇异。故有"尤可异者，并空及佟氏诸人名"之问题。如细推之，其原因在于《钞略》乃吕留良后人所抄。吕留良殁于康熙二十二年（1683），《钞略》当抄于吕留良未卒之时。其时恰在庄氏史案之后，又值佟氏兴盛之期。读书士人在文网迭起，惊弓之余，岂能不有所忌惮？故凡遇有与清廷违碍文字，乃加以空缺，此亦理所必然，无可奇异。

《钞略》卷末有赵万里先生跋文一行曰："此石门吕无党家抄本，卷中'留'字缺末笔可证。"孟森先生《书明史钞略》文中亦曰："审其钞中逢'留'字必缺末笔，证为晚村后人为避晚村之名讳。此本出吕氏之说益信。"晚村即吕留良号，又名光轮，字庄生，又字用晦，浙江石门人。顺治初参与反清复明活动，事败露，其从子亮功以身代死，留良幸存。康熙元年（1662）隐于石门南阳村，建梅花阁、讲习堂，课子读书；深研朱子理学，阐扬朱熹种族思想。康熙十七年（1678）举博学鸿词，浙省荐留良，誓死求免。又三年，郡守欲以隐逸荐举，留良乃剃发僧服，自号何求老人，法名耐可，字不昧。于吴兴妙山筑"风雨庵"隐居不出，以示绝意仕途。有子七人，长子葆中，又名无党。随父评注选文，校刻图书。又性喜藏书，凡遇罕见善本必手抄而藏之。其抄本颇为藏书家所珍重。清嘉庆间著名藏书家黄荛圃（丕烈）跋宋王禹偁《小畜集》[3]谓："留字皆缺最后一画，以吕无党手抄他书证之，写留字均作留，疑出吕氏抄也。其版心（镌）'吾研斋'补抄。向未知此斋为何人斋名，后晤江铁君，为余言其详，始知即无党之斋名也。"[4]又跋《栟榈集》"顷有书友携赐书楼蒋氏所藏吕无党抄本[5]，颇精雅，并谨慎之至，于漫灭处皆以细笔画识之，存其真也"。黄荛圃是著名藏书家，又是有影响的版本鉴定家，以其题识可以想见时人对吕氏抄本之重视。

石门吕氏抄本为后人重视珍藏，不仅因其抄写精善，更因为凡吕氏刻印、抄校及其著述等，自雍正十年（1732）严令禁毁，漏网留存于后世者，寥寥可数。禁毁之起因，在于湖南靖州人曾静密谋反清复明，以故国逸民吕留良及其论夷夏之著作为号召，命门人张熙上书川陕总督大将军岳钟琪同谋起义。岳得书佯称起事，却出首密奏。雍正帝即捕曾静、张熙，又谕浙江总督查拿吕留良全家，及其徒严鸿逵等人。时吕留良已身故四十六年，其子葆中亦死。乃于雍正十年（1732）十二月十二日谕将吕留良、吕葆中俱戮尸枭示。吕毅中[6]着改斩立决，其孙等俱应即正典刑，但以人数众多，着从宽免死，发遣宁古塔给予披甲人为奴。家产籍没，诗文、日记、书籍等并入官焚毁。经此大劫，吕氏父子之著述及其刊印之书，濒于绝灭，其手抄本更是凤毛麟角，藏书家每获得一部则十分珍秘。北京图书馆善本组经数十年之采访征集，现存吕氏抄本已近十部，其中除《明史钞略》为史部书，其余均为宋人文集。尤可注意者，现知南京、上海亦有吕氏抄本书各一部，亦均为宋人文集，此确为可研究的课题，现不多做评述。仅将北京图书馆藏吕氏抄本，按原书作者时代先后，择要记录如下，以见吕氏抄本书之概貌。

《乖崖先生文集》十二卷　　（宋）张咏撰

张咏字复之，号乖崖，宋鄄城（今山东省）人。太平兴国进士。官枢密直学士，两知益州，为政恩威并用，吏民畏服，平日刚方尚气节。与寇准相友善。官至吏部尚书。张咏为文疏通平易，不为险词怪句；其诗则列名西昆体中，辞藻自然美丽，为后人所称。《乖崖集》宋代刻有两本，一本十卷，一本十二卷。此本乃清康熙四十九年（1710）吕无隐据十二卷本所抄。十一行二十二字，黑格，细黑口，四周单边。目录后有墨笔题识两行：

庚寅三月□□□□抄盐官马寒中家抄本，谬误颇多，不敢逞臆改正，恐益失其真也。

跋文称"谬误颇多，不敢逞臆改正"，可见吕氏抄书之谨慎认真。一扫明人刻书添改脱误之陋习。跋文挖空之处，当系吕无隐之名。后之藏书家深悉吕氏受"剖棺籍家"之祸，惧受株连，故将无隐名字挖去，以存是书。

此抄本有"孔继涵""荭谷"二藏印。孔继涵字荭谷，山东曲阜人。乾隆三十六年（1771）进士。官至户部郎中，尝校刻《微波榭丛书》，雠勘精审，为世所称。现知孔氏当为此抄本最早的藏家。此后尚有"西圃蒋氏手校""古吴邓氏家藏""意园珍藏图书"及"叶德辉""郋园"等印记，俱可考见其流传渊源，并后世各藏书家对其珍贵重视之一斑。

《宛丘先生文集》七十六卷　　（宋）张耒撰

张耒字文潜，淮阴人。元祐中官至起居舍人。绍圣中谪监黄州酒税。徽宗召为太常寺卿，坐元祐党籍，复贬房州别驾。晚年居于陈州，主管崇福宫，卒。张耒著作繁富，据南宋初周紫芝《书谯郡先生文集后》，知张耒集在当时已有四个不同本子。一本十卷名《柯山集》；一本三十卷名《张龙图集》；一本七十卷名《张右史集》；一本百卷名《谯郡先生文集》，即周紫芝为作序跋者。此吕氏所抄之本，其卷数与紫芝所记四本卷数均不合。现知所存张耒集之卷数亦无一本与周记相合者，而以七十六卷本为卷数最多，当亦系最全者。又据《增订四库全书标目》记载："蒋生沐有宋刊《张右史集》七十卷。精极。"蒋氏别下斋藏书，久已散出，未闻有此宋本。

此吕无隐抄本十一行二十一字，无格。卷首尾钤印"铁琴铜剑楼""曾为徐紫珊所藏"二藏章。第七十六卷后有前人墨笔题识三行：

> 张文潜三子，秬、秸、和皆中进士第，秬、秸在陈死于兵，和为陕府教授，归葬二兄，复遇盗见杀。文潜遂无后，可哀也。

《东莱先生诗集》二十卷 （宋）吕本中撰

吕本中原名大中，字居仁，安徽寿州人。以父荫补承务郎。宋绍兴六年（1136）赐进士，累迁中书舍人兼直学士院，学者称东莱先生。本中初与秦桧同为郎，相得甚欢。桧为相，对本中私相引用。后本中与赵鼎善，桧怨怒鼎阻其和议，亦怒本中，乃风萧振劾本中。本中罢官，贬太平观，卒。其诗宗江西派，得黄庭坚、陈师道句法，为后人所称。

此诗集抄本，竹纸，九行十八字，无格。字刚劲，近似颜体。文中凡遇留字均缺末笔。如卷二《正月十三日河堤上作》"东风不与行人便，留滞长亭十里船。"又如《扬州留一上人》。留字均缺末笔一画，故定为吕留良家抄本。1919年张宗祥（阆声）先生以此本对校宋本，乃知此并"非真自宋本出也"。但其抄写极工，凡有空白处均照录，不臆改增字。此亦为吕无党抄本之特点，或即为其亲笔也。

卷首题下有"秦伯敦父""臣敦复"二白文印记。知为秦氏石砚斋旧藏。秦恩复字敦夫，一字淡生，江都人，清乾隆五十三年（1788）进士，官编修。读书好古，蓄书万卷，颇多善本，其藏书极为后人所重。编有《石研斋书目》二卷。是早期著录版本的代表目录。

《后村居士集》五十卷《目录》二卷　　（宋）刘克庄撰

刘克庄字潜夫，号后村。福建莆田人，以荫入仕，官至龙图阁直学士。克庄文体雅洁，诗格清新。其为人则极刻薄，《居易录》记："后村居乡，不为乡人所与。父老传其舍侧有井，汲以医病者辄愈，后村塞之。"其为人刻薄可知。克庄初受业真德秀，尊崇道学。而晚节不终，投身贾似道门下，谀辞诡语，连篇累牍，愈见其人格鄙下。其从事讲学，特自我标榜之假道学也。吕无党抄其全集，或为同气相求之意。

此抄本密行小字，无直格。四周有边栏，版心上题"后村集卷"，下题"讲习堂"。卷五十末页有题识一行曰：

> 辛卯年南阳讲习堂抄，三月初二日始，九月晦日竣。

此辛卯年即清康熙五十年（1711）。距吕留良卒，已二十八年；距吕无党进士及第五年。书尾有黄荛圃、叶鞠裳跋，均称是本为吕无党手抄。其鉴定可信无误。书卷前后钤盖清代历朝著名藏书家印记多方，鞠裳先生跋文曰："卷端有马思赞、寒中、衍斋诸印，及古盐张氏、宗橚、咏川三印。知此集先归插花山马氏，又从马氏转入乌夜村张氏。其入张古余太守家则更在士礼居后矣。藏弆源流，历然可考。伯鸾其宝藏之。"[7]此抄本中之藏章除叶氏跋文列举之外，尚有"广圻审定""黄印锡蕃""曾在周叔弢处"等印记。周叔弢先生是当代著名藏书家。曾将历年辛苦收集购买的大量珍贵善本悉数捐赠给北京图书馆和天津市图书馆。此抄本即新中国成立初期捐赠中的一种。周先生的崇高义举,《文献》二十一期有专文介绍,兹不多赘。

注:

[1] 见 1959 年中华书局版《明清史论著集刊》上册第 141 至 147 页。

[2] 吕留良誓不仕清,隐居教子甚严,有《家训》《斋规》。其长子葆中最获父爱。《钞略》既多忌讳语,必得吕留良之赞赏,对庄氏修史狱案,亦必知之甚稔,遇《明书》当竭力抄存,故谓抄于吕留良亡故之前。吕殁后,葆中未守父志,于康熙四十五年(1706)进士及第入翰林院。则无心抄禁书矣。

[3] 黄荛圃跋《小畜集》《栟榈集》均见《士礼居藏书题跋记》卷五。《小畜集》原本现藏北京图书馆,尚有此跋原件。

[4] 吕留良性喜砚石,撰有《友砚堂记》,对其所藏之佳砚均有题记。"吾砚斋"当即葆中继其父之遗砚所题之斋名。

[5] 苏州蒋杲字子遵,康熙癸巳进士。藏书甚富,有贮书楼。何焯尝授经于此。乾隆三十八年(1773)诏开四库馆,杲从子曾莹检其所审定秘书百种进上。乾隆帝钦赐《佩文韵府》一部及《御制诗》贮于"赐书楼"。

[6] 吕葆中撰其父之《行略》称吕留良有七子:"为公忠(后易名葆中)、主忠、宝忠、诲忠、补忠、纳忠、止忠。"均以忠字排行。此处题毅中,或为避雍正之嫌,而改止忠之名?记此存疑。

[7] 伯鸾姓龙名凤镳,广东顺德人。

(原载《文献》1986 年第 1 期)

宋刻孤本三种——《忠文王纪事实录》《育德堂奏议》《水经注》

一、《忠文王纪事实录》五卷

宋谢起岩撰，宋咸淳七年吴安朝公文纸印本

忠文王是我国历史上著名抗金将领岳飞的谥号。岳飞生于北宋徽宗崇宁二年（1103）。青年从军，以战功升任节度使、枢密副使等官职。南宋高宗绍兴十一年（1141），权臣秦桧以"莫须有"之罪名将其杀害。当时秦桧在朝为相，兼领监修国史，凶焰烜赫威制上下，朝中史官惮其威势，不敢直书岳飞之功绩，甚至歪曲湮没。迄至宁宗朝，岳珂为辨祖父之冤，于嘉定十一年至理宗绍定元年（1218—1228），先后刊行《金佗稡编》二十八卷《续编》三十卷。是为第一部记录岳飞传记史实之专书。

《金佗稡编》书成之后六年，岳珂亡故。其书版亦散佚不全。现今传世最早的印本《金佗稡编》，仅见元至正二十三年（1363）朱元佑刻本。再次则为明嘉靖二十一年（1542）洪富刻本为早。此外，再未见宋、元时代所刻岳飞史传之专书。明、清以来各家书目亦未见著录。岂料北京图书馆竟入藏一部宋刻《忠文王纪事实录》（以下简称《实录》），是为现存岳飞传记的最早刻本，弥足珍贵。

《实录》凡五卷，宋太学明善斋学生谢起岩撰。前有宋理宗景定癸亥四年（1263）谢起岩序；卷末有宋度宗咸淳七年

（1271）太学明善斋谕学生吴安朝跋。查《宋史》及有关史书均未见谢、吴二人事迹。据谢起岩序称："尝叹其在'国史'者不易见，在'家集'者不及见，在'将传'者不多见；幸岁昨得与忠文诸孙同笔砚交，见其《鄂国金佗》有编，裒类浩繁，僭蹐仍其纂记，而为之提要，誓书一通以置之侧。"吴安朝跋则谓："景定壬戌年间，本斋同舍庐陵谢起岩搜王世系勋伐，凡旗鼎所铭，册书所著，奉常所议，考功所录，州志、家乘、野史所记，其所涉于王者辑为一书，计若干卷，目曰《纪事实录》。又十年为咸淳七年，乃相率裒金而寿之木。"据谢、吴二人之序、跋得知，谢起岩于南宋末年与岳飞的孙辈是文字朋友，因见岳珂著《鄂国金佗稡编》，乃删繁就简并搜集当时所见有关资料纂辑《实录》五卷。又十年之后，谢起岩在太学明善斋的同舍生吴安朝为之集金刻版印行，即此宋本《实录》。此书每行二十二字，白口，左右双边，版心上记字数，下记刻工姓名。计有钱桓、徐、于、东、明、昌诸人姓或名。其分卷，则卷一为"高宗皇帝宸翰"，起宋高宗绍兴四年至绍兴十一年（1134—1141）；卷二、卷三均为"行实编年"，起宋徽宗崇宁二年至高宗绍兴十一年（1103—1141，岳飞一岁至三十九岁），卷四为"行实拾遗"及诸子遗事，卷五为"奏议"。

此书传世极罕，书中称岳飞之谥号为"忠文"亦异于一般史书之记载。按宋朝规定，文武官僚职位凡在三品以上者，死后都赐以谥号。岳飞被宋高宗赵构和秦桧等杀害，自然不会赐以谥号。但是，在孝宗赵慎即位后，岳飞的冤案得到昭雪，生前的职位官衔均明令恢复。淳熙五年（1178），孝宗赵慎赐岳飞谥号曰"武穆"。孝宗之孙宁宗赵扩即位后，权臣韩侂胄为提高自身之权势，假借岳飞抗金之声誉，于嘉泰四年（1204）五月下诏追封岳飞为"鄂王"。至理宗赵昀继位之后，认为以往谥号都不足以概括岳飞一生的功名盛德。于是，在宝庆元年（1225）下诏改谥曰"忠武"。其意义是取蜀汉诸葛孔明志兴汉室；唐郭子仪光复唐都的故事。兼取孔明和子仪二谥之美以旌表岳飞。此谥号虽见于《金佗续编》及《宋史》，但"忠武"之称谥却流传未广。至若"忠文"这一谥号，则更少人知，甚或疑其不类岳飞之谥。今据《实录》所载，景定二年（1261）《尚书省牒文》及《录白忠文王告词》，始知南宋京城临安之太学乃岳飞生前故宅。内有祠曰"灵通庙"，供奉"正显昭德文忠英济侯"，侯即岳飞，当时的太学生杨懋卿等有见于"侯封八字"其号已极，改畀主爵于礼为宜。故上奏朝廷，请旨加封。景定二年（1261）二月奉敕改"灵通庙"为"忠显祠"，谥岳飞封号为"忠文"，是即此宋刻本书名之所由来。

《实录》之内容，取材多据岳珂之《金佗粹编》，如《实录》所辑之"高宗皇帝宸翰""行实编年"以及"行实拾遗"等篇章与《粹编》内容编排之次序均同，唯分卷不同。《实录》之一卷为《粹编》之两卷或卷半。其文字亦有歧异，如《实录》称岳飞为王，《粹编》则称先臣，《实录》称金人，《粹编》则称金贼或贼。《实录》之可贵处，更在其书版完整，全书无断版缺文。取明嘉靖间洪富刻《粹编》对校《实录》本，可见《粹编》缺文佚简不可胜记，而宋刻《实录》则书版完整，无断版缺文。如《行实编年》宣和六年（1124）记岳飞杀张超事，《实录》做"春三月，贼首张超率众数百，围魏王韩琦故墅。王适在墅告籴，怒曰：'贼敢犯吾保耶？'起而视之，超方恃勇直前。王乘垣引弓一发，贯吭而踣。贼众奔溃，墅赖以全。"而《粹编》在"春三月，贼"以下脱"张超率众"等二十三字。又如岳飞副将张宪受"赠承宣使"敕文，虽仅只一百七十余字，而《粹编》本却佚脱三十一字之多。又记绍兴三年（1133）岳飞副将王贵攻张成事，《粹编》本较《实录》本缺二百九十余字。绍兴五年（1135）记鼎澧镇抚使程昌禹攻杨幺事，《粹编》本亦佚二百九十余字。《实录》尚辑有当时关于岳飞及其家人、将佐封赠之史料，而为《粹编》所未收者，如《实录》卷一：高宗皇帝宸翰之后辑有《太学陈请赐庙额、封王爵及父母妻子将佐加封事》《尚书省牒文》以及《告词》等，均为《粹编》所未收。文中所记岳飞之父岳和、母姚氏夫人、子岳云、雷、霖、震、霆，其将佐张宪、徐庆、董先、牛皋、李宝、王贵等人的封谥，均可补史籍之阙，可考史书之遗。《实录》卷四"行实拾遗"载有岳飞夫人李氏遗事一则曰："娶李氏名娃，字孝娥，奉其姑有礼度，又能筹理军事。王出军，则必至诸将家抚其妻子，以恩结之，得其欢心。在宜兴日，王尝召至行在。部下谋叛，李氏得之，不言。一日，会诸将于门，即坐告之，捕斩叛者。一军肃然。"此轶事亦系《粹编》所未收者。

总之，此宋本《实录》之编辑，虽取材于岳珂之《金佗粹编》，但又增补了宋季末年有关岳飞的史实资料。尤可贵者则为凡《粹编》之断版阙文，《实录》均保持完备无遗。罗其可贵者之二，即此宋刻本《实录》乃采用明初公文纸（亦称官牍纸或称公牍纸）印刷。我国元、明以前，造纸术虽很发达，但纸价犹较昂贵。因而收集官府废弃之档册、公文，选其完整洁净者用其背面刷印书籍。如此既可废物利用，亦可降低书价。近人叶德辉撰《书林清话》有《宋、元、明印书用公牍纸背及各项旧纸》的专文条目，记录了宋、元以来用公文纸背印书的资料。北京图书馆对公文纸印本书的收集亦极为注意，如馆藏宋刻元、明递修本《史记集解》以明弘治公文纸印，元至正福州路儒学刻《乐书》以明嘉靖公文纸印，宋绍兴齐安郡学刻《集古文韵》以宋开禧元年（1205）授书状刷印，等等，约计二十余部。此等书背纸公文，可为今人提供当时政治、经济、税赋、民俗等直接材料，其作用有时远远超过书籍的正文，颇得藏书家、书史研究者之重视。此宋刻《实录》乃利用明洪武年间绍兴府之公文纸刷印，从卷二第四十叶背面清晰可见。

　　　一宗

　　俞本贩盐。洪武十一年四月二十四日奉绍兴府帖文……

当年八月二十三日立案申府付别科检目为卷。

一宗

袁通二匿税。洪武十一年四月初十日奉部委帖文为……
当年五月十八日申府检目为尾，计七张缝。

据此帖文可以考见明洪武朝民间贩盐、匿税及官府帖文之概
貌；亦可考证《实录》虽刻于宋度宗咸淳年间，其书版至明初
尚存，刷印此本当在明洪武朝以后。

此书各卷首尾钤有"锡山安国宝藏""子高文房之印"及
"晚香阁记"三篆文印记。三印朱色相同，疑均为锡山安氏藏书
印章。安国字民泰，号桂坡。明嘉靖间无锡胶山人。安国好古书
画，喜购藏书籍，尤以铜活字印书知名于世。《实录》当系安氏
藏书，不知何时归于内府。至清乾隆五十四年（1789）赐予经
筵讲官礼部尚书纪昀。首卷书衣签题"乾隆己酉赐经筵讲官礼
部尚书兼文渊阁直阁事臣纪昀"可证。纪昀字春帆，一字晓岚，
号石云。河北献县人。乾隆十九年（1754）进士。曾任《四库
全书》总纂官，编纂《四库全书总目提要》二百卷。乾隆五十
年（1785）文渊、文源、文津、文溯四阁的《四库全书》全部
编竣入阁庋藏。此宋本《实录》当系《四库全书》写定之后，
各地继续进呈之书，未及著条于目，遂为四库馆臣纪昀所得。清
末光绪间，纪氏藏书散出，此《实录》几经辗转，于抗战期间
为北京著名藏书家傅增湘先生所得。傅氏撰有跋文，称颂此书
"传世最稀，罕秘特甚。遍检古今书目，皆未入录。明徐阶之
《岳庙志》、徐晋芳之《精忠实录》亦未述及。迟至今日，乃借
余手表而出之，抑何幸欤！夫孤本秘册已自足珍，矧其《告词》
可考史籍之遗，其文字可补故书之阙。天假奇缘，锡兹瑰宝"。
可见傅氏对《实录》评价之高，珍秘之切。中华人民共和国成
立后，傅氏藏书中之珍本多已献给国家。此《实录》于1956年
亦归于北京图书馆。最近古籍整理出版规划小组已计划影印出版
以广流传。

二、《育德堂奏议》六卷

宋蔡幼学撰，宋刻本

蔡幼学字行之，浙江瑞安人。宋孝宗时试礼部第一。是时幼学年仅十八岁，以少年夺魁，颇为学者、名流所倾注。祭酒芮华，学官吕祖谦、陈傅良等均为其文字师友。光宗绍熙年间（1190—1194）擢秘书省正字，兼实录院检讨官。宁宗嘉定十年（1217）以宝谟阁直学士召权兵部尚书，兼太子詹事。年六十四卒。据《宋史·艺文志》载蔡幼学著作有：《编年政要》四卷、《宋实录列传举要》十二卷、《续百官公卿表》二十卷、《百官表质疑》十卷、《育德堂集》五十卷。明焦竑撰《国史经籍志》则著录其撰述有：《国朝编年政要》四十卷、《蔡幼学内制集》三卷、《外制集》八卷。幼学官居高位，为人器重凝敬，著述丰富，名盛一时。传至今日，他的著述多已失传。自清初至民国初年，举凡公私藏书家目录，罕见有其撰述著录于目。清乾隆帝纂修《四库全书总目提要》，其"正目"及"存目"亦均未见著录。现所知者仅台北"中央"图书馆藏有残宋本《育德堂外制集》一至五卷。北京图书馆藏宋刻本《育德堂奏议》六卷。

此宋刻本《奏议》，全书六卷，是现存蔡幼学著作中唯一之全帙，辑集奏议、疏札凡六十七篇，始宋孝宗淳熙十四年至宁宗嘉定十年（1187—1217）。这一时期正值南宋王朝内忧外患国势日蹙之际。此《奏议集》对当时的政治、外交、军事、经济均有多方面的反映。其中不少内容是一般史书所不载，或记而不详。对皇帝之诤谏，宫廷之斗争，正史所记多系转引前朝史料成书，而"奏议"乃直书当时史实，对研究一朝一代历史，更可见其真实情况。如绍熙三年（1192）十一月，蔡幼学上《轮对札子》呼吁光宗赵惇励精图治曰："愿陛下坚圣志于不息，以功业而自任；不以基本之深长而为可恃，而思所以兴中否之运；不以东南之苟安为可幸，而思所以复未归之版图。"幼学以忠君爱国之心，吁请赵惇奋发图强，驱金人于边外，恢复失地，勿苟安于隅。但是，赵惇不仅未行安国兴邦之策，却被皇后、阉宦离间与寿皇赵慎矛盾日深。父子同居深宫，互不往来。终于在绍熙五年（1194）先后病死。为佞臣造成篡权之机，忠良之臣尽遭贬窜。使南宋偏安之局更不稳定。关于宋孝宗晚年与光宗不和事，宋人笔记中多有论及。宋周密《齐东野语》记："光宗将朝上皇，百官班立以候。上已出至御屏，李后挽上回曰：'天寒，官家且进一杯酒。'百僚侍卫皆失色。陈傅良为舍人，遂趋进引裾，请勿再入。随上至御屏后。李后叱之曰：'这里是甚去处？秀才们（来），要砍了驴头。'傅良遂大恸于殿下。后益怒，遂传旨还宫。"又《朝野遗记》载："光宗逾年不朝重华宫。寿皇居尝怏怏。（注：孝宗赵慎于淳熙十六年（1189）让位其子赵惇，退居重华宫，称寿皇）一日登望潮露台，闻委巷小儿争闹，呼赵官家者。寿皇曰：'朕呼之尚不至，枉自叫尔。'凄然不乐，自此不豫。"这些记载反映出统治阶级内部皇帝父子、后妃、阁臣之间的矛盾，对当时政治局面的安定有巨大影响。蔡幼学以秘书省正字兼实录院检讨官之职务，于绍熙五年（1194）五月上《封事》奏称："陛下退朝不怡，宫门昼闭，大臣惶恐，累日不获一望清光，而寿皇疾势尚未平复。臣虽至愚，窃尝反覆维念。私以为陛下静虑审思，必将不待群言，决于问安；及望日之朝，都人延颈瞻望，犹庶几翠华之必出，而迁延至午，命令不传，臣了包羞，禁卫饮恨。臣虽至愚，诚不知陛下独何取于此也。"同年秋，光宗病危。礼部尚书赵汝愚同汝州防御史韩侂胄谋议，拥赵扩为帝。此事赖韩侂胄内外呼应，得以成功。及宁宗赵扩即位，侂胄恃策立功高，凡事自作威福。将赵汝愚排挤出京。朝中正人侧目，而求捷径者纳贿公行，政事俱由侂胄自专，无耻者竞相奉承，时人呼韩为"假杨国忠"。蔡幼学于开禧二年（1206）上《奏事札子》称："韩侂胄寅缘肺腑，窃弄大权，蒙蔽圣明擅作威福。首引群枉，分布要途；贼害忠良，陷之大戮；排沮善类，斥逐无余；出入禁掖，肆为奸欺；侵盗货材，充满私室；交通贿赂，奔走四方；凿山为园，下瞰宗庙；穷奢极侈，僭拟宫闱。十年之间，罪恶盈积。又于此时轻开边隙，上不禀于陛下，旁不谋于在廷。盛夏出师，挑怨召衅，使沿边赤子骨肉流离，肝脑涂地死于非命者，不知其万人也。"韩侂胄伏诛之后，蔡幼学对韩之余党次第弹劾，窜黜罢免。清除"庆元党禁"之流绪。对南宋开禧、嘉定间推行楮币之利害、抑民贩盐、蠲除定赋等经济改革措施，在《奏议》中均有论述。确可补正史之阙，是研究南宋孝、光、宁三朝史实之有用资料。

北京图书馆入藏此宋刻本《奏议》，每半叶九行，行十八字，白口，左右双边，双鱼尾，版心上记字数，下记刻工姓名，有江正、共生、江德、余士、赖正、叶仁、陈之、刘甫、刘生明、意、媿、机、西、石等人。刘生明、余士于宁宗嘉定间在建安书院曾刻《周易玩辞》。《奏议》避宋讳，廓字缺末笔，故可推知此本亦刻于南宋宁宗朝。书中藏印有"永哉蔡昭祖文印""蔡氏图书子孙永宝用""永哉蔡氏文懋世家""与清堂"数印，极为古雅。又有"毛斧季收藏印""汲古阁世宝""毛扆之印""叔郑后人"等印，都为明末著名藏书家毛晋之子毛扆所钤印记。可知此书在清初时曾为毛氏汲古阁珍藏，其后之流传则无从踪迹。迄至1956年始由北京图书馆自修绠堂购得，入藏于善本书库供研究南宋史者所参阅。

三、《水经注》四十卷（存十二卷）

（北魏）郦道元撰　宋刻本　张宗祥　袁克文跋

郦道元字善长，北魏范阳涿郡（今河北省涿县）人。袭爵永宁侯，援例降为伯。北魏宣武帝景明（500—503）间，任冀州镇东府长史，为政严酷，官至御史中尉。孝明帝孝昌三年

（527），为贼人杀害，享年六十二岁。道元少年尝随父宦游齐鲁，长更涉历大河南北，访渎搜渠。又好博览奇书秘籍，善于文章。撰著《水经注》四十卷、《本志》十三篇、《七聘》及文集等多种。除《水经注》外，其他著作均已失传。其所撰《水经注》是给《水经》一书做注释。《水经》旧题汉桑钦撰。但是，《汉书·艺文志》未见著录。《汉书·儒林传》只记载："《古文尚书》平陵涂恽子真授河南桑钦君长。王莽时诸学皆立。"据此可知桑钦是河南人，字君长。西汉时曾从平陵涂恽学《古文尚书》，并未言及桑钦撰《水经》事。

　　唐代长孙无忌撰《隋书·经籍志》，始著录郭璞注《水经》三卷、郦善长注《水经》四十卷。清代学者对《水经》之作者多所考证。胡渭在《禹贡锥指·例略》中指出："《水经》创自东汉，而魏晋人续成之。非一时一手作，故往往有汉后地名，而首尾或不相应，不尽由'经'，'注'混淆也。"赵一清在其手写《水经注》按语中亦有："按《水经》不知何人所撰。即云汉末人，亦不应及元魏时事。经文往往错出，其非一时一手所成，明矣。"据上述所引，可以考见《水经》乃前人托名桑钦撰著，以重其书。《水经》是记述我国河流水道最早的专著，分为三卷，十分简略。郦道元据之加以注释，扩大其范围，丰富其内容，总为四十卷，是为中国古代地理中极为重要的著作。

　　《水经注》成书约在北魏延昌、正光年间（512—525）。其时印刷术尚未发明，书籍流传完全依靠传抄。迄至北宋中期始有刻本《水经》。据清初钱曾记载宋刻本只有三十卷。钱著《读书敏求记》中"郦道元水经"条，记其所见陆孟凫影宋刻本宋版题跋云："《水经》旧有三十卷，刊于成都府学宫。元祐二年春，运判孙公始得善本于何圣从（何郯）家，以旧编校之，才三分之一耳。乃与运使晏公委官校正，募工镂版，完缺补漏。比旧本凡益编一十有三，共成四十卷。其篇帙小大，次第先后，咸以何氏本为正。元祐二年八月初一日记。"据跋语可知，北宋时亦只有三十卷本的《水经注》，在宋哲宗元祐二年（1087）经成都府学宫编刊为四十卷。但此宋本迄今已无从踪迹。

　　宋刊本至今尚存的仅有北京图书馆藏残本十二卷，存卷五至八、十六至十九、三十四、三十八至四十。此本虽残存不足原书之半，犹如凤毛麟角，是世存唯一宋刻孤本。此宋刻本每半叶十一行，每行二十至二十二字，注低一格，白口，左右双边。版心下记刻工姓名，有陈思、陈高、陈忠、蒋晖、施宏、施蕴、洪新、吴礼、朱谅、洪乘、洪茂、洪辛、李荣、方成、方择、尤先、胡端、胡瑞、姚宏等。其中方成于南宋初在杭州刻《陶渊明集》和《尔雅》；施蕴、洪新等于南宋初在杭州刻《新唐书》和《新序》。又书中宋讳避至"构"字。故可推知此《水经注》当是南宋初杭州地区刻本。此本原藏清内阁大库，清末散出。后经宝应刘启瑞、项城袁克文各得数卷。辗转流传为藏园双鉴楼傅氏收藏，共得十二卷。傅氏收得此书时已"霉湿熏染，纸册胶凝如饼"。经良工蒸曝揭裱，装潢成册，即现存之十二卷七册。各册卷端尚钤有袁氏"后百宋一廛"及傅氏"沅叔审定""藏园秘籍孤本"两家藏书印鉴。新中国成立后，此宋刻《水经注》得由北图入藏。现已编入《中国古籍善本书目》之中，公之于世，供中外研究郦注《水经》者参阅。

（原载《文献》1986 年第 4 期）

宋刻《蔡九峰书集传》与
《春秋公羊经传解诂》

一、《朱文公订正门人蔡九峰书集传》

宋淳祐十年吕遇龙上饶郡学刻本

蔡九峰，名沈，字仲默，福建建阳人。其父蔡元定，字季通，为南宋理学家朱熹之弟子。蔡沈与其父均系朱熹门人，俱为"程朱学派"的主要传人。宋理宗庆元二年（1196），外戚韩侂胄与宗室赵汝愚争权，各树党羽，相互倾轧。韩侂胄借机兴"庆元党禁"，罢逐理学家。韩党监察御使沈继祖劾朱熹"十罪"，诋蔡元定佐朱熹为妖。谪元定至湖南道州编管。蔡沈随父到达谪所，跋涉数千里不以为苦，日以研讨理学为常事。当地士人慕其名听讲问学者络绎不绝。庆元四年（1198），元定卒于谪所，蔡沈护柩回里，隐居建阳九峰，潜心著述。次年，受朱熹指授，撰著《书集传》。历经十数年，写成《集传》六卷、《序》一篇（卷）、《答问》一卷。书成未及刊刻，蔡沈谢世。理宗淳祐七年（1247），蔡沈次子蔡抗，官参议郎秘书省著作佐郎兼诸王官大小学教授，为表彰其父之学，特将《书集传》缮写誊清，装成十二册进呈，蒙受理宗召见，并于延和殿面对答问。理宗又诏令中书后省评定。修撰兼侍讲赵汝腾奏称：《书集传》"义理周浃，事证精切，多诸儒之所未讲，足以垂世传远。其书宜藏之秘阁，以俟圣天子缉熙正学之需"。至淳祐十年（1250）上饶郡学学官吕遇龙为倡导蔡氏之学，始刻《书集传》行世，是此书第一次官刻本。此后《蔡氏传》极为盛行，元、明两代均立蔡氏《书集传》学官，科举考试《尚书》必以《蔡氏传》为本。《元史·选举志》称："经义一道，各治一经。《诗》以朱氏为主；《尚书》以蔡氏为主。"明代科举定式规定：初场试《四书义》三道，《经义》四道；《四书》主《朱子集注》，《书》主《蔡氏传》。清代《四库全书总目提要》对《蔡氏传》亦有较高的评价，称其"疏通证明，较为简易，且渊源有自，大体终醇"。

自宋迄清六百年间，《蔡氏传》刻版多次，其中不乏善本，如宋代官刻有蜀本，元代坊刻有双桂书堂本、德星堂本，明嘉靖间有吉澄刻本等。近年明、清佳本已不易得，宋、元刻本更是拱璧难求。而北京图书馆藏宋上饶郡学刻本犹灵光岿然，堪称稀世之珍。

此宋本每半叶十行，行十八字，注双行，字同。左右双栏。版心上记字数，中记书名，下记刻工姓名，黑口。刻工有刘子和、华琇、曹珪、毛亨父、吴山、王嵩、周亮、王昌、李信等人。宋所讳琐、慎、敦等字，均缺末笔。各卷卷尾镌有"淳祐庚戌季秋金华后学吕遇龙校正刊于上饶郡学之极高明"二行题记。此书雕镌精湛，字画疏朗，为南宋江西刻本中之上品。其内容于《书传》正文之外，尚刊有《进书表文》《延和殿面对纪实》《后省看详文》。均为后世通行本所未载。尤可贵者，尚有当时著名学者黄毅然和朱熹之孙朱鉴手书上板之跋文。朱跋不足百字，叙成书之始末简要明晰，缅怀先人与作者之情极为深切。黄跋写于绍定壬辰五年（1232）。跋称：

> 右《书传》六卷《总序》一卷。文公先生门人九峰蔡先生所集也。始《书》未有《传》，分命门人纂集，莫可其意。乃专属之蔡九峰，其说出于一家，则必著姓氏。至于行有删句，句有刊字，附以己意为之缘饰者不复录，用《诗

集传》例也。文公既殁三十年而后始出其书。

跋文叙撰写之缘起和体例，以及刊印之经过甚详。

此上饶郡学本，传世仅此一帙。乾隆间曾为怡府收藏，钤有"安乐堂藏书记"印章可证。安乐堂为怡亲王弘晓藏书室名。怡府藏书多得自康熙初年著名藏书家徐乾学、季振宜两家，其中颇多精椠名抄、宋元旧刻。怡府藏书保持百余年，迄未散失。咸丰十一年（1861）慈禧皇太后与恭亲王奕訢发动"祺祥政变"，处死怡亲王后裔赞襄政务大臣载垣。怡府藏书亦随之散出。大批珍籍多归山东聊城杨以增。以增，字益之，道光二年（1822）进士，官至江南河道总督。平生收集藏书数十万卷，构海源阁为藏书楼，为晚清北方第一藏书大家。其子杨绍和于同治间续有增益，撰《楹书隅录》五卷、《续编》四卷，为研究版本目录学的重要参考著作。此宋本《书集传》钤有"东郡宋存书室珍藏"一印。海源阁藏书于民国初年陆续散出。此本乃北京图书馆于天津采访入藏。现已辑入《古逸丛书三编》影印出版。

二、《春秋公羊经传解诂》

宋淳熙抚州公使库刻绍熙四年重修本

《春秋公羊传》旧题"战国公羊高撰"，是儒家经典《春秋三传》之一。《公羊传》先以口述讲说流传，汉景帝时公羊寿和胡母生始写于竹帛成为书卷，为今文经学派的代表著作。

《公羊传》行世之后，受到西汉历朝帝王的重视。故有"汉武帝雅好《公羊》，尝召太子受《春秋公羊》"的记载，汉宣帝时又有立严彭祖、颜安乐为《公羊》博士，传人多至百余家的情况。逮至东汉明帝时，古文经学家贾逵上书倡立《左传》，至汉章帝建初四年（79），于京都洛阳白虎观与今文经学家李育相辩难，从而提高了古文经学的地位。《公羊》之学在此影响下，逐渐由盛而衰。到东汉末年灵帝时，今文经学家何休鉴于众多研治《春秋》的学者"违背经义，任意反传"，或"援引他经，失其句读"，以至出现"《公羊》可夺，《左氏》可兴"之势，遂依胡母生条例系统阐述《春秋》之微言大义，撰《春秋公羊经传解诂》十二卷。另撰《公羊墨守》《左氏膏肓》《穀梁废疾》等。世人称之为"何氏学"。其著作除《春秋公羊经传解诂》（以下简称《解诂》）传世外，其他均亡佚不存。按，何休字邵公，任城樊（今属山东省曲阜市）人。其父何豹，官少府。休以父荫召拜郎中，因不乐仕进，辞归乡里，精研六经，专心著述。太傅陈蕃慕其名，征聘参与政事。后陈蕃被杀，株连何休遭受禁锢。其传世名著《解诂》即在禁锢中写成。熹平初，党禁弛解，何休召复故官，辟为司徒，迁谏议大夫。光和五年（182）卒于官。

何氏《解诂》行世之后，历代研治《公羊传》者均奉之为圭臬，流传广泛，版本繁多。现存传世之本，以北京图书馆藏宋淳熙抚州刊本为最早。此本字体严整，刷印精审。每卷首题"春秋公羊经传解诂"和"卷次"，隔行题"何休学"。每半叶十行，行十六字，注双行，行二十三字。白口。四周双边。版心镌字数、书名、卷次及刻工姓名。版心书名下镌有"癸丑重刊"四字者，为绍熙四年（1193）重修补版。原版刻工有陈沂、吴生、郑才、高安国等四十余人。其中高安国、高安道、高文显、朱谅、余安、余实等人于淳熙四年（1177）在抚州刻《礼记》二十卷。可推知《解诂》亦为此时期所刊。又据咸淳九年（1273）黄震撰《修抚州六经跋》称："《六经》官板，旧惟江西抚州、兴国军称善本。己未虏骑偷渡，兴国板已毁于火，独抚州板尚存，咸淳七年某叨恩假守，取而读之，漫灭已甚，因用国子监本参对整之。凡换新板再刊者一百一十二，计字五万六千一十八，因旧板整刊者九百六十二，计字十一万五千七百五十二。旧本虽善，修缮任事者不尽心，字反因之而多讹。今为正其讹七百六十九字。又旧板惟《六经三传》，今用监本添刊《论语》

《孟子》《孝经》以足《九经》之数。"（引《慈溪黄氏日钞》卷九十二）

　　抚州本校勘之精善，于黄震文中可窥一斑。黄氏所修之《九经三传》传至今日，仅存此《解诂》《周易》和《礼记》三帙全书，以及《左传》残卷。其他经传均佚。此《解诂》卷首有何休《序》，《序》后接连《经传》正文。各卷后均注明"经若干字""注若干字"。卷终另附唐陆德明撰《释文》一卷。版心镌"公羊音"。其行格边栏与《解诂》版式相同，刻工名氏亦同。此种将《释文》单刻，独立成卷的版式，尤为北宋监本风貌之遗。它与南宋坊本之将《释文》散入正文章句之下的版式迥然有别。抚州本之所以为后人看重，此亦为主要原因之一。

　　北京图书馆藏抚州本《解诂》曾为明代著名学者陈仁锡、苏州世家孙朝让、常熟藏书名家毛晋等收藏。卷端钤有"陈氏明卿""孙朝让印""毛氏子晋"等印记可证。入清之后为江宁织造曹寅所得。故有"楝亭曹氏藏书"一印。开卷名家朱印累累，为此书倍增光彩。藏印中尚有"海盐张元济经收""涵芬楼"二印，乃现代著名出版家张元济先生主持商务印书馆时所钤印章。涵芬楼为商务印书馆庋藏珍本秘籍之所。1932 年日本帝国主义发动"一·二八"侵略战争，涵芬楼毁于炮火。其中珍贵书籍五百七十四种，战前转移别处，幸免于难。此宋本《解诂》即其中之一。中华人民共和国成立之初，商务印书馆将涵芬楼烬余善本移交北京图书馆。《解诂》随之入馆庋藏。现经古籍整理规划组辑入《古逸从书三编》，由中华书局影印出版，使罕见孤本成千百化身，以便学术研究者之用。

（原载《文献》1988 年第 4 期）

中国文物研究所藏元刻本《图绘宝鉴》

　　元代书画鉴藏家夏文彦撰写的《图绘宝鉴》，是我国14世纪中叶问世的一部古典绘画名著。最近，文物研究所资料中心在整编古籍工作中，清查出一部元版《图绘宝鉴》。全书五卷，补遗一卷。每半叶十一行，行二十字，左右双边，黑口，双鱼尾。书前有元代著名诗人杨维桢序和夏文彦自序。作者夏文彦，浙江吴兴人，字士良，号兰渚生。他的父亲爱闲处士以收藏书画著名。文彦继承家学，除父亲的收藏外，又多方搜集和补充，使家藏书画更为丰富。文彦个性孤僻，不入仕途，六艺之外，唯嗜丹青绘画。每逢遇到精美之作，则谛心静虑披览终日，达到废寝忘餐的境地。杨维桢在序中称他："好古嗜学，风情高简，家藏法书名画最多，朝夕披览。"他在中年以后，移居泗上，人际交往稀少，得以专心著述。《图绘宝鉴》一书就是在此时完成的。

　　此书卷一为画论，多采集前人之说，并叙历代画迹罕传于世之画家姓名。后四卷和补遗是夏义彦以《宣和画谱》为蓝本，又参照家藏增补宋、辽、金及本朝画家人物，旁征博引辑集三国至元代一千五百余人之画家小传。内容丰富，著录详尽，用以考证历代画人的家数源流，有重要的参考价值。其不足之处，是不以时代顺序著录画人的排列次序，往往前后倒置。但从丰富的史料内容看，这是瑕不掩瑜的小疵。

　　此本《图绘宝鉴》的书版刻于元至正二十六年（1366），由书中所现断版印痕与书叶补版可以判定，此书则为明代初期（大约在明正统、成化之间）所印。补遗卷末有"至正丙午新刊"题刻一行。此本此叶佚脱，由清代藏书家补抄配入。配补之叶用旧纸陈墨据原本摹写，极为考究，当为藏书行家所为。此元刻本《图绘宝鉴》在现存元版书中，就其书品而言不够上乘，亦非孤本。笔者所知，我国已有七部，分藏北京、上海、南京、山东、四川等地。海外日本静嘉堂亦藏一部。文研所清理出的此本当为第九部。是书虽为元刻明印，其刻版行款、字体、纸张、墨色犹是元末刻版书之风貌。且流传有绪，名家的藏印和题识更增添了此书的艺术、文物与版本价值。

今观此书藏印累累，朱墨灿然，择其主要者记述如下。此本钤有"菉竹堂""与中""叶盛"三印。明代有叶盛菉竹堂印。叶盛字与中，昆山人。明正统十年（1445）进士，官至吏部左侍郎。叶盛为官清廉节俭，收集抄校古籍是其唯一爱好。有藏书数万卷，拟筑"菉竹堂"藏书楼，终因贫而未果。仅镌"菉竹堂"印章以钤藏书。此本还钤有"袁褧印""袁氏尚之"二印。袁褧字尚之，嘉靖时吴县人，博学多艺，工于诗文，擅长书法绘画，与从兄弟六人并称为"吴中六俊"。有嘉趣堂藏书，颇多善本。袁褧刊印书籍甚多，至今尚有《世说新语》《金声玉振集》《六家注文选》等流传于世，被誉为校雠精审，刊印考究，不可多得之珍籍。吴岫字方山，与袁褧是同时人，他编有《姑山吴氏书目》一卷。此本钤其白文小印一方。足见此《图绘宝鉴》在明代即经三大名家收藏之经历。

逮至清代，此本又历经钱大昕、黄丕烈、张芙川、方若蘅、程恩泽、张金吾、郑簠等名家收藏、借观和题识。从其藏印和题识可见时人对本书珍重之一斑。本书一函三册，函套为彩色织锦所制。套签题署"元版图绘宝鉴""士礼居黄氏散逸。芙川珍藏"。签上署名处钤有"芙川珍藏"朱文方印。可知此书在黄氏士礼居散出后，归于张氏收藏的经历。

士礼居为吴县黄丕烈藏书处。黄丕烈字荛圃。乾隆五十三年（1788）举人，官主事。黄氏平生嗜学好古，素喜藏书，尤其看重宋本，购求不遗余力。黄丕烈与琴川张子和于乾隆五十八年

（1793）同赴北京参加会试，住在琉璃厂附近，每遇闲暇即同游书肆，浏览古籍，乐而忘返。时人称之为"两书淫"。此后又经三十年，张子和的长孙张芙川继承祖父藏书，成为常熟著名的藏书家之一。他于道光四年（1824）得到影金抄本《明秀集》，请黄丕烈鉴赏。黄丕烈此时年已六十二岁，张子和已故，芙川正当而立之年。黄丕烈题诗曰："琉璃厂里两书淫，荛友荛翁是素心。我羡小琅嬛福地，子孙世守到如今。"又有诗曰："收书不惜黄金尽，珍重相期属世交。"注曰："余向收书不惜多金，今芙川亦颇类此。"在此本《图绘宝鉴》中未见黄丕烈墨迹，但钤有朱文大印一方，印方为七绝一首："平生减产为收书，三十年来万卷余。寄语儿孙勤雒诵，莫令弃掷饷蟫鱼。荛友氏识。"此藏印当是黄丕烈专诚为张氏藏书所刻。从此印的诗文与《明秀集》的题诗相对照，可见黄张两家买书、藏书、借书、读书之渊源，更可体会到他们世代爱书的执着精神。

张芙川名伯元，字蓉镜。他的夫人姚畹真，号芙初女史。夫妇均字芙，故名其藏书室曰"双芙阁"，名其诗集曰"双芙阁吟稿"。夫妇均善于诗文，精于鉴别版本。此本所钤"小琅嬛福地张氏收藏""秘殿纰书""蓉镜心赏""张伯元别字芙川""芙初女史姚畹真印""清河伯子""琴川望族"等印记，都是张氏夫妇的藏章。

卷二末行有小楷工笔书题"道光辛卯六月八日白下女士方若蘅叔芷氏借读"一行。下钤"若蘅"白文小印和"畹芳"朱文小印二方。方若蘅是勤襄公维甸之幼女，与姚畹真是闺阁密友，故自号畹芳女士。方、张两家世代通谊，借阅书画，相互观摩，最为常事。叶昌炽《藏书纪事诗》记载："蜀大字本《史记集解》芙初女史藏本，亦有'勤襄公五女'、'若蘅'二印。盖当时两家闺秀，一瓻往还，洵玉台之佳话也。"此本《图绘宝鉴》中姚、方二女的藏书印章和方若蘅的题记，又给书林佳话增添了新内容。书中还有"恩""泽""春海"三方小墨印，是道光时户部右侍郎程恩泽的名号章。程恩泽字云芬，号春海。诗文雄深博雅，六艺九流无所不通。本书卷三空叶有其所题"道光庚寅三月古歙程恩泽曾观"一行，亦为难得之墨迹。卷二末叶有题记一则曰："宋高宗天纵多能，书法复出唐宋帝上，于万机之暇，时作小笔山水，专写烟岚昏雨难状之景，非群庶所可及也。余家藏小景横卷。亲题其上曰：'西湖雨霁'四字。又一扇面，其一联题云'万木云深隐，连山雨未晴'。其一曰'子猷访戴'极有天趣。"

观其字体朴拙肥胖，文辞简洁流畅，题记之下钤"钱氏竹汀"和"钱大昕观"二印记，不署年代姓名，是为朴学大师竹汀钱氏之墨迹耶！

（原载《文物天地》1988 年第 2 期）

徐养正《范运吉传》述略

　　明代柳州乡贤徐养正著《范运吉传》单刻本，流传绝少。至若明刻原版则是凤毛麟角难得一遇。近见《中国古籍善本书目》著录北京图书馆藏有明嘉靖刻本，可谓鲁殿灵光，古本独存。作为地方乡贤文献特于《柳州古今》简略介绍如次。

　　此明刻本每半页八行十九字，白口，四周双边，版心上镌"范孝子传"，版心下镌页次数字。墨色较新，无断版痕迹，应是初印本。该书前后无序跋。正文卷端题"范运吉传"。卷末署"嘉靖甲寅四月朔后一日，赐进士出身奉敕提督学校云南按察司佥事，前翰林院庶吉士户科给事中马平蒙泉徐养正撰"。按此本的雕版字体与印书用纸，具有明嘉靖、隆庆间刻书风貌，刻字疏朗，用纸讲究。文字内容校雠不精，字句时有脱讹，又具备明代西南边远地区官刻本的特点。证以撰著人的衔名和题署时间，可定此本为嘉靖三十三年（1554）云南地区刊印为是。

　　该书内容记述蒙化府举人范运吉携子范润历经艰苦，万里寻父的事迹。运吉之父范寅孝友知义，幼年即能代父系狱赎罪。中年在郡学为同窗被害鸣不平，因而得罪被黜。于嘉靖二十二年（1543）弃家出走。运吉又经母丧、妻亡变故之后，于嘉靖二十八年（1549）携子离乡寻父。历时五载，终得父亲骸骨还乡、安葬。这一时期正是明世宗朱厚熜崇祀道教，信赖奸佞，朝中政事均由严嵩与其子世藩擅权专行。他们打击忠良，混乱朝纲，导致贪污贿赂风行天下。史书记载当时新官到任，首先贿赂权要，名曰"谢礼"；上奏条陈，左以苞苴，名曰"候礼"；任满升迁或避难离任，必须送礼，形成定例。巡抚向地方官索取，地方官则向百姓摊派。上下相蒙，政治腐败已到极点，加以战备废弛，东南倭寇入侵，西北鞑靼寇边。百姓颠沛流离，不堪其苦。范寅以郡庠生身份为同学鸣冤得罪，入奏不能达，上告无门路，愤而出走，困死他乡。正是由于贪官污吏徇私枉法，政治腐败的结果。

《范运吉传》作者徐养正，字吉甫，号蒙泉。马平人。嘉靖二十年（1541）进士。官户科给事中。嘉靖二十六年（1547）户部尚书王杲被严党马锡参劾下狱。养正与同官厉汝进等合疏状告严嵩父子广通结纳承受贿赂，为王杲辩解冤屈伸张正义。严嵩上书分辩，并矫诏廷杖徐养正六十，谪贬云南典史。嘉靖三十三年（1554）复起任云南学政。适时范运吉万里寻父事已广为流传，先有巡抚孙世祐和前任黄中采录其事表奏朝廷，继有云南按察副使蒋宗鲁表彰于后，并嘱养正撰文刊版印书以传。养正道德文章著名朝野，又是敢于反对严嵩主持正义的清流人物，他以学政兼书院教授之名参与刊书之事，故响应者众。上自巡抚，下至郡邑名人均有参加。其中进士出身者十五人，举人出身者三人。表彰"孝弟懿行"为历代帝王教化育民的一贯主张。早在先秦即有《孝经》之作。至汉代列为《七经》之一。唐玄宗李隆基亲自为《孝经》作注，刻石于太学，颁行天下。自北宋至晚清以后，《孝经》一直作为《十三经》之一流传于世。历代统治者以"孝为百行之宗，五教之要"。范运吉的孝行非常符合统治者所倡导的"宗要"。因而当政者及时表奏朝廷以显示其教化昌明、纲常不渝、政绩卓越之功。徐养正曾以言官之责为王杲辩解而遭廷杖谪贬。与范寅为同学鸣不平被黜事极相类，藉运吉寻父故事抒发胸中不平，故有《范运吉传》之作。

徐养正长于文才，又多谋略。《［乾隆］柳州府志·乡贤》记载"前布政使死于沅江，罪人未得，养正行部将至沅江，廉得其贼党，购杀之。人莫不钦其谋略"。因其学问淹博，经略宏深，在其复起领云南学政不久，即升迁南京光禄少卿。隆庆三年（1569）

升任南京工部尚书，时人称其为官清廉，与海忠介公（海瑞）齐名。因母丧返里，卒于家。其著作有《蛙鸣集》，清初黄虞稷《千顷堂书目》著录。但未标明卷数。《明史·艺文志》未收。后世公私书目均未见著录。可证此书久佚。其传世单篇文章有《沈公去思碑记》和《奚囊蠹余诗序》散见于方志、文集中。

《范运吉传》有三个版本流传于世。一是上述之明刻本，二是《藜照庐丛书》本，三是《滇南碑传集》本。《藜照庐丛书》是浙江鄞县人林集虚编辑，1935 年木活字排印。该丛书辑印编者家藏原刻本及传抄本罕见书十五种。《范运吉传》即十五种之一。林氏经营古旧书籍重视罕见本，更注意收集著名藏书家散出的善本古籍。1914 年间，宁波范氏天一阁藏书被盗，损失严重。数年后于上海旧书肆陆续发现。林氏闻悉，极为关注。曾赴沪设法收集，并编辑《天一阁目睹书录》五卷。明刻本《范运吉传》书品整洁，无藏章印记，无题跋。颇具明天一阁旧藏特点，与天一阁散佚旧籍有无关系，尚需进一步考证。此明刻本与《藜照庐丛书》本相校，文字内容一致，尤其是两本每版的字数及行格款式完全相同，可证林氏《丛书》本，确系以此胡刻本为底本重排印刷。

《滇南碑传集》为云南晋宁人方树梅编纂，1940 年由开明书店铅印出版。其中所收《范运吉传》与明刻本相校，文字差异甚多，其题名为《范孝子用修传》。明本书后所有之助刊人姓名、籍贯、出身及徐养正职衔名，约计四百字，亦为此本所无。而其著者则仍署名"徐养正撰"。

附录：

范运吉传

范运吉者，滇之蒙化人也。其先合肥，五世祖成以军功授指挥卫于蒙，遂丽籍焉。四传至生端，端生运吉父寅。寅自幼时孝友知义，年十三，痛父端罹屯粮狱，诉得代系断发，授春秋于狱中，侵寻二年间关完逋以释。益折节读书。补学官饩廪，计当贡。会同学史官（册）父子为仇家诬以盗，死于非刑。寅或激之，执其冤以鸣，得罪竟被摈黜。入奏不能达，以归。寅有感于母之丧也，妻之亡也，四子之屡焉未立也，茫无所依，遂决意去之四方以自放。

时运吉为郡庠生。号泣谏止之，弗获。欲从之游，母且未殡，乃谋脱妇左氏簪珥，置仆以随。

嘉靖二十二年六月一日，寅遽长往，往后几六月，运吉妇左氏并一女胥沦丧，家徒壁立，乡人举之以敛，且给之克襄事。二十五年三月终制。随入省试，不遇，然痛父客游成疾不能躇父行。抚台应公闻其事，怜之。款以精舍。俾肄习焉。运吉每日夜稽首誓天曰："吉有志功名，无心寻父，幽遭暴遭，明当刑戮，惟神鉴之。"且祷于城隍，哭祈见父。

二十八年春，疾渐愈，乃制衲衣，辞所亲而行。宪学胡公复慰留秋试与荐，即携子润不抵家而出。历五载，果得父骸归葬云。

初，寅与运吉别，谓曰："汝好放我，他日寻我于葫芦山。"运吉不知所云，迨迹父经蜀菱州南山，见方士家有所悬刺曰"滇葫芦山人范寅拜"。始悟父出游号也。益戚戚，痛恨奔访。书背曰"云南蒙化府不孝子举人范运吉寻父。有报父生者，父子与之为奴；报父死者与之为子"。日负之行。又为寻父状刻之布诸，人人庶几遇焉。所过神祠，且哀且祷，宛转想象未及应验。由是适荆州，赴郧阳，入京师，导淮溯汴，捷入山东，至太平寺，叩神祈梦。是夜梦父执其手，指一大石曰："我死此石中矣。"石宛类葫芦。运吉大哭。图石形负之过临清。又梦父曰："儿何不信我，我死四川、河南之中矣。"运吉未喻，见一老人侦以梦，老人曰："四川河南之中，川河之南也。"因复入太平寺。值应公再抚山东，元日出见吉寻父状，乃访诸寺中游人为发状，核报不获，又苦男范润覆车汤阴折肱，支兰废。及寓应父所复平地失足，折前肱，治之顾得如旧。由是父子得以相依为命。应公寻内召少宰，吉固辞去。公曰："吾见汝形神俱悴，万一不讳，我之责也。汝父既去，致汝父子有今日之苦。汝若不全，其如汝宗祐何？盍转移调息自爱，再有令图。"因携吉父子一仆入京，曰"寻访使"。吉至京。夜忽梦人谓曰："汝当死矣。"吉曰："死生有命，但恨未见父而死，不瞑目耳。"嘱子润曰："我若不幸，汝当继我之志以寻汝祖。至于我死，应公必有以处，非所知也。"言未毕，应公甫过之。哭为吉曰："汝若不幸，当必无负汝，汝病愈，我当以兄子妻汝，成汝之志。"乃书以慰之曰："惺其心以省知虑，以显亲扬名者，孝子也；昏其心以损知虑，以捐躯辱亲者，愚子也。每见自古豪杰之士，树功名、显父母、跻寿考以无忝所生者，多自忧戚困苦中来。方其不自遣之时，匪不欲奋一死以自快，而此身所系则有重于泰山。所以宁隐忍而不敢失此身者，为此故也。今见子行若思、坐若痴，惛恫不知所之，虽为亲委身沟壑，于亲已失，所望又谁为子表扬耶？慎须保爱此身，以图大事。念之哉！念之哉！"

无何，吉少瘥，应公请于家庙，以兄女许妻之。吉不忍。强之再三，吉姑唯唯。复为吉移檄四方求寅。未逾月，公以致仕去。乃语言父子曰："汝大事如定，慎勿吾负。但有消息即须相报，吾伫目望也。"遂与公相泣而别。公既去，吉病遂念。再刻寻父状无虑数千楮，出京，路逢人辄拜给之。誓不得父，不有生。闻陕西有葫芦山，欲往而误由武当道，遂止紫霄宫，过榔梅园一大石边，肉瞤马蹶。既还，复如之，莫知其故。夜梦池荷无水而开。觉而讯之人曰："伤哉。荷无水，而必死。"吉泣曰："父岂死大和乎？"复访黄鹤，登岳阳，道出京山，渡池河，趋承天。时背负寻父字，所过皆聚观。有疑心，吉即出所刻寻父状遍给之。

会庠生陈良士同门乌慈仆得之，持入学宫，良士适在学，见所布状，惊曰："此非葫芦山人子乎？若不吾遇，虽奔走老死无益也。"即遣弟良臣追吉，款于家。吉因问良臣兄弟所以知父之故。良臣曰："二十五年春，有内使廖彬遇一老人于丰乐河。不下驴。怪而诘之。老人曰：'我云外人，非汝可顿挫也。'内使怒缚之。老人夜不绝詈。内使复令人弃之沟中。良臣夜过，闻沟中有声，就而扶出之，延之以归，师事焉。始知为葫芦山人及其姓名，半月余乃去。逾年，良臣上武当过榔梅园，见葫芦山人不火食坐树下。尝自称曰：'好快活！好快活！'又逾年再上武当，至前所过处树已仆无人。问之路人。曰：'死矣！死之日坐雪中，饮水一盂而逝。弟子陈宪服其行义。掩之石洞中。计嘉靖二十七年七月初四、五也。'"运吉闻之大哭。良士母在内言曰："此必葫芦山人之子，不然，何其声之相似也。"运吉于是拜陈母为母，而兄事良士、良臣。急要臣同趋武当。良臣亦迷其处。遇道士王崇举指示石洞。俨即所梦葫芦状。运吉向洞大哭几绝，外若有牵其衣者，遽欲启之。或告曰："此禁山也。奈何可轻启。且果为汝父紫霄宫住持邹厚先其弟子也。而翁心有手迹存焉。据是为左验可启尔。"运吉与良臣同往哀求之，又曲谕之，始得。遂于牵衣处，掘得二骸，盖已为人移出洞矣。

先是运吉之欲渡汉江也，水且泛，不得渡。寓柴店舍宿，见小书一帙："凡父子兄弟相认真实者刺血入骨。"至是得二骸。真赝莫辨。遂祷于天地。沃水刺血试之。其一枯者刺得入，新者不入也。众皆异之。吉痛哭殓入棺。扶归。其新者祭而葬之。并以锱负谢良臣，臣坚不受。强之，受其半。且为运吉治行以资。

提举太和雷公、兵宪张公、参戎李公、钧州范守闻之立碑石，榜曰："云南蒙化府举人范运吉领男范润，五载寻父感天得见骸骨刺血收敛还乡之处。"

方运吉之过荆州也，夜入远安。值虎噬人。背有告者曰："有虎，有虎。"运吉避之得免。已而，视其人不见。渡杨恼为舟人所给入丛苇中，四面皆水，夜深、积毙、雷雨大作，水渐泛。值艇人，渡之而出。其饥冻、流离、困辱、迷蹈几死者屡矣。而卒以获免，倘所谓感天者非耶？出五载，家人邈不相闻，父之骸已无所归矣，而获异以葬至自万里之外，岂人力能致然哉。时抚台孙公、前巡台黄公廉其事会闻于朝。巡台刘公继至共乐成之。左方伯汪公、右方伯范公、大参汪公、少参赵公、总宪郝公、副宪李公、周公、范公、金宪欧公大书"孝通神明"置匾表其宅焉。

孙公世祐，江西丰城人，己丑进士；黄公中，浙江遂昌人，辛卯乡进士；刘公泾，河南怀庆人，丁未进士；汪公尚宁，直隶歙县人，己丑进士；郝公维岳，四川叙州人，己丑进士；汪公俅，江西贵溪人，戊戌进士；李公乐，湖广沅陵人，乙未进士；周公复俊，直隶昆山人，壬辰进士；范公之箴，浙江秀水人，乙未进士；赵公崇信，广东东莞人，乙未进士；欧公礼，湖广郴州人，乙酉乡进士；应公大猷，浙江仙居人，甲戌进士；胡公尧时，江西太和人，丙戌进士；雷公贺，江西丰城人，辛丑进士；张公景贤，四川眉山人，戊戌进士；李公经□□□；范守大儒，山东沾化人，庚戌进士；同司副宪蒋公宗鲁属予作传以风示学者，公贵州普安人，戊戌进士；后先恤运吉者训导李茂；上舍左应元、左承恩、杨文聪、杨于东；同事周旋者举人刘师颜、刘维藩皆郡人，其周急好足纪云。

论曰：运吉其赤子之心乎？夫出入顾复若远若近，若喜若慕，若嗌若踣，盘折牵挚不忍去，此孩提状也。以予观于运吉殆能充是心者耶！其人之长而少也，视其父之死而生也，历百折而不改其初。孔子曰："孝弟之至，通于神明。"其得父骸归葬也宜哉。

嘉靖甲寅四月朔后一日，赐进士出身奉敕提督学校云南按察司金事，前翰林院庶吉士户科给事中马平蒙泉徐养正撰。

（原载《柳州古今》1993 年第 4 期）

知不足斋抄校本《二妙集》

在中国文学史上，金朝人的作品相对来说是较匮乏的；金人的诗文集流传至今的已不多见，至于经名家批校题跋的金人诗集旧本，则更是寥若晨星，贵如玮宝。最近在中国文物研究所藏书中发现的清乾隆间鲍氏知不足斋抄校本《二妙集》，堪称善本中难得之珍品。

《二妙集》是金朝遗民段克己、段成己兄弟二人的诗集。段克己，字复之，号遁庵。山西稷山人。生于金章宗明昌（1190—1195）间，金亡后，隐居龙门山中（今山西河津县境），终身不仕。弟成己，字诚之，号菊轩。金末曾举进士。出任河南宜阳县主簿。元太宗灭金后，授提举学官，坚辞不赴。克己卒后，成己迁居晋宁北郭（今属山西省临汾地区），闭门读书。元至元间后卒，享年八十余岁。

段氏是稷山望族。克己的五世祖段镛官都监，段铎是正隆二年（1157）进士，官华州防御使。昆仲均擅文名，有"河东二段"之称。传至克己、成己，金朝政权动荡，国力日趋衰弱。两兄弟正当壮年，即遭亡国破家之变。弟兄忠于故国而不与新朝合作，避居乡野甘居贫困，在流离颠沛中著述不辍。遍交当时诗人学者，建立诗社，名诗人元好问、李湛然、张宇、曹之谦等均为社友。相互商讨学问，吟诵诗文，传授门人弟子。其作品从感时触事而发，多侘傺忧愤，意致苍凉之意，人评其诗有陶潜之达，更兼杜甫之忧。金朝文坛宗师赵秉文称之为"二妙"。

段氏昆仲之诗文著作，在其逝前均未能结集刊行。元大德五年（1301），始有大同儒学教授房祺，鉴于金源遗民诗文多有散失，惧一代艺文之不存，乃取所见遗民诗编成《河汾诸老诗集》八卷。其中有段克己、段成己诗各一卷。此为二段诗最早之专集丛编本。逮至元泰定四年（1327），克己之孙礼部侍郎段辅，哀辑家藏，手录诗词乐府三百余篇，厘为八卷，刊版行世。此为《二妙集》最早的单刻本。此后绛州守贾定于明成化十七年（1481）重刻元本行世。时至今日，元、明旧刻除现存于国家图书馆的成化孤本外均亡佚不存。新发现的鲍氏抄校本，可谓难得之古本。

鲍氏抄本共计九卷，分为五言古诗一卷、七言古诗一卷、五言律诗二卷、绝句一卷、杂言诗一卷、乐府二卷、补遗一卷。诗词乐府共四百三十余首。此本卷端冠有虞集撰《河东段氏世德碑铭》一篇。各卷眉上、行格间均有鲍氏丹黄、朱墨批校文字，总计一百八十余条。查其所记年月，起自乾隆二十五年（1760）六月二十七日，止于乾隆二十六年（1761）六月初四日，恰为一年时间，可见鲍氏对此本抄校勘定之精审，卷尾墨笔跋文称：

> 二段先生诗编入《全金诗》者已经割裂，不复成集。此其元编也。予从钱唐汪氏抄得之。间以《全金诗》校勘，见其谬误特甚，且多遗漏。益信元本不可废弃，不特以多乐府二卷而已。

> 字句有互异者一一标存以俟订定。补遗八首得之《河汾诸老集》中，此则《全金诗》所备载也。

> 乾隆二十五年庚辰六月二十七日　知不足斋书

据此跋文知鲍氏抄《二妙集》所用底本，乃借用钱唐汪氏所藏元本。而元本之优点不仅是多出《乐府》二卷，更重要的是可据之校勘订正当时所见本的谬误和遗漏。因此，鲍氏特别指出元本之不可废弃。在他校勘《二妙集》之时，更注意到利用前代文献辑佚书之重要，因而核对众本，辑成《二妙集补遗》一卷，以补元本之不足。其拾遗补阙之功，实不可没。

按，鲍廷博字以文，号渌饮。雍正六年（1728）生于安徽歙县。幼年随父寓居杭州。其父经营冶坊业，家资富有，性喜读书。尝多方购置古今图书，时间既久，所得益多益精。建"知不足斋"藏书楼，为浙中著名藏书大家。渌饮藏书既富，乃精研版本目录之学，凡过目之书即能记其某卷某页某字之误。有持书询问版本优劣，略翻书页视其版口，即可指出此书为某某版，某卷刊讹若干字。检书校对，历历不爽。乾隆三十八年（1773）诏开"四库全书馆"采访天下遗书，渌饮检集家藏书六百余种，命其子鲍士恭进呈，为浙江地区进呈图书最多之家。乾隆帝特赏赐《古今图书集成》一部及《伊犁得胜图》《平定金川图》为奖励。鲍氏获此殊荣，专辟一室名"赐书堂"以贮御赐图籍。渌饮自撰《赐书堂记》以纪胜况。鲍氏晚年刻有《知不足斋丛书》三十辑，为清代著名丛书之一，颇为学者所称赞。渌饮精于书法，行楷精劲俊逸。其抄校之本，不仅内容精审，手书亦为艺术佳品，最为收藏家所重。渌饮嗜书如痴，不善经营生产，老年贫病交加。嘉庆十八年（1813）特恩赏举人头衔。次年七月病逝，享年八十七岁。

鲍氏在《二妙集》卷尾跋中言及此抄本是"从钱唐汪氏抄得之"，据考汪氏即渌饮的挚友汪宪。宪字迁陂，号鱼亭。乾隆十年（1745）进士。官刑部陕西司员外郎，性好蓄书。其子孙四代均笃志藏庋图籍。有《振绮堂书目》五卷传于世。汪宪与鲍廷博交谊深厚。相互借阅书籍，精研校雠，终日不倦。汪宪卒后，鲍廷博有《挽汪鱼亭比部》诗：

> 整整牙签万轴陈，林间早乞著书身。
> 种松渐喜龙鳞老，埋玉俄惊马鬣新。
> 清白家声钦有素，丹黄手泽借还频。
> 西风谁送山阳笛，偏感春明俛宅人。

汪宪之亡，出乎鲍氏意料之外。故有"埋玉""俄惊"之句。故人已逝，鲍氏依然向汪宅借书，以丹黄之笔寄托对老友怀念之情，可见二人书缘之深。

汪氏四代藏书连绵不辍，庋藏丰富精善，尝将其藏书、读书之法，刻为方形木记，钤盖于书籍扉页之上。其文曰：

> 聚书藏书，良非易事。善观书者，澄神端虑，净几焚香。勿卷脑，勿折角，勿以爪侵字，勿以唾揭幅，勿把秽手，勿展食案，勿以作枕，勿以夹刺，随损随修，随开随掩。后有得吾书者，并奉赠此法。

汪氏的藏书法制定于二百年前，今日观之，亦颇富实用价值。其中除去"净几焚香"，其他各项均应是图书工作者和藏书家必须遵守的规则。

抄校本《二妙集》钤有"知不足斋鲍以文藏书"朱文方印外，还钤有"诗龛书画印"和"诗里求人、龛中取友、我怀如何"篆文闲章。可证此书曾为梧门所藏。梧门，蒙古族，属清内务府正黄旗，名法式善，字开文，号时帆。乾隆四十五年（1780）进士。官侍读学士。嗜好研求文献旧籍，长于著述，撰有《清秘述闻》《存素堂诗集》等。所居曰"梧门书屋"和"诗龛"。藏书数万卷。叶昌炽《藏书纪事诗》咏法式善云：

> 短巷东趋积水潭，古梅花下结诗龛。
>
> 一心供养诗千卷，莫作维摩古佛参。

可以考见诗龛、梧门书屋旧址应在北京德胜门内积水潭附近。此书尚有近人徐宗浩、石雪居士的"万竹庐图书印""徐氏岁寒堂"等藏章。徐氏字养吾，号石雪，原籍江苏常州，久居北京，故居在琉璃厂西门内。擅画山水、梅、竹、兰，亦精装潢字画碑帖。刻竹、治印均享誉京华。书法宗赵体，可以乱真。家藏绘画艺术类书籍、金石、印谱、近代人诗文集，均成系列，极为丰富。《二妙集》即其藏书中精品之一。

（原载《文物天地》1988 年第 2 期）

《读书敏求记》前言

　　《读书敏求记》是清初江苏常熟著名藏书家钱曾所做的一部善本书解题目录，是研究我国古籍版本学的重要著作。

　　钱曾字遵王，号也是翁。生于明崇祯二年（1629），卒于清康熙四十年（1701）。其父钱裔肃，明万历间即以藏书精善著名大江南北。遵王继承其父丰富的藏书，又得到其族祖钱谦益绛云楼烬余之秘籍。同时，他又和江浙著名学者、藏书家吴伟业、顾湄、金俊明、叶树廉、陆贻典、曹溶、毛晋、毛扆父子等相往还，借校传抄善本珍籍，使其藏书更加增益丰富。

　　钱氏藏书之特点可概括为二：一是品种多，二是质量精。遵王尝以家藏四千一百余种图书分类诠次，编成三部藏书目录：一为《也是园藏书目》；一为《述古堂书目》；一为《读书敏求记》（初稿题名为《述古堂藏书目录题词》，现尚有残本流传）。此三部目录，详略不同，体例各异。前两种唯记书名、卷数，间载册数及版本。《读书敏求记》（以下简称《敏求记》）所著录之书，却为钱氏藏书中之精粹，专记宋元精椠或旧抄。每书之下标明次第完阙，古今异同，并加以详细考订，兼及作者、作品之评论。书成之后，名倾一时。相传遵王将《敏求记》藏于书箧之中，尝随身携带，秘不示人。一次，江南典试官朱彝尊设宴邀请文人学士，遵王被约与会。朱彝尊以黄金美裘贿赂遵王的书吏窃取《敏求记》原稿，命书吏多人半宵抄出副本。从此始有抄本流传于世。这类书林轶事，虽未必翔实可靠，但是，从这一传说，可以想见当时文人学者对此书的推崇重视。

　　《敏求记》传世之后，在图书版本鉴定方法上找出了一定的规律，提出从版刻、字体、纸张、墨色等不同特征以考定图书雕版刷印的年代，从初印、重印、原版、翻刻等方面去评定图书的版本优劣。从而开阔了目录学的研究领域，为古籍版本学的发展奠定了初步基础。此外，作者对《敏求记》所著录图书的评介和考证，都引用了较丰富的资料，受到学术研究者的重视。因此在清代康、雍之后，受《敏求记》之影响，产生了众多的善本书目录和题跋记等著作。《敏求记》一书的流传，在中国目录学发展史上是起过重要作用的。当然，此书也有它不足之处。由于钱曾所处的时代和他的阶级地位所决定，使其在评论前人著作中，反映出不少的迂腐论点；对史料的引证和考辨也不乏失误的地方。如卷一《石鼓文音释》本系明杨慎伪托宋苏轼之名所做的"伪书"。钱曾却认为是"杨慎得东坡本于李文正公，篆籀特全，音释兼备"。又如卷二《臞仙史略》乃明宁王朱权掇拾稗史、野乘编纂之杂史。书中考证元顺帝之身世，多诬妄无据。而钱曾却以为修《元史》者未能见到《史略》所引用之资料。再如卷四《李商隐集》中《留赠畏之诗三首》，后二首本为误失原题，而钱曾强做曲解，谓"义山诗真真非笨伯所能解"。同卷中之《声画集》本为宋孙绍远编辑。绍远字稽仲，号谷桥。钱曾未能考出，即著录为"不著编者名氏"。至于卷三中所著录的"六壬""太乙""奇门"各类著作，钱氏于解题中不分精华与糟粕，一概加以赞扬推崇，这是不妥当的。但是，从《敏求记》全书看来，这些不足之处，仅是"白璧微瑕"，无损于全书之精善。清代学者阮福在重刻此书时尝谓："遵王此书述著作之源流，究缮刻之同异，留心搜讨不遗余力，于目录书中洵为佳著。"此论提供给今天从事古籍整理和研治版本目录学者，犹不失为确切的评介。

《敏求记》自成书后，流传三百年间，除传抄本外，共有六刻：雍正四年（1726）赵孟升刻本，乾隆十年（1745）沈尚杰双桂草堂刻本，道光五年（1825）阮福小琅嬛仙馆刻本，道光二十七年（1847）潘仕诚刻海山仙馆丛书本，1926 年章钰刻本。各本互有优劣，流传至今，俱不易得。今以沈氏双桂草堂本为底本，校以阮氏小琅嬛仙馆本和潘氏海山仙馆丛书本，清佚名临吴焯、吴骞校本详加标点。凡各本存佚有分歧者，皆按类顺序增补。明显错字，一律径自改正，不出校语。字迹漫漶，脱文衍字，依照他本补正者，均注出处或出校语，注于原文之下。书后辑集有关本书之序跋十三则，做《附录》一卷，以便读者了解本书版刻流传之概况。

限于水平，整理校点中，难免有疏漏错误之处，希望读者不吝指教。

（1983 年 5 月于北京）

（《读书敏求记》，书目文献出版社，1984 年）

《锦香亭》校后记

　　《锦香亭》四卷十六回，题古吴素庵主人编，茂苑种花小史阅。全书无序跋，无图像，封面镌"岐园藏板"。此书藏大连图书馆，原缺卷二第五至八回，这次标点排印据清鼎翰楼本及另一清刻本会校补足。

　　《锦香亭》以唐代"天宝之乱"为背景，演天宝十三年（754）新科状元钟景期，巧遇葛明霞、雷天然、卫碧秋三女，几经悲欢离合，终成眷属的故事。围绕这一主线，敷演"安史之乱"中拒叛贼、抗奸逆的张巡、许远、雷万春诸将，坚守睢阳孤城，粮尽援绝，忠烈殉难，以及郭子仪扫平叛乱，奉旨为钟、葛完婚，构成大团圆的结局。

　　书中着力刻画了睢阳城殉难诸将的忠烈，铺叙了"烹僮杀妾"的人间惨剧。所以在清光绪间刊行的石印本，即易名为《睢阳忠毅录》。又因本书开卷即演主人公钟景期，访求"绝世佳丽"，得遇葛明霞，于锦香亭双订婚姻的情节，故亦名《第一美女传》。而钟景期与葛明霞之会合，又是以捡帕赠诗为缘起。所以在清末福建潮州曾有刻本题名为《锦香亭绫帕记》。

　　从以上几种不同题名本子的刊印，可以想见此书在清末曾经广泛流传。可是在今日这些印本都很罕见了。

　　孙子书先生《中国通俗小说书目》谓："日本宝历甲戌《舶载书目》所载（锦香亭）本题'岐园藏板'。未见。"此"岐园本"与大连图书馆所藏当系同一版本。按宝历乃日本桃园天皇年号，甲戌即清乾隆十九年（1754）。据此可知"岐园本"在乾隆十九年以前，已经传入日本。其刻书年代必早于乾隆十九年。

此其一。

"岐园本"之字体、行款、版式颇有清代康熙时刻书之风貌。可证《锦香亭》成书，当在清雍正朝以前。此其二。

第十回回目曰："司礼监奉旨送亲。"按唐代职官无"司礼监"之设置。明代洪武之后，始设宦官十二监。其中司礼监督理皇城内一切礼仪、刑名及管理当差各役。凡皇帝口传旨意，例由司礼监秉笔太监下达内阁。书中既引用司礼监之名称，可知成书当在明代或明代之后。此其三。

据以上三点可推断《锦香亭》写作时代约在明清之际。编者素庵主人或为明遗民，现尚未发现可考证之文献资料。

《锦香亭》版本流传至今的，除上面提到的三种不同题名的印本外，尚有清"经元堂本"及"本衙藏版"本。后者系翻刻"岐园本"，故未署刊刻者名号，其行款、版式，乃至文字讹误均与"岐园本"相同。

综观现存几个本子，刊印均极草率，选词用字颇多讹舛，差错层出，"鼎翰楼本"尤甚。校点中尽力参酌各本，力求合于原著以传信。其有据文意改动者，已于校注中注明，其他一律不注。但限于水平，校点错误疏漏处定然不少，恳望读者给予指正。

（1983 年 7 月 17 日于北京）

（《锦香亭》，沈阳春风文艺出版社，1984 年）

《中国丛书题识》序

丛书之名初见于唐，有丛书之实始于南宋，清代中叶为丛书刊印极盛时期。为适应学者选取丛书中所需要之书，编制丛书目录乃应运而兴。清嘉庆初年，石门顾修编《汇刻书目》开编辑丛书目录之滥觞。继之，有德清傅云龙之《续汇刻书目》、宜都杨守敬之《丛书举要》、冀州孙殿起之《丛书目录拾遗》等等不一而足。此类丛书目录只便于检索丛书中所收书籍之种数和所收全部之书，而不便查找某书是否在何种丛书之内。老一辈著名图书馆学专家施廷镛（凤笙）先生有见于此，于20世纪30年代开创编辑出版《丛书子目书名索引》，为找丛书中某一种书提供了极便利的检索之法。这应该是丛书目录编制方法的一个新里程碑。此后，施廷老着手编撰《中国丛书总目录》和《中国丛书题识》等著作。手书笔录历数十载之功，积稿盈箧。正待定稿杀青之际，施廷老远归道山。其著作刊行之计划亦随之中断。言念及此实感遗憾万分。

施廷老哲嗣煜华（锐）先生以免疫学供职医务界，每见先人手泽散积箱箧，辄感焦虑，既惧著述之不传，亦忧书稿之散失。乃不辞艰瘁进行编排校对，越十数寒暑先后出版《中国古籍版本概要》《中国丛书综录续编》二书，有益学术参考。实非浅鲜。近期更裒辑其先君手书墨迹汇成一编，名曰《中国丛书题识》，收录丛书一千余种。每一丛书为一条目。详细著录书名、作者、版本及序跋，后附注释。除注释为排印外，其他项目均影印施廷老手书墨迹，可谓篇篇皆书法艺术，字字为墨宝珠玑。约而言之，是书特点有三为他书所未逮。第一，所收丛书均为目见，故其资料翔实可靠，对研究整理古籍裨益实多；第二，据手书原稿影印，既免去鲁鱼亥豕之误，且具备书法艺术特点，可供收藏欣赏；第三，此书编排印刷从内容到形式前无所承，独辟蹊径，洵为目录中创新之作也。

　　书之作序，求名人执笔，此风由来已久。我非名人，而煜华兄勉我为之，岂非差池。恳辞不获允，谨书刍荛之言。祈不为白玉之玷，则幸甚也。

（癸未端阳于延年居）

（施廷镛编著：《中国丛书题识》，北京图书馆出版社，2003 年）

《历代珍稀版本经眼图录》序

  中国是世界文明发达的国家，中华民族是一个具有光荣传统的民族。几千年的古代文明历史流传下来的古籍图书，其数量之多浩如烟海，其内容之丰富更是包罗万象。因而目录版本之学随之而兴。自西汉成帝时，刘向、刘歆父子奉诏校理经传、诸子、诗赋，编制《叙录》《七略》，开中国目录学之滥觞。唐五代以后，印刷术的发明与利用，使书籍能够大量生产和广泛流通，对目录版本的研究发展起了很大的促进作用。自宋元至明清，历代学者和藏书家编制了各种性质不同、用途各异的书籍目录，以便管理和利用图书。南宋尤袤编辑《遂初堂书目》，开目录注记版本之先河；清钱曾撰《读书敏求记》专录宋、元精椠；江标辑《宋元本行格表》以记珍本书籍之版式。这些都反映出目录学"辨章学术，考镜源流"的功用，鉴别版本已成为一个重要的方面。

  文史研究者为核实史实材料的可信性，引用书籍讲求版本非常重要。藏书家收藏珍贵书籍，辨别版本更是首要条件。但是，要求做到一书在手，望而知其为何时、何地所刻，或是"宋椠元刊，见而即识"的程度，绝非短时所能奏效。清末学者注意到这一点，从而研究总结出一些科学快捷识别版本的方法，并出版了专著，如前面所提到的《宋元本行格表》。此后有杨守敬摹刻流传于日本的汉文古籍《留真谱》，以谱对照原书识别版刻异同，极大程度地解决了鉴别版本的难题。再后随着摄影制版和石印技术的普及，书影图录的出版亦不绝如缕。先后有江苏常熟瞿氏影印《铁琴铜剑楼书影》、浙江嘉兴刘翰怡印行《嘉业堂善本书影》、南京国学图书馆出版《盋山书影》、北平故宫博物院出版《故宫善本书影》等。新中国成立后，北京图书馆赵斐云、冀淑英先生编辑《中国版刻图录》，可谓集存世善本书影之大成。

1966 年开始"文化大革命"，十年浩劫中视古籍图书为"四旧"。私人藏书悉被查抄甚至焚毁。古籍图书之遭劫为前所罕见。为了抢救被查抄留下来的珍贵文化遗产，中央下令成立"古书文物清理小组"。国家文物鉴定委员会吴希贤委员被聘参与其事，历时十余年，手触目验之书籍何止千万。正所谓见之者博，而知之则详。希贤先生向为勤学敬业之楷模，在日常工作中将所见宋元珍本及明清善本，复制拍照书影，排序分类，辑成《历代珍稀版本经眼图录》。皇皇巨册，收录宋、元、明、清历代精粹书影五百余幅，三百多种。其中有宋、元罕见本五十一种，明代刻本、抄本、活字本、彩绘本、套印本、贝叶写本一百七十九种，清代善本六十种，明清珍本医书二十六种。每一种书印制书影一至三幅不等。附有简要说明，著录书名、卷数、撰人、版本类别及收藏印鉴等。书影所据原书，均来源于私人藏书家多年沉埋之旧籍；或仅见于藏书目录，世人难得一窥之珍本，经十年浩劫沦落乱纸堆中。幸遇希贤老精心整理成此书影图录，由中国书店出版，使罕为人见的秘册成为人人可得之物，实为学术界难逢之盛事。

《图录》所收以难得的、罕见的珍本书影为主，例如《图录》二十二页，宋建安黄善夫刻《史记集解索隐正义》。据有关记载，唯日本藏有黄刻《史记》全帙，国内仅残存七十卷。再不见有其他藏此本者。而《图录》记录有四卷，此四卷又为国内存世残本中所缺者，则更为难得。按《史记》古本多为单刻，《索隐》《正义》各以单书行世，至南宋中叶黄善夫始合四书为一书。就此而论，黄善夫刻《史记》在书史和版本学上都有特殊的重要意义。黄氏刻书工料精审，字体隽秀柔美，60 年代出版《毛主席诗词二十一首》即选辑《史记》残存七十卷中文字照相制版印成。此亦出版界中古为今用的逸事也。

又如《图录》一五一页，明弘治十四年（1501）涂祯刻《盐铁论》亦为稀见珍本中之善本。按涂刻《盐铁论》乃据宋嘉泰刻本重镌，涂本之后宋本失传。因此明正德、嘉靖以后所刊《盐铁论》均出自涂本。涂本传至近代亦甚罕见。民国初年涵芬楼出版《四部丛刊》曾以明嘉靖本误为明弘治涂祯本影印收入《丛刊》中，受到版本学家的评议，亦可见此本影响之大和原本之不易得。

《图录》还有一个特点，即原书有钤盖藏书印鉴者，将印文记录于说明中，不仅可印证藏书价值、流传情况，同时印鉴本身就是艺术宝库中的奇珍，更增加了《图录》的使用价值和收藏价值。

我与希贤先生初识于50年代，再会于80年代国家文物鉴定委员会成立之时，同为该委员会委员，并多次一同参加鉴定会议。对于吴先生的勤奋研求精神和版本学的经验卓识甚为钦佩。1994年他出版了《中国古代小说戏曲版本图录》，受到文化学术界的赞誉。目前《历代珍稀版本经眼图录》又将刊行。老友郭纪森先生持书稿嘱余为序，拜读之，颇受启迪，故略述葑菲之见，并志景仰。

（乙巳初秋写于延年居）

（原载《出版史料》2005年第1期）

《中国珍稀古籍善本书录》序

"书录"或称"书志"，亦称"提要"或"解题"。其撰写体制为目录学史中之最早者，其作用亦为最巨者。宏烨斋主人沈津先生，早年从顾起潜老习版本目录及碑帖书札之学，为顾老及门弟子，从事古籍善本编目整理、采访考订工作四十余年，曾任职上海图书馆特藏部。工作中又受教于著名藏书家潘景郑、瞿凤起两前辈，其学愈进。专业所需，志趣所向，其行踪遍及大江南北，凡庋藏古籍善本之公私馆室、书肆人家，靡不有先生足迹。20世纪80年代更远涉重洋，于美国做图书馆学研究，并考察东亚图书馆所藏之中国古籍善本。90年代定居于美国，任美国哈佛大学哈佛燕京图书馆善本书室主任。阅历既广，研习亦深，其鉴定版本别具慧眼，考究源流独辟蹊径。多年来以孜孜不倦锲而不舍之精神，广搜博采，勒成善本书录数种，计出版有《书城挹翠录》《美国哈佛大学哈佛燕京图书馆中文善本书志》，凡著录中文古籍善本二千余种，撰写书录二百余万言，皇皇巨作极具重要之参考价值，为研治中国古籍文献不可或缺之利器也。

今更本精益求精承简约之旨，遴选存世罕见秘籍，辑为《中国珍稀古籍善本书录》付梓行世。其内容所收，不以流传有绪之宋元本为主，而以罕见著录且富学术文献价值之刻本、稿本、抄本和批校题跋本为首选，其中多为中国大陆藏家所缺或学人未见之秘本。书海无边，撷其英，取其华，此《中国珍稀古籍善本书录》之所应做也。读者手兹一录，则原书之卷数、撰者之仕历、版本之流传、内容之概要、序跋之存佚、藏书之地处、印章之有无，了然于目，洞然悉晓，裨益学术大焉。

　　余悉沈津先生之名，始于 1962 年春，识荆则在十六年后参加《中国古籍善本书目》编辑一役中。《书目》汇编阶段，沈兄文旌北上，居于北京香厂路任经部副主编，我则忝列丛部。朝夕相处八阅月之久。《书目》定稿阶段，我则南下沪渎，与沈兄同室办公，于业务多所交流，颇得三友之益。其钻研专业之认真，撰作之勤苦，久矣为我之楷模。今冬沈兄海外来鸿，言及将出版《中国珍稀古籍善本书录》，并嘱序于我。闻之既喜且愧：喜者《书录》之面世，使从事研究整理古籍文献者，再增实用之作，有助于治学之功甚大，诚艺林快事；愧者我年齿徒增，学识谫陋，承命赘语，局促不安，却之不恭，敢以芜辞报命并志景仰云尔。

（甲申祭灶日敬书于延年居）

（沈津著：《中国珍稀古籍善本书录》，广西师范大学出版社，2006 年）

《明代版刻图典》序

从事古籍工作借助于古籍目录以求所需之数据，使用目录重在辨章学术，考镜源流，分别版本，择优而用。西汉刘向、刘歆父子编撰《叙录》《七略》为目录学之滥觞。经隋、唐、宋、明以迄于今二千年间，历代学人为管理和利用图书，制定不同性质、用途各异之目录不下千百，如南宋尤延之编撰《遂初堂书目》，开目录注记版本之先河；清钱遵王撰《读书敏求记》，多论书写刊刻之工拙；江建霞辑《宋元本行格表》，以记珍本之版式；杨惺吾模印《留真谱》，以存书本之影像。此等均为鉴别版本而做之古籍目录也。中华古籍浩如烟海，一书数刻。若仅闻传本众多，而不目睹其面，犹如盲人摸象，实难知其全貌。且前人论述版本之书目无图可参。即若《留真谱》书影之类，虽模印书籍之像，而著录文字又多省略，缺失考据，实感参考无资之苦。况此流略典籍传世亦日见其少。

新中国成立初期，知名版本目录学前辈赵斐云、冀淑英两先生编撰出版《中国版刻图录》，为古籍版本研究者奉为圭臬。忽忽五十年，尚无可以为继者。赵前同志与图书馆有不解缘，自幼及长受图书馆之熏陶，深得缥缃之三昧。大学毕业后，于国家图书馆从事古籍工作垂二十年，对明代书籍版印之研究尤加重视。工作所需，志趣所向，日积月累，资料盈然成帙，此《明代版刻图典》之萌蘖也。

明代为中国书籍编纂刊印鼎盛时期，数量之多，工艺之巧，形制之多样，莫过于明代。其编纂刊印书籍有官私之分，藩府坊肆之别；其刻书区域之广泛遍及大江南北，又多形成地域性之刻书中心；其印制工艺之变化多样，亦非前代任何一朝所能媲拟。第自明迄今六百余载，古籍遭受天灾人祸之厄连绵不断，历经政治动荡之焚烧查禁，水火兵燹之破坏，能幸免于难者百不存一。况此幸存者又多藏于大型图书馆或私人藏书家手中。欲一睹古籍之真面亦非易事，而《图典》集明代古籍书影于一帙，一书各自著录其版刻时代、地点及类别，前有综论概说，条分缕析、梳理有序。读文知版本源流得失，观图识书籍形状风貌。《图典》之刊行为书籍领域添一异彩。信为有裨实用之作，不失为研究和收藏古籍者之津逮宝筏，亦将为保护古籍起到推波助澜之功效。其沾溉之广可以预卜，余耄耋暮年欣遇《图典》付刊行世，谨献芜辞。是为序。

（2007 年 3 月 28 日于陶然西轩）

（赵前编著：《明代版刻图典》，文物出版社，2008 年）

《丁国廉画集》序

2010 年初冬的一个上午，国廉弟夫妇来看我，他们居住在市区东南方向的金世纪家园，我家住在南城陶然亭西，两处相距不算远。但是，他已八十岁了，弟妹年轻一些，也七十八岁高龄了。耄耋老人相聚一次非常不易，相见甚欢，互问平安，温馨无比。更为高兴的是，他将近两三年积累的画稿带了来让我欣赏，还谦虚地让我评论一番，写一篇序。这是他第二次刊印出版画集了。

说起国廉的绘画，就不能不想起他学习绘画的艰难，和他锲而不舍的毅力与精神。他十岁时丧父，一个人从故乡来北京，在叔叔家寄居。小学毕业后，走入社会，开始自谋职业。记得他先后在大同制管工业公司、大新瓦厂等建筑工业部门学工，在福泰永布店经商。最后考上察哈尔农校畜牧兽医专业，毕业后成为畜牧兽医专业科技人才。

从少年到青年，十多年的求职供职期间，他是寂寞的。在这苦闷求索之际，他唯一的精神寄托就是绘画。他时常用白报纸装成活页本，每有感触或发现可入画的情景，便绘画速写下来。有时还点染颜色，画些水彩画。1944 年初春，他搬到天桥福泰永布店住宿。临去时他把用过的活页本、印章，还有一些杂物整理成一个包裹交给我保管。经过四十多年的漫长岁月，在 20 世纪 90 年代初，我迁居离开老屋，因整理旧物又发现了这个包裹。当我看到活页画册时，如获至宝。这其中的每页画面都具有几十年的沧桑，沉淀着我难以忘怀的记忆和情愫。我怀着兴奋而惆怅的心情注视着，回忆着已消失的岁月，泯灭了的人事和景物。这对国廉来说，他的感触就更悠远而深刻了。因此，就迫不及待地把这个活页画册送到丰台区他的家里。由他自己品尝回忆那云烟过眼的过去吧。

光阴易过，岁月如流。到 2008 年《丁国廉画集》刊印出版了。在这本《画集》中还能看出一些画，是借助昔年那本《活页画册》点染发挥而再创作的。在 21 世纪 10 年代开始，他又将刊印第二集画册了。这一集画稿的风格和取材，大致可分为生活速写和风景，以及人物印象，题材内容很广泛。每幅画都有题词和日期。画题简单明了，直白地点出画的内容。如《正阳门关帝庙》《赶小范集》《陶然亭月季园》，等等。有的画题是一句歌词或谚语，像《长城外，古道边，芳草碧连天》《这山望着那山高》，等等。有几幅画深深印在我的心中：一幅是《纺线车依然放在炕上》，一幅是《北长街火石作》。还有《古河宋良臣老宅》《滏阳河上的小范桥》和《滏阳河决堤后之秋》等。后三幅画都以滏阳河为背景。但是含义广泛深远，不同的景色蕴含着各自的人事沧桑变化。作者以粗墨淡彩，把人世兴衰与自然景色的变化浑然一体地定格在画面上，引领你去遐思去追忆。还有一幅是《村后碾房》，画的是村边大树旁的碾房中，黄牛迈着迟缓的步子拉石碾，靠墙站着垂辫子的姑娘，她低头凝目地想着什么。另一幅画着古庙殿房的一角和一段庙墙，庙门紧闭，显示了庙的清冷寂寞。这是丁庄孤寡老人贤大娘的住处，她的身世经历充满传奇故事，她的住处关帝庙，也是丁庄村的闪亮景点。

此外的许多画幅，都是从现实生活中捕捉到的素材。画人物、古迹、街市、山林、沙漠、原野，他用极其简练的笔墨，把那些多变的意境，统统定格在他的画幅上了。从现实生活中取材的那些画，深刻地引起我的共鸣。因为有些事物情景，我也曾经历过注意过。可是时过境迁，世事纷纭，当时很受感触的印象，经过时间的磨炼终于淡漠了，甚至完全消失了。国廉却有非凡的天赋，他把瞬间的感受抓住，记忆在心脑之中。经过提炼深化又把它永远保留在画上。在浏览他的画作之时，犹如翻看自己家藏的相册，引起无限深思及对情感的巨大震撼。

绘画艺术讲究流派，重视师承。国廉弟的画却是独树一帜。他没有专门学习某位绘画大师的艺术技法，未曾把作品归入某个流派，他是天赋的绘画者。他绘画的模特就是现实生活，就是自然界。他看准了的事物，他觉察到了的意境或者情趣，以及脑海中的印象等，在有感觉有欲望了，就取纸挥毫了。他的作品题材变化极多。可是，每一幅作品都有令人永久不忘的东西。例如《鸟宿池边树》《麦子熟了的时候》《禧望禅师的禅房》《推磨去》之类。看过之后，脑子里总有很清晰的印象，还会联系到许多几乎忘掉的故事。他的画里有诗意，有幽默，有悲天悯人的意味。它能引领你回归自然，悠游物外。又能使你置身市廛纷乱不堪。也有时使你啼笑皆非，莫之所措。他的画极家常，造景着笔都是现实的。但在平实中寓有深永的境界。

《丁国廉画集》第二集就要出版了。作为堂兄弟中的五兄，给八弟的画集写一序言，有义不容辞的义务。因此，就拉杂的写了上面这些随想，是为序。更重要的一件事，2010 年是国廉弟八十岁整寿。华诞已过，谨以此序兼做祝贺。并书寿联曰：

八秩康强春秋永在

丹青绵续岁月优游

［庚寅仲冬（2010 年 12 月 20 日）于北京陶然西轩］

宋版《文苑英华》回归记

本地一家画廊主人蔡斯民，不久前代表他的印尼富商客户，以二十一万六千新元从中国嘉德拍卖会上竞得宋版刻本《文苑英华》，准备将它送回中国收藏。

《文苑英华》是宋初官修四大类书之一，全书一千卷，是收录南朝梁末至唐五代近二千二百家所做两万篇各体诗文的总集。此书历经四个朝代，历朝都珍藏在宫廷内。清宣统三年（1911）发现仅存十四册，有一册不知去向，收藏家对这一册是否存世颇有猜度之词。而蔡斯民竞到的这一册则是时隔了四十年的稀世珍藏品。

此珍宝历经世变，阅尽兴衰，本文细数其沧桑。

这是四十年前的一桩秘闻。

50年代初，在香港金融界流传祁阳陈澄中出售其珍藏古籍善本的消息。时任中华人民共和国文化部文物局局长的郑振铎闻悉后，决定不惜重金定将这批珍籍购回中国。在新中国成立初期，百废俱兴，经济条件尚在困难之时，动用巨资去海外购书，谈何容易。但是，郑先生依然调动一切力量，通过文化界、金融界和新闻界的有关人士，终于把这批珍贵善本书购回中国，移送国家图书馆庋藏，供学者专家使用。这批书中有罕见流传的宋蜀刻本唐人文集，有何义门、黄荛圃著名的批校题跋本，还有明清两代的旧抄本等，确实是一批价值连城的国宝，竟然又从海外归来，真是"书"得其所，国宝终于成为国家所有。

一、两次售书，不见踪迹

时光易逝，岁月如流。十年之后，陈氏再次售书的消息又为《大公报》费记者采访到，并闻悉国外收藏家亦正千方百计地想得到这批珍贵古籍。这时已是 1963 年，爱书胜过爱自己生命的郑振铎局长已经在文化部副部长任职期间因公殉职。

继任文物局局长的王冶秋先生，对古籍版本也是一位具有真知灼见的专家，深知陈氏藏书的品级质量，因此对这批珍贵善本的流传去向十分关注。他及时报告中国国务院周恩来总理，在周恩来亲自指示过问下，决定由北京图书馆善本特藏部主任、研究员赵万里对此批善本书籍鉴别真伪接洽收购。赵先生是国内外知名的版本目录学家。当代闻人周叔弢先生称他"版本目录之学，既博且精，当代一人，当之无愧"。

赵万里与文物界耆宿徐森玉共事多年，有半师半友的情谊。徐森老之子徐伯郊与赵素有交往。其时伯郊在香港银行工作。他对古籍簿录之学亦多涉猎，在文物、古籍界小有名气，在金融、文化圈中交游广泛，活动能力很强。赵万里借重徐伯郊的关系，终于将陈氏珍藏的多种古籍善本和旧拓碑帖全部买下。其中宋刻宋印台州本《荀子》是陈氏镇库之宝，善本书中的白眉。陈氏因得是书而名其藏书室曰"郇斋"。其藏印有"郇斋"一印可证。

陈氏书藏中与《荀子》品级相颉颃者尚有宋周必大刻《文苑英华》十卷。是书原藏南宋缉熙殿，历元、明而入清内阁大库，流传有绪，久为书林所关注。陈氏两次售书，而该书竟无踪迹，不料在四十年后的今日突然出现。

《文苑英华》是宋初官修四大类书之一。全书一千卷。内容汇辑南朝梁末至晚唐五代近二千二百家所做两万篇各体诗文的总集。宋太宗太平兴国七年（982）命李昉、徐铉编，后又命苏易简、王祐等参修。至雍熙四年（987）全书告成，名曰《文苑英华》。真宗景德四年（1007）诏令摹印颁行。因篇帙繁多，刊刻费工，迄未付雕。

二、卷帙繁多，考核精细

宋高宗赵构迁都临安（今杭州市），偏安江左，未及雕印。至孝宗朝以秘阁书本多舛误，命参知政事周必大校勘。迄淳熙八年（1181）缮写一百一十册藏于秘阁，亦未刊刻。宋宁宗庆元元年（1195）周必大三次上表告老还乡，终以少傅致仕回江西吉州，家居期间尝率乡贤门客编校刊印鸿文典册。先于庆元二年（1196）邀集郡人孙谦益、乡贡进士曾三异校刻《欧阳文忠公集》一百五十三卷。

越五年，于嘉泰元年（1201）选派临江军巡辖王思恭督工刻印《文苑英华》一千卷。至此，名闻遐迩编校历经两百年之久的巨著，始有刊印本流传于世。嘉泰四年（1204）刊刻是书将近竣工付印之际，周必大以老病而逝。

《文苑英华》卷帙繁多，考核精细，编辑体例严谨。因其收录唐人作品较全，散佚的唐代诗文多靠此书流传于后世。故其学术价值甚高，一可考订载籍之得失，补充史传之遗漏；二可辑补散佚失传之文集；三可校勘现存古代作品文字之差异。此书刊印之后，流传本极为少见。元明清三朝六百四十年间，未见此宋刻本流传，公私藏书家目录亦未见有宋本著录。明隆庆元年（1567）福建巡按御史胡惟新重刊《文苑英华》序称："是书旧有宋刻，然藏之御府，非掌中秘者不获见。"可知此书宋刻本在明朝犹深藏皇宫内府，民间难以见到。近代藏书家傅沅叔有诗曰："千卷功成奉禁帏，秘藏馆阁世难窥；谁知异代孤行本，犹是当时进御遗。"其孤秘罕见之状可知。

三、几经周折，重现人间

此周必大刻本《文苑英华》历经宋、元、明、清七百余年改朝换代之变革，经受兵燹水火之厄，虫伤鼠啮之灾。千卷巨帙至清宣统三年（1911）清查内阁大库书时，仅存有十四册，共计一百四十卷。其中十册为卷六〇一至七〇〇，凡一百卷，移存学部图书馆，即今日北京图书馆前身，另四册则流入民间，为宝应刘氏食旧德斋所收。

30年代初，刘氏书散出，《文苑英华》卷二三一至二四〇，一册，归秋浦周氏自庄严堪收藏；卷二五一至二六〇，一册，归江安傅氏双鉴楼收藏，嗣后此二册与卷二九一至三〇〇，一册，均辗转庋藏于北京图书馆。与原学部存馆之十册合计为一百三十卷，凡十三册。唯有卷二〇一至二一〇，一册，刘氏售予琉璃厂文友堂魏经腴。此本与北京图书馆所藏本同，仍保持宋刊宋印蝴蝶装的形式。每卷末标题后有"登仕郎胡柯、乡贡进士彭叔夏校正"一行。书衣后扉页左下角有"景定元年十月初六日装褙臣王润照管讫"木记墨印。卷首尾钤有"内殿文玺""御府图书""缉熙殿书籍印"，均为南宋内府藏印。又有"晋府书画之印""敬德堂章""子子孙孙永宝用"三印，当是明太祖朱元璋赏赐其子晋王朱枫之印。永乐十二年（1414）晋王朱济熺被废为庶人，籍没府中财物。此书因有玉玺官印，故而进呈北京转送文渊阁庋藏。

此本历时五百年再次流出内府。魏经腴得后，亟缮完补缀，存其旧装，保护周全。更请藏园老人傅沅叔先生撰跋文一篇，今尚附丽于卷首，为此书锦上添花，倍增异彩。

及至40年代初，魏经腴秘售此书予祁阳陈氏，此本首尾钤印"郇斋""祁阳陈澄中藏书记"。此后是本竟沉霾不显，无踪可寻。长期以来，学术界及收藏家之关心古籍文物者，对此流传有绪簿录昭著之珍本的存世与否和存卷情况多有论述。但因原书无从踪迹，故所言扑朔迷离，甚多猜测之词。实则此稀世珍本，在陈氏书斋收藏不久即转让予他人，或言以每页千元港币计值。书价虽昂而千金易得，珍本难求，此本终为香港敏求精舍王氏重金购得。

时隔四十年，此稀世珍宝在历经世变，阅尽兴衰，超越八百年后再现于国际市场，它作为中国嘉德公司组织的 1995 年春季拍卖会古籍善本专场的拍卖品之一，展示和提供给学术界、收藏界，诚可谓收藏家千载难逢的良机。

（原载《联合早报》1995 年 10 月 26 日）

郇斋携港藏书回归知见杂记

嘉德公司近从海外征获陈清华郇斋遗留的部分藏书，余应邀往观，承嘉德方面之请，为出版《祁阳陈澄中藏书·海外遗珍》书序，耄耋之躯，未敢重负担肩，兹将前此国家购藏陈清华携港藏书经过之所知所见，记录如下，聊供方家参考指正。

一、南陈北周两藏家

陈清华（1894—1978），字澄中，湖南祁阳人。陈氏以从事金融银行业起家。公余喜收藏古籍善本，受南海宝礼堂潘宗周影响，尤嗜宋元旧椠、明清精抄、名人校跋之本。所藏毛抄、黄跋品种之多，非同侪藏家能比。陈氏藏书初无藉藉名，因得宋廖莹中世彩堂刊《河东先生集》，后又访得潘氏宝礼堂藏有廖刊《昌黎先生集》，乃不畏周折，以重金购归插架，使两绝妙宋刻珠联璧合，此购书之豪举与痴迷，一时传为书林佳话。按，宋廖莹中为南宋奸相贾似道之幕客，其所刊之《昌黎》《河东》二集，字体版式全同，各卷后有篆文"世彩堂廖氏刻梓家塾"牌记；刻工有孙沅、从善、冯奕之等，亦同见于两集。可知二书同期先后刊版开雕。其用纸选墨亦十分精善，所谓用抚州萆抄清江纸，造油烟墨印刷者，即指此二书也。廖刻韩昌黎、柳河东集传至今日，已成孤本，开卷犹光洁如新，墨若点漆，让人醉心悦目。

陈氏因得宋刊台州《荀子》二十卷，前人曾定为北宋熙宁间国子监刻本，后经多方考证，当为南宋初唐仲友刻于台州之本。此本书品宽广，字大如钱，疏朗悦目，曾为孙朝肃、黄丕烈、汪士钟、韩应陛诸家收藏。陈氏得此书后，因名其室号"郇斋"。

30 年代中期以后，陈澄中收书之盛，名重一时，故有"南陈北周"之誉。"北周"即天津藏书世家周叔弢先生。周叔弢，名暹（1891—1984），安徽东至人。著名的民族实业家、忠诚的爱国主义者。出身书香门第，受其祖父两江总督周馥熏陶，从十六岁即开始买书。其藏书室曰"自庄严堪"，所藏善本珍稀精美。近代四大藏书楼之旧藏均未能逾其右。而郇斋藏书能以后起之秀而获"南陈北周"之雅称，足见其藏书品格之精，质量之高及世人对其藏书之看重。

二、郇斋藏书初露世面

1949 年，陈澄中夫妇携部分珍贵藏书定居香港。两年后，传言陈氏将出售藏书并有日本人意欲收购的消息。时任中华人民共和国文化部文物局局长的郑振铎闻悉后，决定不惜重金将这批珍贵古籍购回，绝不能流入国外。当即通过香港大公报费彝民社长和收藏家徐伯郊会同内地的版本目录学专家赵万里先生与陈氏洽商，直到 1955 年才成功地购回了郇斋所藏的第一批善本。其中就有著名的宋廖氏世彩堂刊《河东先生集》《昌黎先生集》，以及许多堪称国宝级的稀世珍品。如北宋刻递修本《汉书》一百卷。此书十行十九字，字体宽广疏朗。清代学者钱大昕、王念孙所谓北宋景祐监本，即指此书。历经毛晋汲古阁、季振宜、徐乾学、黄丕烈、瞿氏铁琴铜剑楼递藏。瞿氏书散出后，为陈氏郇斋购得。南宋本至明代即以叶论价，北宋本更如凤毛麟角，其珍贵稀罕可以想见。况此本尚有元代倪瓒、清代黄丕烈、顾广圻亲笔跋文，更增其珍贵。

又如，蒙古宪宗六年（1256）北京赵衍刻本《歌诗编》四卷。此书有黄丕烈跋文称："金刻《李贺歌诗编》四卷，诸家藏书目未之载也。碣石赵衍刊本，每叶二十行，行二十字。其为金刻无疑，因急收之。书之奇遇之巧，无有过是者，虽重值弗惜矣。"按，近代《四部丛刊》、当代《中华再造善本》均以此部为底本影印行世。

再如蒙古乃马真后元年（1242）孔氏刻本《孔氏祖庭广记》十二卷。此书亦有黄丕烈跋曰："今夏五月余自都门归钱塘，何梦华亦自山东曲阜携眷属侨寓于吴中。何固孔氏婿也。其衾赠中有元版《孔氏祖庭广记》五册，装潢古雅，签题似元人书。因出以相示，余诧为惊人秘籍。盖数年所愿见而不得者，一旦见之已属幸事，而梦华乃割爱赠之。赠书之日适梦华将返杭，余赠以行资三十金。今而后士礼居中如获双璧矣。此书裱托过厚，图画皆遭俗手补坏，因损装重修，纤细皆还旧时面目。钱少詹之跋，孙观察之看款，皆于梦华时乞题，今悉存其旧。"按，黄跋所言"双璧"乃指此书与宋刻本《东家杂记》二书。

又如宋蜀刻本唐人文集中的《李长吉文集》四卷、《许用晦文集》二卷、《孙可之文集》十卷。按，宋孝宗之后，四川眉山地区刻印多种唐人诗集，世称"蜀刻唐人集"。各集版式相同，皆半叶十二行。各书均钤有元代"翰林国史院官书"长方朱印，明清两代仍藏内府，其他收藏印记甚少。郇斋旧藏善本中宋蜀刻唐人集多种，其两次售书均有唐人集散出，而以此次为最。

此外还有宋绍定三年（1230）越州读书堂刻《切韵指掌图》、宋淳熙八年（1181）泉州州学刻《禹贡论》二卷、《山川地理图》二卷，均是海内孤本，历代藏书家誉为初拓黄庭，光彩照人，为宋刻书中杰作。

刻本之外，明清旧抄名人批校题跋之本亦为郇斋此次售书之重点。如明初抄本《孟东野诗集》十卷，清张文虎校并跋。张文虎号天目山樵，江苏南汇人。博览群书，深研经学历算，精于校勘。为道咸间著名学者。

又如名人抄校题跋本有明抄本《贾长江诗集》一卷，清何焯校并跋。《张司业诗集》八卷，清钱孙艾、黄丕烈跋。顺治十八年（1661）陆贻典影宋抄《张司业诗集》三卷，此书陆贻典校并跋，并有黄丕烈跋。陆贻典是汲古阁毛晋幼子毛扆之岳父。其抄本名重书林，况此本尚经黄丕烈跋，更增其名贵，实抄本中之星凤也。

三、善本书库一角

郇斋这批藏书回归大陆后，正值国内许多藏书家出于爱国热情，无偿把家藏珍本捐献给国家的时期，首先倡导者为天津周叔弢先生，步其后者有常熟铁琴铜剑楼后人瞿济沧、北京双鉴楼傅氏、无悔斋赵元方、宝礼堂潘氏等，都曾将辛勤搜集和世代相传的珍贵古籍无条件地献给国家。同时国家也不惜重金在国内外采购了大批珍贵版本书。陈氏郇斋藏书即其一例。为了收藏保管好这批空前集中出现的国宝珍籍，位于文津街的北京图书馆（今国家图书馆）在1956年调整了善本书库的藏书，将原来善本书库布置得恰如宛委洞府，琅函满架，书香拂面，卷帙盈目。书阁橱柜鳞次栉比，曲折回旋，穿行其中，如入迷宫。1955年新购的郇斋藏书编目后，按序排入善本库中心的小书库中。小库东西狭长约15米，南北宽广约2米。西接善本甲库，南通乙库。东达禁库，北邻文津阁本《四库全书》之经、史库。小书库中南侧排放玻璃书柜七个，内存蔡氏捐献善本和新购郇斋藏书。北侧排放玻璃书柜八个，内存周叔弢先生捐赠的部分善本，及潘氏宝礼堂捐赠珍籍。宝礼堂镇堂之宝为宋绍熙三年（1192）两浙东路茶盐司刻《礼记正义》七十卷。潘氏以重金购置之宋刻巾箱本《八经》十卷亦存于同一柜中。此二书均为20年代购自袁克文手。袁克文曾辟"八经室"为藏书处，足证对是书之重视。这些善本珍籍可称为宝中之宝，善中之善。真是琳琅满目，美不胜收。今日随着国家图书馆的发展，善本书库迁往新址白石桥，有了更科学的设备的琅嬛福地已移作他用。虽然如此，但每当路经北海文津街看到图书馆静穆的碧瓦红墙，不由萌发出"从此西城踪迹少，屈指收藏数谁家；况有赵宋景祐本，赏奇差足慰生涯"的感叹。

四、郇斋再次售书

岁月如流，十年之后，陈氏郇斋再次售书的消息又传到北京。这时已是 1963 年，郑振铎局长在文化部副部长任职期间因公殉职。王冶秋继任文物局局长。王对古籍版本也是一位具有真知灼见的专家，深知郇斋藏书的品级质量。因此对这批珍籍的流向十分关注。他及时报告国务院周恩来总理，在周总理亲自过问下，依然请版本目录学家赵万里先生南下接洽收购。赵在 50 年代洽购郇斋藏书时，已知陈氏在大陆尚有大量的清刊本及抄校本，因此提出全部收购的建议。由于种种原因，经过两年之久，最后只购到香港的旧拓碑帖七种、善本古籍十八种。

1965 年 11 月 13 日下午，这批珍籍运送到北京。那天是个星期六，天灰蒙蒙的，空气湿润而阴冷，似要下雪的样子。车到北京站，赵万里先生下车即回家去了。文物局的金先生提着一把黄灿灿的香蕉守着四只蓝灰色的硬塑箱在等待接站。当我和林君与司机把箱子搬上汽车，金先生提着在北京市场上很难见到的香蕉离去时，很是吸引了站前南来北往旅人的眼球。

这批书籍碑帖虽仅有二十五种，但多为天壤间之至宝。陈氏为之名号"郇斋"的《荀子》就是在这一次购回大陆的。此书雕镂之精，不在北宋监本之下。清黎庶昌刻《古逸丛书》之《荀子》即据此本影刻。宋淳熙间，台州守唐仲友动用公使库钱，指令蒋辉、王定等工匠十八人雕版印制《荀子》《扬子》二书。借刻书之机，唐仲友命金婆婆诱使要挟匠人蒋辉伪造会子版，私印会子（宋代钱钞）二十次，共印二千六百余道。唐仲友因此为朱熹弹劾罢官。此故事之背景虽为官僚间之政治斗争，但从另一侧面记录了宋版《荀子》刊印的经过，为后世人鉴赏此书提供了更多的遐想。

又有《梦溪笔谈》二十六卷，元大德九年（1305）陈仁子古迁书院刻梓于敬室。此书刻印精美，用纸装潢特异，开本特大而印版版面窄小，蓝绫蝶装，版本精湛堪与《荀子》相颉颃。卷首有"文渊阁印""东宫书府""万历三十三年查讫"朱印，可证其为明代内阁藏书，入清曾为艺芸精舍汪阆源收藏。

此外尚有宋蜀刻本唐人集《张承吉文集》，元刻本《尔雅》，明初刻本《全相二十四孝诗选》《朱淑真断肠诗集》《元任松乡集》，明弘治本《盐铁论》，毛氏汲古阁影宋抄本《焦氏易林》《小学五书》《词苑英华》《鲍氏集》，范氏天一阁旧藏明刻本《泰山志》，黄丕烈校跋《断肠全集》，清孙星衍校，洪亮吉、顾千里跋清抄本《水经注》等。

碑帖有：宋拓《蜀石经》《二体石经》《东海庙残碑》《佛教遗经》，宋拓残帙《大观帖》和《绛帖》，以及海内外闻名的五代拓本《神策军碑》等。

五、为期一天的展览鉴赏会

郇斋第二次售书较第一次所售书的数量少，但质量却并不逊色。更难得的是购买这批书籍时，正是国家经历了困难时期，经济刚刚起步恢复，却又处在狠抓阶级斗争的萌动之际，批判《海瑞罢官》的运动正在深入。在如此形势下购到这批文化遗产就倍增艰险。万幸在周恩来总理亲自过问指示下，终于从香港买回来这批珍贵书帖。运回不久即安排了一次内部展览，邀请有关中央领导和极少数的专业人员参观。地点在北京图书馆三号楼的会议室，室中西侧和室中央摆放几张三屉桌，桌面铺上白布，把新购到的碑帖书籍平放在桌上，加上一张说明卡，标出书名、版本。由善本组和金石组指定三个人值班，展室门一直是关着的。由赵万里主任和左恭副馆长亲自接待来宾。既没有开幕词，也没有座谈会。徐平羽、杨秀峰、吴仲超、郑裘珍、谢国桢、王冶秋、唐弢、丁秀等知名人士都曾光临。下午三时，康生也来了。这时赵万里回家吃饭休息尚未回馆。康生的到来，使馆长和值班人员大为紧张，急派人接赵来馆。康生对这批书帖发表了不少意见，尤其对陈列的碑帖看得更为仔细。值班人曾向他推荐介绍五代北宋拓唐柳公权书《神策军碑》，他较认真地欣赏浏览了卷中的十几方藏印及题记。但对宋拓《蜀石经》更为注意，展出的九册他都逐册检阅。除对其中原宋拓《左传》《榖梁传》《公羊传》《周礼》很仔细地观赏外，对配补的清木刻印本一册和题写的《蜀石经题跋姓氏录》也未曾轻易放过。他对《蜀石经》浏览的时间是最久的。

六、宋拓《蜀石经》

郇斋旧藏回归大陆展出后，又经过若干天的一个星期六，赵万里先生对我说，下班以后留下来，还有些事要办。就是要我协助他把《蜀石经》九册提出清点登记，然后装箱。一切就绪后，他才说明周总理要看《蜀石经》的事。时库中只有我们三个人在等待消息。夜渐深，灯光黯淡，古老的书架偶而发出咯吱吱的声音，时间过得分外慢，直到晚十一时王冶秋局长来了。他让我带着箱子陪他到中南海。

出文津街北京图书馆，过马路即是中南海北门，经紫光阁经游泳池，车停在甬路西侧，把箱子送到厅房内。王局长和值班秘书谈话，总理让把书留下。之后司机送我出中南海，已是夜半，街上已阒无一人。

《蜀石经》留在总理处，不久"文化大革命"事起，图书馆业务已基本停顿。赵万里主任被迫害病瘫在床，借出的《蜀石经》再无人提起。不料在 1969 年 8 月 18 日，又是一个星期六的上午，两位穿军服的中年人提着一个蓝灰色的硬塑箱到了北京图书馆"革委会"。我被叫到办公室，马上看到了郇斋藏书用的箱子，原来很久以前周总理借阅的宋拓《蜀石经》九册，又完整地还回来了。

《蜀石经》初刻于五代十国时期后蜀广政元年（938），故又称《广政石经》，毕工于北宋宣和六年（1124），前后历时一百八十六年。其中《易》《诗》《书》《三礼》《春秋左传》《论语》《孝经》《尔雅》等十种经书，为广政年间刻成。至北宋初又续刻了《春秋公羊传》《穀梁传》和《孟子》。十三经全部刻竣，经石立于成都府石经堂。元、明之间屡遭战乱，经石湮没无闻，全经拓本也极罕见。郇斋旧藏《蜀石经》计有宋、元两朝拓本之《春秋左传》《穀梁传》《周礼》各二册，《公羊传》一册，又附清木刻印本《石经》一册，写本《石经题跋姓名录》一册。这些仅是《蜀石经》全部的不足三分之一，却是现存的《蜀石经》唯一最佳拓本。清代著名学者金石家翁方纲、段玉裁、瞿中溶、钱大昕、顾千里等数十人为石经亲笔题款跋文，更增加了原书的文献价值。至若一代伟人周恩来总理为什么在日理万机、政治斗争风起云涌的 60 年代，指定要检阅这部石经，且留阅经年，那将有待于后人的研究探讨了。

七、昙花一现的宋版《文苑英华》

郇斋旧藏中的宋版《文苑英华》十卷一册，在嘉德 1995 年秋季拍卖会上突然浮现出来。这是一册历经八百年仍保持宋刊宋印宋装的珍籍。卷内钤有宋、明两代官府印鉴，并附有近代著名藏书家傅沅叔跋文。此书的出现引起文化界、新闻界和收藏家的极大关注。最终却未能珠还合浦回归故园，而是被外商以一百四十三万元拍得，持归海外，令国人扼腕慨叹。宋本《文苑英华》

在神州大地虽只昙花一现，旋即漂洋而没，但由此引出了书史、古籍书目、大百科全书中有关《文苑英华》条目改写的问题：此宋版残书存世的卷册究竟还有多少？近一个世纪以来，凡有关记载此书存世状况的文献典籍均称原千卷大书，现存世仅有一百三十卷十三册。自嘉德公司的郇斋旧藏本面世后，随着传媒的介绍又引起对此书存世究竟有若干卷册的讨论。最后根据 1997 年《文献》第一期李致忠先生著文称："在台北'中央研究院'尚有宋版《文苑英华》十卷一册，恰为此帙中所缺之卷册。"如此纷纭数年之久的宋版《文苑英华》其现存卷册，可确定为一百五十卷十五册。其收藏者分别为：国家图书馆一百三十卷十三册。台北"中央研究院"十卷一册，海外私家藏十卷一册。宋版千卷巨秩大书，今日存世仅此而已。

此次嘉德公司从海外征集的二十三种陈澄中藏书，就是当年其携港之剩余部分，内中宋元佳刻、黄跋毛钞居其太半，均为罕见珍本。感慨当年国家购书之余，唯望这批善本，勿若《文苑英华》昙花一现，而能留之乡梓，此乃国家文化学术之福祉也。

（2004 年 8 月 20 日）

北京东总布胡同十号大院忆旧

一、总署驻地　名流会集

北京东总布胡同十号院，坐落在胡同东口路北，是新中国成立后中央人民政府出版总署所在地。这个院落原是北洋政府时期俄文专修馆旧址，瞿秋白于1917年曾在这里学习，后来改为美术专科学校，新中国成立后出版总署在这里办公。院子的南部是砖瓦平房，房舍之间有绿色游廊相连，没有游廊的房舍又形成各自的小院。总署所属的发行局（新华总店）、印刷局、人民出版社以及世界知识出版社等机构都设在院内。当时的知名学者、诗人、作家，如陶大镛、沈志远、宋云彬、臧克家、董秋斯、金人、冯宾符、王子野、马少波、储安平等文化界名流就在这里工作。

院子东北部是幢两层楼房，楼院方砖铺地，南侧有丛太平花，蓬松杂乱的枝条长在花池里成为一片绿色的灌木丛。楼院肃静，在这座楼内办公的有署长胡愈之、叶圣陶、周建人三位领导，还有傅彬然、章锡琛、黄洛峰、楼适夷、张静庐、金灿然、高尔松、王仿子、张璿（著名作家张中行）、王益等文教、出版界知名人士。

院的中部面积广阔，房屋建筑也较多样。西北隅有座小洋楼是出版总署图书馆的办公室和书库。东南方有一片草地栽种着丁香和海棠，还有几株洋槐，像个小花园。春天花开时节，工作间隙总能看到诗人臧克家和陶大镛、储安平等学者在这里散步。

1951 年，在这片地方建起了大礼堂和图书馆的新楼，图书馆就从小洋楼迁到新楼了。

出版总署图书馆是一个为政府机关服务的综合性图书馆，除征集保存全国出版新书外，还采购旧书刊供署内同人借阅参考。自迁入新楼后，图书馆的任务仅是征集新书、编辑《全国新书目》、做好出版物分类统计等专业工作。因此，曾有成立"中央书库"或"样本书库"的倡议，经过长时间酝酿终未实现。1954 年，出版总署撤销，并入文化部，图书馆的名称正式改为"版本图书馆"。出版总署图书馆就成为历史上的名词了。

二、温和平易的孙伏园

从出版总署图书馆的成立到易名为版本图书馆，馆长一职始终是孙伏园先生担任的。孙先生是文化界久负盛名的前辈，可是五十年来很少有他的消息，他似被冷落了。早年他为新文化运动的扩大和传播做了很多事情。五四运动之后，中国报纸有四大副刊风靡一时，其中北京的《晨报副刊》即是孙先生刻意经营的一种。1921 年，他在副刊上连载鲁迅的《阿 Q 正传》轰动中外文坛，成为现代文学史上划时代的大事。著名老作家冰心女士早期写作以《晨报副刊》为发表园地，并在孙先生的启示和鼓励下开始创作新诗，促成《繁星》《春水》诗集的诞生。后人称孙先生为"新闻出版的先驱者""副刊之祖"。他是当之无愧的。

孙先生外表平易近人，待人接物总是笑嘻嘻的，带有一种温和的面容。人们称呼他"伏老"或是"孙伏老"，更喜欢听他讲述五四运动和抗日战争前后文化界的珍闻逸事。孙先生的书法刚劲秀丽，图书馆的同人大多藏有他的手书墨迹。这些珍贵的纪念物经过十年浩劫，能保存到今天的想是绝无仅有了。1953 年，伏老六十岁华诞（五十九周岁），老舍和胡絜青夫妇特请齐白石老人绘"红梅颂寿"条幅。伏老将之悬挂在办公室与同人共赏。

他介绍那满幅湛丽的红色花瓣是用珍藏多年的红砵所绘，这次取用此颜料太感谢大师之盛情了。白石老人题款署九十二岁，当年他实际年龄应是八十九岁吧。伏老说白石老人做画自署年龄往往有增岁的习惯并做了解释，今天回忆却记不起如何说法了。

三、只有开端的"纪念堂"

孙伏老是 1950 年初春由成都来北京任职的，办公就在小洋楼向阳的房子里。东隔壁是副馆长孟超的办公室。他们发现这个院落曾是共产党早期领导人瞿秋白学习俄文的故址，便计划成立"瞿秋白纪念堂"。建堂的计划很快得到胡愈之、周建人两位署长的赞同，又请瞿秋白的夫人、全国妇联副主席杨之华参与选看堂址，确定将图书馆小楼对面的一座长方形房子辟为"瞿秋白纪念堂"。这是一个东西长约 15 米，南北宽约 6 米的厅房，四周没有房屋相连，房基是坚固的青条石。厅的南墙没有门窗，东侧开有拱形屋门，门楣上的半圆形窗镶着红黄蓝绿彩色玻璃。门外有五六级青石台阶。厅的西侧和北侧都有磨砂玻璃窗。房顶是南高北低一面坡式的。这样别致的建筑原来是美术专科学校的绘画室，所以门窗的设置不在南面，以求避开阳光的直射。经过多日布置，纪念堂在 1950 年 7 月 1 日正式开幕。室内悬挂着烈士遗像和郭沫若写的堂名横幅，陈列有《瞿秋白文集》《海上述林》及《新青年》等革命刊物。举行了庄严肃穆的纪念仪式后，是各部门分别进内参观。这一天对"十号大院"来说是个非常有意义的日子。首先是建党二十九周年纪念日，又是瞿秋白纪念堂成立日，再就是出版总署图书馆正式开馆日，当晚还召开全署工作人员大会，宣布公开党员名单。

瞿秋白纪念堂成立之后，有一时期曾兼做期刊阅览室，也曾做过业务学习的课堂。著名出版家张静庐先生曾多次在这里讲授"新的版本学"。图书馆迁到新楼后，瞿秋白纪念堂划归人民出版社管理，从此再不见有什么纪念活动了。

四、胖乎乎的张静庐

张静庐先生是出版界闻人，早年在天津、上海任编辑和记者，后来在泰东图书局工作。20世纪20年代至30年代曾先后主持开办光华书局、现代书局、联合书店，出版发行了许多内容进步的书刊，屡遭国民党政府查禁。张先生风趣地说自己是"出版商"，而不是"书商"。因此他认识了文艺界许多知名作家，有的成为经常来往的朋友，如郁达夫、郭沫若、叶灵凤、成仿吾、李一氓等。他们的作品往往是张先生代为经营出版的。1934年，他开办了"上海杂志公司"。出版《中国文学珍本丛书》，对发掘保存某些孤本秘籍起了一定作用，其中刊印了洁本《金瓶梅词话》，同时又单行出版了《金瓶梅词话删文》，为此招致了文化界的物议。这也许是张先生自称为"出版商"的原因之一吧。1950年，他到出版总署工作，任计划处处长。张先生体形较胖，戴黑框近视镜，很健谈。但说的上海调宁波话，北方人很难听懂。他在瞿秋白纪念堂讲"新的版本学"，孙伏老往往做即席翻译，有时再加以引申发挥，真是"珠联璧合"。张先生是出版总署图书馆阅览最勤的读者，也是图书馆热心的义务采购员，他曾为图书馆购进新中国成立前的许多旧平装书。1953年，他编辑注释的《中国近代出版史料·初编》出版，他题名赠书，每人一部。以后又陆续出版了《近代出版史料·二编》《现代出版史料甲编》等多编。这已是出版总署撤销后的事了。

五、终为戏累说孟超

1949年，孟超从香港回到北京后担任出版总署图书馆副馆长。他那时还不到五十岁，体格比较瘦小，穿一件不甚合体的灰布干部服，戴一顶灰色列宁帽，帽檐儿像是折断了似的垂下来。经常看到他走来走去穿梭在各办公室，总觉得他比任何人都忙。他的烟瘾很大。一支接一支地吸着。他在图书馆工作不到两年，新楼刚刚建好，他就调往戏剧出版社了。20世纪60年代初，他编写的剧本《李慧娘》出版，排成京剧演出后，受到高层领导的赞许。"文化大革命"中他的山东老乡"理论权威"公开点名批判《李慧娘》和"有鬼无害论"，因此被株连的导演、演员、作家、评论家、出版者备受摧残、死伤累累。孟超首当其冲横遭迫害诬陷，于1976年5月不幸逝世。他是带着深刻的痛苦和悲哀离开这个世界的。1978年得到平反昭雪，而斯人已去，倍增在世人的遗憾之情了。

东总布胡同十号大院有着说不完的书人、书事。今天再去寻找那深广的庭院，只见新建高楼林立，唯有原来门前的五株古槐浓荫匝地依然，引导访旧人去追读埋入历史深处的记忆。

（原载《出版史料》2002年12月第4辑）

悼念赵万里先生

我国著名的版本目录学专家赵万里先生逝世了。这个不幸的消息使人不胜哀悼，更让人惋叹。

我认识赵先生已经三十多年了，新中国成立前，我在北京大学念书时，他在历史系讲授"史部目录学"，我选了他的课，便与他认识了。

新中国成立后，赵先生辞去了大学的职务，专在北京图书馆善本部担任领导工作。后来，我也调到北京图书馆，又在他领导下工作，多年来受到他许多的教益。现在先生溘然长逝，抚今追昔，更增添了无限悼念和思慕的心情。

赵先生热爱图书馆事业，对祖国的文化遗产极为重视。在新中国成立前夕，国民党反动派曾企图将北平图书馆的善本书运往台湾。他知道这个消息后及时与郑振铎先生联系，依靠进步力量，商讨办法，利用合法地位，拖延时间。终于使民党劫运善本书的企图未能得逞。

赵先生在新中国成立后，对调查国内外古籍善本的流传散失情况，搜集民间著名藏书，整理馆藏善本，更是尽心竭力。经过他的努力工作，国内著名藏书家周叔弢、翁之憙、邢之襄、赵元方、蔡瑛、吴良士等先生以及傅氏双鉴楼、潘氏宝礼堂，把世代相传和辛勤搜集的珍贵古籍都无条件地献给了国家，使北京图书馆的善本书藏，成倍增长。更使人不能忘怀的是他为抢救一批流散到香港的珍贵碑帖和善本图书出力的事。那是 1965 年秋天，居住在香港的藏书家郇斋准备出售他庋藏多年的善本书籍。其中宋刻宋印本《荀子》《张承吉文集》，宋拓本《神策军碑》《嘉祐石经》《蜀石经》，元大德陈仁子东山书院刻本《梦溪笔谈》都是海内外仅存的孤本。消息传出后，不少外国人士也很想求获这批善本。赵先生得知这个消息，十分焦急。唯恐传世奇珍流落域外，积极地进行抢救活动，经过几个月的奔走，终于把险些流散到海外的一批罕见传本抢运到北京。返京后，他不顾旅途的劳顿，也不管高血压和眼底出血等病痛，以无比喜悦兴奋的心情又开始编写说明。在一天夜晚，周总理亲自检阅了这批抢救归来的珍贵书籍，并指示北京图书馆妥善保管。先生经常讲："我们搞善本工作，不仅仅是懂得什么是善本，还应该知道善本书流传的渊源和它的下落。"抢救这批流入到香港的珍贵善本，恰当地证明了他说话的重要。

赵先生是知名学者，早期研究词曲、史学，后来致力于辑佚典籍和版本目录学。历年来编撰出版了《王静安先生年谱》《校释宋金元词》《北平图书馆善本书目甲编》《中国版刻图录》《汉魏南北朝墓志集释》《元一统志》等书，还有大量的图书题跋和专题论文等。对学术界有着广泛的影响，受到中外学者的重视和高度评价。可以说是"综一人之心得，俾百世之取资"。

先生在图书馆工作期间，为提高干部业务水平，曾多次讲授版本目录学方面的课程、开办短期学习班、举办专题讲座报告会等，受到广大听课者的欢迎。他讲课严肃认真，态度谦虚，常常以现身说法鼓励年轻人。有一次讲课联系到自觉学习和练基本功的问题，他说："我年轻时没有钱买书，曾向同乡借抄《康熙字典》和《三国志》。"他还谈道："在南京读书时，费尽千辛万苦得到机会，允许到丁氏八千卷楼内看书，为了多看书，中午不返校吃饭，只吃一两个炊饼，这样坚持了一年的时间。"他以过去的艰苦岁月对比今日的美好时光，来激励同志们要刻苦学习做好工作。

赵先生是一位杰出的版本目录学专家，他在搜集善本图书、整理古代文化典籍方面，为国家为人民做出了贡献，被选任为北京市政协委员、第三届全国人大代表。虽然他的职务多了，任务繁重了，但是对一般日常工作从不放松要求，并以严肃认真的态度亲自操作，他经常去书籍装订部门指导装订方法，检查质量，对新入藏的善本书必亲自钤盖藏书章、抄写书签，等等。这些都体现出他对一般日常工作的重视。

先生的唯一爱好，就是访书、用书、为国家买书，这也是他毕生的工作。为了访书，他的足迹遍及大江南北；为了用书，他编撰了大量的书目和题跋；为了买书，他可以和熟识的朋友争得面红耳赤。新中国成立初期他和郑振铎先生、吴晗同志常常一起到琉璃厂买书，往往为了一部好书而互不相让，这也是学者的率真风度吧！

这样一位勤奋刻苦、文质彬彬的学者，在十年浩劫中受到冲击，一病不起。以华主席为首的党中央一举粉碎"四人帮"后，赵先生在兴奋喜悦之余，迫切希望早日回到工作岗位，但是疾病未能使他实现这个愿望。

赵万里先生的逝世，使学术界失去了一位老同志、老专家，是难以弥补的损失。尤其在全国图书馆界正在为落实周总理遗愿"要尽快地把《中国古籍善本书目》编出来"的指示时，曾经聘请先生为顾问。许多同志在编目工作中时时要借助于先生对古籍善本书研究的成果，参考他工作实践中总结出的经验。我作为一个后进的学生，在继续从事于先生的未竟事业时，摩挲遗编，缅怀过去，更增加了对先生的思慕与悼念。今天写此短文，聊表对先生的卓越贡献和治学精神的钦敬，并以此作为鞭策自己努力工作、不断前进的动力。

（1980 年 7 月 7 日）

（原载《北图通讯》1980 年第 3 期）

深切怀念王有三（重民）老师

今年是目录学名家、图书馆学教授王有三先生一百周年诞辰，也是先生不幸逝世二十八周年。我怀着激动而沉重的心情缅怀恩师生前对祖国、对祖国文化、对图书馆学事业的贡献，景仰孺慕之思无时不萦回在脑际。

1947 年，有三师从美国返回祖国大陆，在北平图书馆工作兼任北京大学中文系教授。当时我是中文系三年级学生，慕名选修了先生新开课程"敦煌文学史料研究"。"敦煌学"在 40 年代还是一个新名词，研究敦煌学的专家学者屈指可数。虽然在甘肃成立了"国立敦煌艺术研究所"，在北平图书馆设立了"唐人写经室"，但是，把敦煌研究作为大学课程讲授还是空前未有，是有三师开始把敦煌学送到大学课堂上去讲授研究。当时选修此课程的除去中文系的同学外，还有历史系、哲学系和西语系的同学跨系听课，辅仁大学也有同学来旁听。那时到北大来听课是很方便的，既无人点名也无进门登记等门禁森严的管制办法。这门课程的设立对敦煌学在我国的研究发展起了启明推动的影响和作用，也是给某些文化贩子所叫嚣"敦煌在中国，敦煌学在国外"谬论的有力反击。有三师在授课之余对敦煌曲子词、敦煌所出变文的研究，以及敦煌遗书的编目整理都做了大量工作，并取得丰富成果，陆续出版了《敦煌曲子词集》《敦煌变文集》和《补全唐诗》等专集。1950 年出版的《敦煌曲子词集》更是在国内外收集敦煌词最多最完整的一部总集，为研究者提供了最丰富的资料和极大的方便。

回忆五十三年前在课堂上有三师讲敦煌文学时，对变文、变画、五更调、十二时以及诗文辞赋旁征博引，指定很多参考书，讲得极为详尽动听，有许多创意和发挥。很遗憾我是个不用功的学生，课后未做进一步的学习，体会不深。时至今日，记忆犹存的只有片断而印象模糊的历史故事或佛经故事。有三师讲课有很重的河北高阳口音，一些南方同学听起来不很习惯，比较吃力。我出生于高阳，小学五年级时才转学到北京。经过十年之后，忽然听到老家的乡音，心中感觉到说不出的亲切。这也是我中文系毕业后，继续留在图专进修的因素之一吧！

有三师对培养图书馆专业人才有着迫切的使命感。他1948年在北大开办图书馆研究班（次年改为专科）。招收大学毕业或曾经学习过"目录学""版本学""校勘学"等课程满四学分而有志于图书馆工作的学生。这个班成立之初，只有八名正式生，后来增加到十二位。开学之后，这十多位同学因转系等原因而失去申请公费的资格，面临辍学的危机。有三师便想到用勤工俭学或老师捐资助学等办法帮助同学渡过难关继续完成学业。记得他曾商请校勘学教授王藏用先生按月定额资助一位山东籍同学，直至1950年毕业分配工作为止。还曾介绍一位能写小楷的同学利用假期到北图善本书库写书签。现在善本书库中依然留存使用着这位学长的手书墨迹。他完成北大图书馆学专业课业后，又考取了第一批留苏研究生，获得博士学位。曾任科学院图书馆馆长。他晚年患类风湿性关节炎，双手颤抖写字困难。毛笔楷书就更不能写了。书签上那些清秀刚劲的楷书是他留世的绝笔了。还记得1949年年初发现一部《吹幽录》五十卷。此书从无刻本，抄本也很罕见。戏剧家马彦祥先生很想得到此书。但原书却由赵万里先生为北京图书馆定购。有三师考虑到北图藏书重在版本，马局长用书重在资料，因此，便推荐经济紧迫而又能墨书小楷的同学四人精抄一部，使此罕见抄本又多一传世之本。此后不久，有三师与郑振铎局长邀请吴晓铃和王藏用两先生带领数位同学校勘标点百回本《忠义水浒传》，由古籍刊行社出版。将课堂上的课程

"小说史"与"校勘学"运用到实际工作中，同学也得到一定的经济补助。

有三师在课业上要求学生博而精，在生活上尽量给予关心照顾，他是宅心仁厚的长者，他平易近人循循善诱，是同学们的良师益友。他从美国回到北京后，在西安门内西岔胡同购置了一所小庭院，距北大红楼不足三公里。同学们经常到他家里求教。院中东厢是书房，室内北端悬挂疑古钱玄同先生手书"冷庐"书斋名款字幅，更增加了室中的文雅脱俗气氛。

50年代初期大学院系调整，有三师迁居北大朗润园公寓楼之后，我就很少拜访他了。见面的机会少了，但是写信的次数却多了。先生在校辑《徐光启集》《永乐大典》等著作时，曾多次函查北图善本书。信中所提示的问题有关于序跋目录的，有关于作者生平籍贯的，也有核对某段文字内容或版本特征的。每查对一个问题，即让我对该书多一些深刻了解。这些书信教给我史籍方面的知识是课堂上难以得到的。可惜那些珍贵的手泽在十年浩劫中完全化为灰烬了。检点劫后烬余，侥幸还存留一封有三师的短札，是介绍中文系季振淮同志查阅明本《尉缭子标释》而写给我的。这封短札文字不多，内容简单；但其内涵是沉重的，是耐人深思而永志不忘的。尤其是受其多年教诲培育，从课堂到分配工作无不受先生之策励和扶助者，如我等及门弟子。因为有三师在寄发此信时，正是"四人帮"及其追随者对他迫害最为严重之时，是在生与死斗争的处境下而写的。他以一个正直学者之心做学问，在生命攸关时刻经受着难以忍受的污蔑和人身攻击，依然强忍悲痛写信帮助他的学生和同事查找资料，其内心痛苦可想而知。就在寄发此信后的第五天，他终于在"莫须有"的罪名压力下含恨离开人世。这寥寥百余字的信札成为有三师最后对图书馆工作竭尽心力的贡献，也是先生遗给后世人最珍贵的纪念。

有三师生前笔耕不辍五十余年，出版发表之著作不仅数量繁富，门类广泛，遍及经、史、子、集四部书，而且在质量与编写方法上亦都有特意，发人所未发，故能嘉惠学界，蜚声艺林。其未发表或未经完成之稿件尚难以计数。自 70 年代后期王师母刘修业女士以古稀之年开始整理有三师遗稿，或集录编辑，或抄写影印，极尽拾遗补阙，除尘扫叶之功。至 80 年代中期已先后出版有三师遗著《中国善本书提要》《全唐诗拾遗》《章学诚的目录学》等大型工具书及专业论文多种。遗憾的是有些著作尚未能整理定稿，师母遽尔仙逝。这又是学术界无法弥补的损失。师母生前为整理有三师遗稿曾多次赐函给我。今天在纪念恩师百周年诞辰之际，展读有三师和师母手书，缅怀前辈诲人不倦、勤奋刻苦做学问的精神，追思老师对中国目录学、图书馆学的重大贡献，将是对我最好的策励并使我终生难忘。

（2003 年 5 月 12 日于延年居）

（原载《文津流觞》第 11 期）

缅怀赵万里先生

1948年，我在北京大学中文系读三年级时，慕名选修了赵先生的"史料目录学"，忝列先生门墙之下。新中国成立后，赵先生辞去北大的教授职务，专职在北京图书馆（今国家图书馆）负责善本特藏部领导工作。后来，我也调至北京图书馆，又分在善本组工作。从20世纪40年代到先生不幸离世，许多事迹历历在目，抚今追昔，更增添了无限缅怀和悼念的心情。

赵先生在北图五十余年，30年代初即在编纂委员会和购书委员会任委员，后又任善本考订组组长，最后任善本特藏部主任。由于工作性质要求，接触古籍图书的机会非常多。他每见到罕见之书，或是有特点之古籍，必记录其卷数全否，序跋有无，行款字数、刻工姓名以及藏书印鉴等。从先生遗著中尚可见到"藏书经眼录"十六帙。如此稀见的访书文献，实非"百宋一廛"和"千元十驾"所可比拟的。但是，先生却迟迟不欲结集刊印。先生早年访书用力之艰难，用心之坚持，更使人钦羡。他曾讲到，北京某藏书家是很有造诣的知名学者，又是国内主持教育的高官。赵先生与之结识后，定期登府看书并讨论有关流略之学。一次遵约到藏书家处，仆役说："主人尚未起床，请在门房稍候。"原来藏书家有阿芙蓉之嗜，等他收拾好，休息好，整装待客时，院中积雪已经数寸有余了。

宁波范氏天一阁是中外闻名的，其藏书更是名闻遐迩。自清太平天国战乱，阁中藏书数次被盗抢散失，流入市面书肆，赵先生即对天一阁书多加关注。1931年，赵先生自北平南下访书，在上海与文学史家郑振铎先生相遇，两人结伴欲往宁波天一阁观未见书。恰遇台风，轮船停驶，乃雇一大汽车飞驰而去。抵宁波晤马隅卿（马廉，北京大学教授。小说、戏剧研究专家）。与之共同谋划登天一阁事。但恪于范氏族规，未能如愿。原来范氏族规规定"非曝书日，均不得登阁观书，即便范氏子孙亦不例外"。

在天一阁被拒之后，转而寻访鄞地著名藏书家如冯孟颛、朱鄻卿、孙蜗庐诸氏，观其所藏，尽睹书中瑰宝。而最使人惊心动魄的书就是明蓝格抄本《录鬼簿》三卷，是研究元、明文学最重要的散佚史料。此书孙蜗庐藏，是天一阁藏书佚出阁外之物，为宝中之宝。即与孙氏相商携归寓所次日璧还，孙氏慨然应允。三人费二日一夜之力抄毕，按时奉还。1946年10月，明蓝格抄本《录鬼簿》从宁波孙蜗庐家散出，郑振铎先生举债将其购得。赵万里先生得知后，曾写一跋记三人访书因缘。1958年，郑振铎先生因飞机失事意外逝世，身后藏书悉数捐献国家，后拨交北京图书馆。1963年，馆里在西谛藏书中提取善本，又遇到这本蓝格明抄《录鬼簿》。当我为其写编目草片时，赵先生说起往事，当时情景历历在目，恍如昨日，忽忽已经四十二周年了。

1933年7月，赵先生到上海，又遇到马隅卿先生，谈到天一阁藏书事，想到前年被拒未能登阁，但对阁周围环境却有很深的印象。天一阁藏书条件和藏《四库全书》的文渊阁不能比，和移藏到图书馆的"文津阁"藏书相比，亦有天渊之别。出于对中华民族文化的热爱和对古籍文献的责任，二人鼓起勇气，同船去了宁波。

几经接洽，由鄞县县长陈冠灵先生和鄞县文献委员会冯孟颛先生和范氏族人达成谅解：同意赵、马等人进阁观书，以一周为限。每天有范氏族人监视。监视人的伙食费用，由进阁人负责供给。

赵先生进阁看到藏书约有两千多种，破的、烂的、完帙的、残缺的，种种不同时代的书。

　　赵先生初次登天一阁，每天早六时进阁，下午七时出阁，历时七天，给他的印象是深刻的。他总结说："天一阁之所以伟大，就在于能保存朱明一代的直接史料。除了乾隆修《四库全书》时，天一阁和贵族的学术界一度接触以外，至今二百余年，学术界没有受到他一点影响。这一个奇异的洞府，几时可以容我们作前度刘郎再去访问一次。这是我天天所想望的。"（《重整范氏天一阁藏书纪略》，《国立北平图书馆馆刊》第 8 卷第 1 号，1934 年）

　　赵先生的想望随着新中国的成立很快就实现了。天一阁已经成为国家的一个藏书单位，先生不止一次到阁访问调研。他经常说起天一阁明代方志的收藏在全国是首屈一指，纂修时代大部分是弘治、正德、嘉靖，万历刻本是少数。这些志书都是明代包背原装入阁。除因保管不善遭到虫蛀水浸之外，多是纸墨精良、触手如新、当代难以得见的珍品。他还谈到天一阁所藏明代登科录在明朝即著称于世。到赵先生检查时竟然有洪武、永乐以下各朝的登科录。这样的发现不但让人惊讶而且让人深思。据史料记载，宋代登科录传至现在仅有朱熹登科的《绍兴十八年同年小录》和文天祥登科的《宝祐四年登科录》两种而已。但是天一阁所藏明代登科录，竟数十倍于传世的宋代登科录。

　　除此类史书外，历代文集的收藏从版刻印刷捡玑拾珠，更是所在多有。如明铜活字本唐人集子，当时南北所见多不过四十种。但是天一阁所藏多至三十余册八十多种。"明铜活字本"版本学上称"下宋本一等"。赵先生见阁书中如此众多，称为"奇书"。

　　最后一次登上天一阁，是 1961 年冬初。先生到阁阅览明刻本《淮海居士长短句》。此书有正德辛巳马一麟序，是他本未常见的。又阅明严嵩纂修《［正德］袁州府志》、邵有道纂修《［嘉靖］汀州府志》、王瓒纂修《［弘治］温州府志》、盛仪纂修《维扬志》、黄璿纂修《［景泰］建阳县志》等志书多种，棉纸明装，皆稀世孤本。继又从《［嘉靖］建阳县志》内摘录刊工叶文辉、刘臣等三十三人的姓名，为审查建本时代标准资料。其看书之勤奋，实非我后学所能向往做得到的。其对天一阁藏书之渊源和阐述更使人陶醉。版本目录学者冀淑英先生听过之后，曾发誓说："我平生第一志愿就是登上天一阁，第二是去敦煌瞻仰莫高窟。"这个誓言在她编辑《中国古籍善本书目》时，终于实现了。时至今日，冀先生已驾鹤西游十有五年。正如《藏书纪事诗》所载黄丕烈为袁廷梼题诗云："而今楼在人何在，手触遗编涕泗流。"山阳笛韵，思之惘然。

赵先生对北京图书馆善本书库藏进行过两次编目整理。1933年，编辑刊印木刻本《国立北平图书馆善本书目》四卷。1959年，编辑出版铅印线装八卷本《北京图书馆善本书目》。1960年，编辑《中国版刻图录》，收录当时全国各藏书单位自唐代迄清代刻版上有代表性的书版五百多种，按刻版时代和刻书地区编排。此书出版发行之后，成为古籍图书收藏单位及个人研究鉴定古籍版本之圭臬。

先生长期对《永乐大典》的研究和辑佚工作付出大量劳动。据《赵万里文集》卷三附录统计：共收书籍二百四十二种三百五十二册。这些都是初稿半成品。其中只有《元一统志》三册、《析津志》三册已分别由中华书局和北京古籍出版社出版发行。赵先生生前主持业务时，对此批书稿专贮一楠木橱中，从不介绍。

以上都是五十年前的事了。如今我以耄耋笨拙之笔缅怀先生之学识轶事，自惭无能。敬以先生生前莫逆之友周叔弢书札（载《周叔弢传》）中之评价作为本文小结："斐云版本目录之学，既博且精，当代一人，当之无愧。我独重视斐云关于北京图书馆善本书库之建立和发展，厥功甚伟。斐云在地下室中，一桌一椅，未移寸步，数十年如一日。忠于书库，真不可及。其爱书之笃，不亚其访书之勤。"

（2015 年 3 月 8 日）

第二部分

论著

（《中国古籍装订修补技术》）

前　言

　　我国是发明纸张和印刷术最早的国家，由于这两项伟大发明的普及，书籍的刊行便进入了一个新的阶段，同时为书籍服务的装订修补技术也相应地发展起来了。历史上众多的工匠艺人在装订修补书籍的长期劳动中积累了丰富的经验，逐渐形成一种专门工艺。它不仅是一门单纯的应用技术，还具有高度的艺术性。它对维护与保存我国宝贵的文化典籍起着巨大的作用。因为古代的书籍在长时期的流传中，经过人为的破坏和自然的灾害，逐渐减少；也有的古书虽然留存在世，却受到了严重破坏，变得残缺不全，或支离破碎，不堪阅读，必须装订修补，才能阅读使用。

　　残破的古旧书籍，经过精心装订修补，不但能翻旧成新，还要整旧如旧，以延长书籍的寿命，恢复其特有的风格，并且加以美化。为了更好地保存和利用珍贵的古旧书籍，这项专门技术是值得继承、整理和进一步提高的。

　　在以华主席为首的党中央一举粉碎了"四人帮"之后，随着新长征进军的加速，随着科学研究工作的开展，全国图书馆界为了认真落实敬爱的周总理"要尽快地把全国善本书总目编出来"的指示，在1978年3月，国家文物事业管理局主持召开了全国古籍善本书总目编辑工作会议。在这样的大好形势下，全国各地的图书馆、博物馆、大专院校图书馆和古籍书店等单位，对搜集整理古籍已掀起了一个高潮。相应地，对古籍的装订修补工作和培训这一工艺技术的人员，有着更加迫切的要求。为此，我们根据多年从事古籍整理和装修工作的实践，编写了这本《中国古籍装订修补技术》，供有关单位和从事这项工作的同志们参考，并希望给予指正，以便改进和提高。

编　者

1979 年 6 月

第一章　书籍装订技术的起源和发展

书籍产生的基本条件是文字。文字是劳动人民在劳动生活中根据生活需要而逐渐创造出来的。从创造到发展，有着长远的历程。在经过结绳和刻木的阶段以后，创造出"象形文字"。这是世界上各个古老的文明民族所共同经历的过程。

我国现存最古的文字是甲骨文，从近代发现的甲骨文字证明，当三千三百多年前的商朝后半期，我国的文字已有了完善的基础。那时不仅有近似画图的"象形文字"，而且已经发展到使用"会意""假借""形声"等文字。随着文字的进化与发展，最原始的书籍也开始产生，这就是"龟册"。在距今三千年前的商、周时代，制作龟册（书籍）的材料是由刻字的龟甲、兽骨连缀而成。河南省安阳出土的甲骨中，即曾发现有两块龟板粘连在一起，上面有"册六"二字。可见在商周时代对甲骨图书的整理已开始采用装订成册的技术了。用龟甲、兽骨记录文字，制作困难，使用不便。以后逐渐使用竹木和缣帛记录文字，从而使书籍制度的形式有了较快的发展。

把文字记录在竹简或木板上，称为简策或简牍，用皮绳或丝绳把它们编联起来，是古代书籍最普通的装订方法。《史记·孔子世家》记载："孔子晚喜易，读易韦编三绝。""韦编"即是用皮绳把简或策编联在一起，这就是当时书的装订形式。当时因为是把文字写在竹、木简策上面，后来人们讲《中国书史》时，就称这一时期的书籍制度为"简牍时代"或"简策时代"。新中国成立前发现的古代木简中，保存最为完整的是《居延汉简·甲编》，记录的东汉永元五年（93）的《兵器簿》（见图一）。

新中国成立后，在党的关怀领导下，文物工作者发掘了极为重要、而且数量众多的古代文物。竹简也是其中的巨大发现，例如 1972 年 4 月，山东省临沂县银雀山汉墓出土了四千九百多支汉简，其中有较完整的《孙子兵法》和《孙膑兵法》。这批简书都是用竹简书写，其时代约在汉武帝初年，比永元五年（93　）《兵器簿》的时代要早二百多年。这是研究书籍制度的重要资料。

到了公元前 5 世纪的战国初期，与简策盛行的同时，又发明了把文字记在缣帛等丝织品上的办法。缣帛性质柔软轻便，把文字记录在上面，可以折叠卷束起来，写完一段，卷起来，就叫作一卷。从《汉书·艺文志》的记载还可以看出，简策与缣帛在公元前 1 世纪的西汉成帝时，还同时并行。其中著录书的数量有的称篇，如《易经十二篇》；有的称卷，如《尚书古文经四十六卷》；有的篇卷并称，如《春秋古经十二篇、经十一卷》等。用竹简、木简编联成的书，极其笨重，用缣帛写成的书，价格又很昂贵，对读书人都不便利。

公元 2 世纪东汉和帝时，管理宫廷用品的宦官蔡伦改良了当时造纸的方法，并且推行各地，纸的使用开始普遍了。由于纸的普遍使用，促进了书籍的生产，使书籍的装订技术也得到相应的发展，书籍制度由简牍时代进入卷轴时代。

公元 3 世纪以后，竹简木牍已被纸书所代替，纸已成为写书的主要材料。那时用纸装书的方法是每写完一个文件的内容，即把写成的若干张纸粘连起来，成一横幅，在一端粘裹一支木棍做轴，从左向右卷起成为一束，这就是一卷。在简牍时代称为一篇的文件，写在纸上粘连卷起，即成为一卷，因每卷书都以轴做中心卷起来，所以一卷书也称一轴书。明代都穆著的《听雨纪谈》记载有"今之书籍，每册必数卷，或多至十余卷，此仅存卷之名耳。古人藏书皆作卷轴，邺侯家多书，插架三万轴"。唐代韩愈《送诸葛觉往随州读书诗》称："邺侯家多书，插架三万轴。一一悬牙签，新若手未触。"李泌是唐京兆人，德宗时封邺侯。

韩愈和李泌同时，从这首诗的记载，可知唐代的纸书具有卷轴的形式，而且已经能够大量生产，所以一个私人藏书家就有数万卷的藏书。

卷轴的轴多用木棍制成，也有采用象牙、玉、琉璃做成薄片镶在轴的两端，如再配以彩色笺纸则更显得艳丽夺目。南朝末年，徐陵在《玉台新咏》序中有"五色花笺，河北胶东之纸"的记载。但是这种考究的书籍装潢，只有当时统治阶级的豪门权贵才得享用，绝不是广大人民群众所能阅读使用的。

20世纪初，在甘肃省敦煌县鸣沙山石窟中发现了大量六朝、隋、唐时期写本的卷子。其中有经卷、佛像和杂书等，其数量竟达二万多卷。可惜这些宝贵的文献资料，被帝国主义文化侵略分子盗走了精华的部分。劫余的部分直到1909年才由清政府收管，运往北京，在运送途中，又被地方官和押运的官吏盗走了一批。最后残余的八千多卷，送到当时学部所属的京师图书馆保存。现由北京图书馆庋藏管理。

从这些卷子中，可以看出有许多卷子都是用黄檗汁染过的纸，通称"硬黄纸"或"黄檗纸"。上面以淡墨画出细直线作为写书时的界格，称为"乌丝栏"。界中每行有十七八字至二十四五字，也有多至三十余字的，卷轴的宽度约25厘米左右，其长度则不等，有的相差很多（见图二）。

卷轴的长度既不同，对于较长的卷轴，要检阅当中的某一句某一段，往往要卷来卷去，很不方便。为了解决这个矛盾，有人发明把卷子折成约11至12厘米宽的长方形纸叠。在纸叠的最前面和最后面裱上较厚的纸，作为书衣（书皮）。这一装裱书籍技术的改进，使书籍发展到了一种新的形式，称为"折装"，也称为"经折装"或"梵夹装"。这是因为在公元7、8世纪时的隋唐时代，佛教的经典大多数都采用这种装裱形式，故有"经折装"的名称（见图三）。现在有些佛教经典、碑帖、画册等还保留着这种装裱形式。

　　折装的书籍普遍使用之后，有人觉得这种装裱形式的书极易散开，于是又加以改进，即把卷子折叠成册，然后用一张比折子宽一倍的厚纸，从当中对折起来，上半折粘于卷首，后半折粘于卷尾，折叠时像一册平装书，全部拉开如同一个大的纸套。翻阅时既不会有散开扯断的缺点，还可以从第一叶翻起，直翻到最后一叶，并仍可继续由最后一叶翻到前面；周而复始，不会间断。这种回环往复翻阅的书，宛转如旋风，就叫它作"旋风装"（见图四）。

　　折装和旋风装大约盛行在公元 8、9 世纪。这种书籍的装式是由卷轴发展到册叶过渡时期的形式。这种装式虽免除了卷轴书翻阅时的不便，但是卷子的折痕，经过长时间翻阅，常常断裂成一张一张的叶子；另外，由于印刷术发明之后，印书用的雕版多是一方一方的，不可能有很长的版片，所以，印出的书也是一张一张的叶子。为了便于阅读和保存，又有人设计把这些叶子订在一起，使书籍的装式由卷轴时期，发展到册叶时期了。

　　所谓册叶时期的书籍，是把单张叶子装订成册，后人称它为"册叶"。其时代约在公元 10 世纪初的唐朝末年。北宋时，约公元 11 世纪中叶，欧阳修在《归田录》卷二中记载有："唐人藏书皆作卷轴，其后有叶子，其制似今策子，凡文字有备检用者，卷轴难数卷舒，故以叶子写之。"

　　册叶是书籍装订史上最进步的一种形式，其延续使用的时代也最久远。随着时代的进展，册叶的具体形式，又有不同的演变，即由最初的"蝴蝶装"，改进为"包背装"，再进而为"线装"。

　　蝴蝶装简称"蝶装"。装订的方法是将书叶面对面相对折齐，在书叶反面版心的地方，用糨糊粘连，再用较厚的纸作为书皮，从版心粘连的地方抹上糨糊，粘裹好书皮。从外表看，好像现在的精装书，翻阅的时候，叶子中心粘在书背上不动，书叶两边展开，有如蝴蝶的翅膀，故称蝴蝶装（见图五）。

蝴蝶装的优点，是没有穿线的针眼，当需要重装时不致损伤原书；又因版心在里面，不易磨损文字，其他三面如有损坏，可裁切整齐，不致影响到版框内的文字。蝶装的开始年代尚不能肯定。《明史·艺文志》卷一总序中记载："秘阁书籍皆宋元所遗，无不精美，装用倒折，四周外向，虫鼠不能损。"从这段记载，可以知道宋、元时，这种装式已很普遍了。

蝴蝶装的缺点，是所有的书叶都是单层，纸质较薄时，如遇翻阅，很容易使书叶正面与正面相连，看到的尽是书叶的背面，使读者感到费时不便。因此，书籍的装订工人在改进这一缺点时，又创造了"包背装"的形式。

包背装的特点，是将书叶正折，使版心向外，书叶左右两边的余幅都向书背，然后用纸捻订起，从书的表面看，依然很像蝴蝶装，而书叶的折叠和装法，又和后来的线装相似。这种装式从元朝到明朝中叶，二百多年的时间里，一直是普遍通行的（见图六右）。

在14、15世纪的明朝中叶，线装形式的书籍又逐渐兴起，而且直到现在还流行着这种装订形式。用线订书的方法，基本上和包背装相同，但不用整张的纸做书皮包背，而是在书的前面和后面各用一张同样的纸做书皮，一面打好折口，粘在书口处，其他三面裁齐，然后凿孔穿线，订成一册（见图七左）。

用线装订书籍，在我国传统的装订技术史上是最进步的。它既便于翻阅，又不易破散；不仅有美丽的外观，并且便于重装，使已经破旧的书籍，经过重装后，可以恢复原来簇新的样子（参看图八）。

总之，由于各个历史时期制作书籍所用的材料不同，书籍的装订形式也随之有所变化。龟甲、兽骨、竹简、木牍是一片一片的，装订它的方法，是用捆扎的形式；缣帛质地柔软，则采用卷轴的形式，东汉以后用纸已较普遍，装订书籍除沿用卷轴的形式外，更逐渐改进到采用折装，到10世纪初，又由旋风装过渡到蝴蝶装，以后又改进为包背装以至到今天还流行的线装。

19 世纪末期，我国逐渐采用了机械化的现代印刷术，线装书逐渐为平装书和精装书所代替。

平装书和精装书的装订技术，是继西洋印刷术之后传入我国的，不属于中国古籍装订技术的范围，故不再多做介绍。

总之，从古代的书到现代的书，经过三千多年的发展过程，其中每一道制作的工序，每一种装订形式的改进，都代表着无数劳动人民的辛勤劳动和智慧。今后我国书籍的出版印刷和装订技术，随着四个现代化建设高潮的到来，将获得更为巨大的发展和取得辉煌的成就。

第二章　装修古旧书籍常用的名词

在传授或学习装修古书的操作过程中，对一部书的各个部位及其附属或有关的配件，必须准确地掌握其名称，才能保证古书装修的质量。因此将书籍及有关的常用名词扼要地解释如下，并可参看图版十二：书叶各部位的名称。

书品　有广义和狭义两种解释。

广义的包括刻本书籍的初印、后印；抄本书的新旧；刻本或抄本的纸张、墨色、字体和插图的优劣；行格、款式的疏密工致；有无序跋、封面、牌记；藏书印鉴及批校题跋的真伪、装订形式的工拙等。

狭义的仅指书籍边栏外面四周余纸的大小和书籍的破旧程度。例如："书品好"，也可以叫作"书品宽大"。"书品太坏"，就是指书籍的破旧程度较为严重。

边栏　亦称"栏线"，即书版的四边界格。上面的称上栏，下面的称下栏，两边的称左右栏。只有一道粗线的称单栏，也叫单边。在粗线之内又附一道平行细线的称双栏，也叫双边。上下为单线，左右为双线的称左右双栏或左右双边。上下左右皆为双线的称为四周双边。由粗细线构成的四周双边，称为"文武边栏"。

书耳　边栏的左上方，刻有长方形的栏格，其中记该书的篇名，称为书耳。

版心　书叶中间折叠的地方称为版心，也叫作版口或书口。版心中印有黑线的称黑口；不印黑线的称白口。黑线长宽的称大黑口；黑线细窄的称小黑口。黑线刻在版心上方的称上黑口；黑线刻在版心下方的称下黑口。版心上、下都刻黑线的称上下黑口。

版心中间刻有文字的称花口。

鱼尾　在版心中缝刻有▲记号，称为鱼尾。鱼尾多刻在书的版心上方或下方，是折叠书叶的标记，版心中有一个▲的称单鱼尾，版心上下方各有一个▲的称双鱼尾。间或有三个的，如明初刻本《春秋书法钩玄》一书版心刻有三个鱼尾，古书中此例不多见。

天头　书叶的上端，上栏以外的空白处称为天头。

地脚　书叶的下端，下栏以外的空白处称为地脚，也叫作下脚。

书脑　书叶左右边栏以外锥眼订线的地方称为书脑。

书根　一册书的最下端称为书根。

书背　书叶装订缝合之处的侧面，成为一书的脊背，称为书背，也叫书脊。

副叶　在书皮的里面，另衬两张空白纸称为副叶，一般都是前三、后二，或前后各两叶。它的作用主要是保护书叶，使之不受损伤，因此也叫护叶，其次是可在上面写跋语题识之用。

封面　中国古书的封面与现在流行的平装书或精装书上的封面不同。

古书的封面位于副叶的后边，封面上印有书名、撰书人姓名和刊版地点等。其作用原为保护书叶，但因我国古书的封面多注重题写书名的书法，尤其重视题字的人名，因此常以极薄细纸罩在上面，使封面上的字迹隐约可见，以保护封面，而逐渐失掉装配封面的本意了。

书皮　书籍的最外层，是为保护书用的，或称书衣，也叫作书面。我国古书的装订，对选用书皮的材料有极好的传统。清代孙庆增在《藏书纪要》中就有很扼要的总结，他说："书面有用宋笺者，亦有用墨笺洒金书面者。至明人收藏书籍，讲究装订者少，总用棉料古色纸，书面裱纸用川连者多。钱遵王述古堂装订书面用自造五色笺纸或用洋笺书面，虽装订华美，却未尽善。不若毛斧季汲古阁装订书面用宋笺、藏经纸、宣德纸染雅色，自制古色纸更佳。至于松江黄绿笺纸书面，再加常锦套，金笺贴签最俗。"这是对装订古籍很有见解的评论。

书签　书皮上黏附的签条，记有书名和卷数，或题名书款等，也叫作"书皮题签"。书签以用深古色纸为宜，也有用丝织品做的。

帙　是卷轴式书的外衣，作为保护书之用。一部书往往有很多轴，为了避免书的错乱和便于检查，使用布、帛将每轴书分别包起来，这种包书的布、帛叫作帙，也写作袠。《鸣沙石室秘录》谓敦煌所出的卷子，多以细竹织帘包扎，称为"竹帙"。

褾　卷轴是从左端向右卷起，卷子的右端露在外面，容易污损破坏，因此常用一段韧性较强的纸或罗、绢、锦等丝织品粘裱在卷子右端，以资保护，称这一段为褾，通称"包头"或"护首"。

带　褾的首端系上一窄条丝织品或一条棉纸，作为捆扎卷子之用，称为带。藏书家常将带分为各种颜色，以便于区别图书的种类。

签　带的末尾系一长尖形的横物，当用带把卷子捆紧之后，把它插在带与卷子之间以防散开。这个横物称作"签"，俗称"别子"，普通用兽骨做成。佛经、道藏等宗教读物上的签，多用竹制，也有用玉石等磨制的。

囊　用布或帛制的装书袋子，其功用与帙相同。《隋书·经籍志》称"魏秘书监荀勖分为四部，盛以缥囊"。

书套　是从帙发展改进而来的，其功用与帙完全相同。制作材料是以硬纸板为胎，内敷以纸，外敷以布，用来装置书籍。因系折叠四边围绕书的四面，所以称"书套"。制作精致的书套能够将书的四围和上下两端完全包严，所以也称为"四合套"。在开函的地方挖作月牙形的称为"月牙套"，挖成云形或环形的称为"云头套"。总名都称作"四合套"（图九）。

纸匣　即书套的变形，以硬纸做衬，白纸做里，蓝纸或蓝布做面。按书籍的大小厚薄，糊成可以一面开启的书匣。再以白墨在匣背上标写书名、类号。这种书匣，为现今图书馆中收藏线装书直立排架所采用。

木匣　宋、元旧刻及精抄、精校珍本书籍，多用木匣盛装。制匣原料以楠木、樟木为宜，也有使用楸木、花梨等硬木制作的。木匣的做法是先量书籍大小厚薄，依照尺寸锯板做匣，不用铁钉，只用鳔胶粘牢。匣之一端可以开启关闭，放置书籍时，在书的上下各垫一块樟木板，既可预防虫蛀，又可保护书叶使之平整。

夹板　是木匣的简化形式，也称为"板装"。其制法是取用与书籍大小相同的两块平滑木板，板的上下左右各凿一个扁孔，用线带穿连，将书置于两板之间，抽紧线带，在夹板的左边系扣，以防散开。夹板制作使用的木料以梓木、楠木、樟木为上选，因其质地坚固，不变形，亦不会被虫蛀蚀。

函　书套、纸匣、木匣等，统称为函，也叫作函套。

第三章 装修古旧书籍应有的设备及常用材料

一、装订室应具备的条件和设备

装订修补古旧书籍，除去专业的工场有专门特建的厂房以外，从事此项工作的场所多是附属于图书馆和古籍书店等单位之内。为了便于装修工作的进行，保证成品的质量，在这些单位原有房屋的基础上，改建小型的装订工作室是极为必要的。

装订室的位置 装订室距离书库应当较近，距阅览室和办公室稍远为宜。这样既便于取送书籍，同时也可避免在操作时，因为捶书、订书、喷水等嘈杂声音影响阅读和其他工作。

装订室的光线 装订室应具备充足光源，但要防止太阳光的直接照射。因为在修补书籍时，一字一格都必须核对正确整齐，不容稍有歪斜差错。镶书、铺纸、齐栏等工序也必须要求做到页与页之间上下一致。这些都必须有充足的光线才能做好工作，保证装订书籍的质量。

为了使装订室光线充足，必然要多安装玻璃窗。但是任何书籍的纸张，都是不能被日光直接照射；同时在工作时亦不能在强光的直射下进行。因此，装订室的窗子叫以镶嵌凹凸面的玻璃或是毛玻璃。如为条件所限，不能改换玻璃，也应将玻璃窗上涂匀白漆或白粉。

除去自然的光源之外，对人工照明也应注意。应该做到灯光的光线均匀、分散。无论如何都不能用没有遮盖罩子的灯泡，以免发生炫耀眼睛的情况。

装订室的温度和通风　一般的装订室都没有空调设备，在自然调节温度、自然通风的情况下要特别注意夏日开窗通风、冬日取暖的问题。夏日天气炎热，需要开窗通风或是安装电扇时，都不能直对工作案或工作桌，以防止吹乱上面的零散书页和补书用的纸张。冬日开放暖气或燃烧火炉时，应把温度控制在摄氏十五六度之间。温度如果太低，容易使装订用的糨糊冻结，减少黏性，不便使用，并且使修补的书叶难于干燥，对工作不利。温度如果太高，容易使绷在纸壁上的书叶干裂崩坏，或使已修补过的书叶膨胀，起伏不平。

装订室的设备　每间装订室都应有直通自来水的冲洗池，以便于冲洗工具。

每一个工作人员，须具备一个长方形的工作桌。桌以长180厘米，宽100厘米较为适宜。桌上除放置应该修补或正在修补的书籍和修补用纸及小工具外，不应放置其他物件，尤其不能放置墨水等对书籍纸张有污损性的东西。

每个装订室应在房间里面放置一至二个书架。书架高203厘米，阔100厘米，深40厘米，书架可分六层，每层高28厘米。同时还应有一个安装锁钥的书橱，这样可以把应装修或已装修好的书放在书架上。贵重的善本书应放在书橱里，以免发生意外。

二、装修工作必备的工具

装修古书是一项极为细致的手工操作技术，在我国有着悠久的历史。各代都有所创新和发展，到了清代乾、嘉时期，古旧书装修技术已发展到最全面的时候。时至今日，我们应当把这一传统的工艺技术，很好地传授和发展下去。古人说"工欲善其事，必先利其器"。因此要做好这项工作必须备有一些必要的工具，列举如下（参看图十）。

平面铁锤　捶书用。铁锤安有木棒，锤底8厘米，见方要平，钢顶最好，上端略小，高 7 厘米。

铁锥子　下捻订线时打眼用。钢铁制成，长约 12 厘米，一头尖，一头扁圆；也有的制成一头尖，一头扁方。

剪子　普通裁剪衣服用的剪刀即可。

裁纸小刀　裁纸条和裁零张纸用。

割纸小刀　割零张纸用。

镊子　揭书叶时用。

大针　订线和揭水湿书叶时用。

敲槌　下锥打眼用。用枣、杜、榆等硬木制成。扁圆形，一头宽 5 厘米，一头稍窄 4 厘米，长 32 厘米，厚 4 厘米。

划尺板　裁纸和划栏用。杉木做心，两边镶有竹条。长 50 厘米，宽 5 厘米，厚 1 厘米。

裱案　裱大幅地图、书叶和书皮等用。杉木制成。长 200 厘米，宽 120 厘米。上面涂红漆，以便修裱白纸书叶时容易区分。如果没有裱案，可用厚 2 厘米，长宽各 60 厘米的木板刨平，上面画好整齐的横竖线，刷上桐油，用以代替裱案。

弯刀　割大张纸用。

搅糨糊板　用以搅拌糨糊。

铜丝小箩　过滤糨糊用。

糨糊笔　溜口、补孔时用。一般羊毫笔即可。

糨糊碗　盛糨糊用。

糨糊盆　捣糨糊和存放糨糊用。

糨糊槌　捣糨糊用。用槐、榆等木制成。圆形，槌头略平，以便于锤捣。

铝锅　熬糨糊用。

排笔　裱书叶、书皮等用。

笔槽　划栏用。用硬木制成。半圆形，下粗上细，直径约 1 厘米，中间有槽，可放毛笔，粗端做坡形。

鬃刷　裱书皮时用。

喷水唧筒　湿润书叶，喷水用。

三角尺　裁书时比量规格用。木制或铁制均可。

骨簪　镶书时挑书背糨糊用。

裁纸板　裁零张纸用。以杨木或椴木制成。长 60 厘米，宽 40 厘米，厚 3 厘米。

锥板　垫着订书打眼用。尺寸同裁纸板。

葛板　补书时垫书叶用。以数层草纸板合成，四周用布包边，两面糊以白纸。长 50 厘米，宽 40 厘米，厚 1 厘米。

夹板　压书和上书皮时用。以樟、楸木做成，须六面光，以免磨损书叶。尺寸应比一般书大些，可做数对备用。

纸壁　绷平书叶、书皮用。以厚、宽各 3 厘米的木条钉成长方形木框，框长 180 厘米，宽 100 厘米。上面糊以多层白纸，糊纸要平，并须与木框结合牢固。

平面石　锤书、压书用。以汉白玉或大理石制成。长 35 厘米，宽 25 厘米，厚 5 厘米。

长方石　包书角、扣书皮用。用大理石或青石磨制。长 11 厘米，宽 7 厘米，厚 3 厘米，磨成六面光滑。

钢锉　锉书用。

压书机　压书用。

裁书机刀　裁切书籍或纸张用。如果裁切数量很少，或是书品过老的书，则不宜用机刀，而需用人力刀裁。

裁书大刀　裁切数量较少或书叶老化的书用。

以上列举的工具和工具尺寸，不必拘守成法，可根据工作的实际情况，适当增减或改制，以达到"工欲善其事"的目的。

三、装修古旧书籍常用的材料

装修书籍除去操作使用的工具之外，还必须备有经常使用的装修材料，如修书用的纸张、染料、糨糊等，现分述如下。

棉连纸　纸质洁白光润，柔软匀密。有一种极薄的叫作"六吉棉连"，也称"汪六吉"，是棉连纸中的精品，较为少见。棉连纸可做补书、护叶、镶书和衬纸、染书皮等用。

加连纸　加连纸较棉连纸厚，遇到厚纸书须用加连纸镶，其他用项和棉连纸同。

罗纹纸　颜色有洁白、浅淡黄两种，质地细薄柔软，有明显横纹，厚薄与棉连纸同，可做护叶，或染色后裱书皮用。

单宣纸　比棉连纸厚，比加连纸薄，用途与棉加连同。

粉连纸　也称杭连或连史，质量次于棉连纸。一般普通旧书的镶衬多用粉连纸，珍贵善本书多用棉连纸或罗纹纸。

南毛边纸　颜色米黄，也称黄纸。正面光滑，背面稍涩，质地略脆，韧性强。一般旧书用来裱书皮，做衬纸和护叶等用。

南毛泰纸　颜色同于南毛边纸，但质量较差，纸幅小，薄厚不匀，有明显的直纹。一般旧书裱书，衬纸、补书等都用此纸。

河南棉纸　纤维细长，质地极薄，松软如棉，极富韧性。可用作裱书、搓纸捻、溜口纸条等用。

上海棉纸　实际为浙江、安徽、江西等地生产。因近三十年来，河南棉纸已很少生产，裁溜口纸条或裱书用棉纸，多以上海棉纸代替河南棉纸。

迁安棉纸　是河北省迁安县出产，可代替河南棉纸。

贵州棉纸　也叫皮纸，较河南棉纸尺寸大，弹性差，颜色也较灰暗。

呈文纸　或称为隔纸，纸质粗厚，正面平滑，反面粗糙，可作为垫书、撤水等用。

藏经纸　颜色黄褐，有韧性，质地厚硬，不透明。唐人所写佛经多用此纸，故称藏经纸。多作为装裱珍贵善本书签之用。

砂纸　可备粗、细两种，做打磨书籍的天头下脚和书背的纸边用。

染料　染纸所用的染料很多，常用的染料有：1. 橡碗子；

2. 赭石；3. 藤黄；4. 槐黄；5. 栀子；6. 红茶；7. 徽墨等。

明矾 制糨糊用，洗书去脏有时亦用明矾水。

糨糊 其制作与使用详见本章第四节。

四、修书用糨糊的制造和使用法

糨糊是修补书籍的主要材料。糨糊质量的好坏，关系书的寿命。用没有黏性的糨糊修补书籍，不过数年其性已泄，粘补过的书叶纸即会自行脱落，等于没有补。但是，用黏性过强的糨糊粘补已糟朽的书叶，又会产生核桃形皱纹。书籍如再受损坏，因不能揭开而无法进行修补，其损坏性更大。所以古人多用飞白面、白芨水和楮树汁混合起来制造糨糊。用它粘缝，坚固异常，虽经数百年其性不泄。古代的佛经等书都是厚纸，可以使用这种糨糊。后来的书叶逐渐变薄，这种糨糊就不适用了。有的用白芨水补书叶，黏性过强，重修时虽用沸水浸泡，其痕迹仍难去掉，对修补珍贵的破烂书籍是不适用的。目前我们所使用的糨糊，不能稍有暴性，但要有一定的黏性，因为它的对象是古老的旧书，有的纸张已糟朽失去弹性。补好之后，在没有潮湿的地方存放，长时期不会泄性。如需要再重修时，用水喷湿即可揭开，对书籍没有一点损坏。

修书用糨糊的原料，主要是从面粉中提炼出来的淀粉（面粉子）。淀粉的提炼方法是：用上等面粉（富强粉）加水和成生面。将面揉匀，揉成大块面团；然后将面团放在凉水盆中，两手用力在水中揉搓面团（也可以用一块细白布将面团包起，放在水中揉搓，使面中麸皮、面筋不要漏出）。每斤面大约揉搓、挤压、漂洗三十分钟，面团里的淀粉（面粉子）即可全部洗净，沉在盆底。剩下的面团即成为面筋（粗而黏的面糊块）。

一般较好的精白面粉，可漂洗出70%的淀粉。淀粉洗出沉淀之后，须放在清水盆中过三至五天，等清水变成较稠的黄汤，用净勺将黄汤撇出，更换清水与淀粉搅合均匀。经过三天左右，水又变成淡黄色。按上法再更换一两次清水，以清水不变色，能保持清汤为度，即可用之熬制糨糊。

淀粉在盆中可存放较长时间，制糨糊时，随用随捞。但在夏季湿淀粉容易发酵，产生臭味。为避免这一缺点，可将淀粉捞出晾干，用时取一定数量的干淀粉，加入一定比例的水调制。为了防腐，可以加入少量明矾。配制时，为保证糨糊的质量，可用磅秤衡量，其标准比例是淀粉 1000 克，兑水 4500 克，明矾 3 克。

制糨糊时，将淀粉和水按比例量好，先取二分之一的水浸泡淀粉，使之成为稀粥样，然后用铜丝小笊滤去淀粉中的渣滓。将另一半水倒在锅内，放入明矾，煎沸后，将泡好的淀粉倒入锅内，用搅糨糊板不停地搅拌，约五六分钟后，锅内的糨糊变为半透明的银白色，即熟。用勺盛出，放在凉水盆中泡起，准备使用。

熬糨糊的时间，要根据炉火的大小来决定。要注意不可过火，过火糨糊发脆，没有黏性；但也不可欠火，欠火糨糊发白色，而不是半透明的银白色，容易发散，黏性亦不足。

糨糊熬熟后，泡在凉水中，夏日可放十余日，冬日放一月不坏。使用时用漏勺盛出（忌用手或用不洁的东西捞取，以免浸入霉菌）。放在小盆内用木槌捣烂，徐徐兑入凉水，使糨糊成为牛奶状即可使用。

糨糊的浓度可用"波美表"衡量。一般粘补书，可用二度的糨糊。

捣糨糊兑水时，要徐徐兑入。兑水过猛，则糨糊稀稠不匀，有小疙瘩。冬日捣糨糊时，先用沸水将糨糊泡一泡，则容易捣烂捣匀。

使用糨糊的稠稀程度，须根据书的纸张厚薄分别对待。厚的白棉纸和开化榜纸、毛边纸等，须用稍稠一点的糨糊，否则粘不牢固。较薄的棉连纸、开化纸、毛泰纸等，须用稍稀一点的糨糊，否则纸叶容易发皱。糟朽的书叶，其纸性已失去弹性，必须使用稀糨糊，如果使用稍稠的糨糊，由于涩笔，容易将书叶随笔带起来，使书叶受到破坏。

每日使用的稀糨糊要随用随时调制，不可用隔日的剩糨糊。因为糨糊隔日容易发酵而失去黏性。或者因使用久了，糨糊受到书上的墨色和尘土污染，反而会把书叶弄脏。特别是白色的开化纸，更须使用干净的糨糊，最好每日更换一、二次。

修补古旧书籍必须用自制的糨糊，不可购买市上出售的普通糨糊，因普通糨糊含有大量防腐化学药品，对书叶有腐蚀作用。如果用量较少，不适合自己制作，可购买"修补档案专用糨糊"。这种糨糊对纸张没有腐蚀作用。各地糨糊厂都有生产。

第四章　古旧书籍的修补与装订

书籍流传既久，必然受到不同程度人为的或自然的损毁。为了使古代的文化遗产长期保存，对一些古旧书籍，一方面要加倍爱护，妥善保管，另一方面对已经有所损坏的书籍要进行修补装订。兹将修补古旧书籍的基本技法和特殊破损书叶的修补法，以及修补之后装订的程序和技法分别介绍如下。

一、修补古旧书籍的基本技法

（一）书叶去脏法

有的书籍因阅读不慎，将茶水、墨水、蜡油等洒在书叶上，留下了痕迹；还有的书籍因年久受烟熏，纸张变黄。遇到以上书叶时，要根据污染痕迹的轻重，采取不同的方法，将痕迹去掉，使其恢复洁净。兹将几种方法分述如下。

第一法

一般的水斑和书叶发黄的书，采用水冲法。操作时先准备一个直径 40 至 50 厘米的水盆；一块长 80 厘米，宽 30 厘米的木板。在板上垫一张厚纸，将撤去书皮和护叶的书叶，由下而上地摊在木板上，使版心向上，将木板斜放在盆内，用碱 50 克放入 2000 克沸水壶中，将壶中碱水由上而下冲在书上，为了冲洗得干净，可将流到盆内的水，以小碗舀出再往书上冲一次。然后用清水冲洗一两次，使书叶上不留碱的成分。冲毕，盖一张厚纸，将水控净，取书放在桌上，以镊子从书背处，轻轻揭开，一叶一叶地顺序摆在吸水纸上。每揭四、五张书叶为一层，中间隔一张纸，揭毕，盖一张纸板，纸板的两端压上石头，每日用干纸倒换一两次，至干后为止。

第二法

用铁板或木板做一水槽。槽深20厘米，长80厘米，宽50厘米。在槽底留一个圆孔水眼，用时以木塞或橡皮塞堵严，不用时则拔塞放水。

冲水时，先将槽底垫一层厚纸，将书一叶一叶地铺在槽内；每次冲洗一两册，以不超过百叶为度。在书叶上放50克碱面，或将碱面兑在水内，用沸水轻轻浇在书叶上（图十一），或在书叶周围浇水。浇水时不能用力过猛，防止将书叶浇碎。浇水漫过书叶后，用木棍在书叶上压一压，避免有水浸不透的地方。等水凉后，撤去水眼的塞子，将水放出。再用清水冲洗两三次，洗去碱性，使书叶彻底干净为止。然后按照第一法揭开书叶，倒换晾干。

以上两法，均能将一般的水斑等痕迹去净。第二法尤其简便。夏日冲水，要注意勤倒叶换纸，否则书叶会发霉起斑。遇有糟朽书叶冲水时，须先用白净素纸将书一叶一叶地套起来再冲，防止将书叶冲碎。

书叶其他去污法及操作时应注意的事项

抄本书冲水时，要注意字体的墨色，辨明是新墨还是剩墨（放置较久的墨汁），须先用水在书叶上试一试，有无脱墨烘染的情况。因为有的书是用剩墨抄写的，甚至有时一叶书所用的墨有新有剩。用剩墨抄写的书，冲水时极易烘（浸润之意）成一片黑。因此要在水中加入一些明矾，以保持墨色，防止烘染。

对于红格纸书、蓝格纸书，或用红墨水、蓝墨水抄写的书籍，不可用冲水方法去污，这些抄本书如果冲水，则一定烘染。

对于水斑严重，或是油斑、霉斑、墨水等用上列方法去不掉的痕迹，可用3%的高锰酸钾，溶于97%的水中，作为第一种溶液。再以5%的草酸，溶于95%的水中，作为第二种溶液。

操作时先用毛笔蘸水，划湿书上的污痕，将第一种溶液涂在痕迹上，过一两分钟，再将第二种溶液涂上，即可将污痕去掉。因高锰酸钾和草酸去霉斑的效力很好，但不可用量过多，过多对书会起破坏作用。

对于痕迹过深，或者一部书的纸张颜色黄白不同，可用漂粉漂洗，使其颜色一致，但只限于白纸书。

操作方法是：取一盆清水，在火炉上煮沸，以漂粉20克，在小碗中溶化，倒入沸水盆中，另备凉水一盆，放在漂粉盆旁；将书拆去书皮，放在盆的右边，先用一叶有脏污的废纸在有漂粉的盆中试一试，如漂粉力量适合，则用两手持一叶书的上端（天头），在盆内将书叶下端（书脚）拉一两次，将拉过的一端放在预先备好的木板上（木板的大小与书叶同），用右手持板再将另一端在盆内拉一两次，将书叶漂洗干净后，放入凉水盆中，洗净漂粉的气味，摆放在干纸上。漂洗数十叶后，漂粉力量减弱时，须再加入漂粉，使去污力量前后一致。其倒叶换纸等手续同于冲水法。

漂书时动作要快，因漂粉腐蚀性强，书叶在漂粉液中时间稍久，即会将书叶浸碎。因此，漂书方法，非必要时不宜使用。

对书叶上轻微的水斑，可用水划的方法，来消失污痕。这一方法简单易行，其法是：取一碗沸水，用毛笔蘸水划湿污痕，再将痕迹周围喷一些凉水，用净纸隔开压好，干后，书叶上的痕迹即随水散开了。

去蜡油痕迹的方法，是在有油质的书叶前后，各垫二三张吸水纸，用热熨斗熨烫吸水纸，使油质溶化在吸水纸上。操作时需要多次换纸，才能将油质融化吸收干净。

（二）染书染纸法

为什么要染　有时会遇到这种情况：在一部竹纸书叶内，配了一部分白纸书叶，为了使其颜色一致，可用染色仿旧的方法把白纸染成竹纸的颜色；还有修补破烂书叶的旧纸，如无适当旧纸可配时，也要用染纸来代替。选择染纸必须根据所补书籍纸张的厚薄而确定，使补过的书籍薄厚一致，否则薄厚不匀，影响书的质量。

染纸用的原料　染纸不能用一般染布匹用的化学染料。因为化学染料染在纸上日久会起变化，不仅使书籍的颜色不协调，而且损害书籍。

竹纸书大多是茶黄色与褐黄色。染这种颜色的染料有赭石、藤黄、槐黄、栀子、红茶、徽墨、橡碗子（又名橡斗，系栎树的果壳）等。但这些染料不一定都买得到，要根据条件分别选择使用。

染色的调配与染色的方法　如用赭石，需要细研，研到没有渣子后方可使用。绘画用的赭石膏亦可使用，用这种染料比较省事。

染时，先将赭石膏和藤黄用水浸化，兑水加入明矾和广胶各2%。配做染料后，将纸平放在木板上，用排笔蘸颜色往纸上刷，刷时要由浅而深，合适为止。不可一次刷足，如果刷的颜色过重就无法使用了。

如染褐黄色，配色时可兑一点徽墨，一定要徐徐地兑，在兑的过程中，要不断地用纸试色，直到所配的颜色合适为止。

用槐黄、栀子，须放在清水盆内，在火炉上煮开，煮时可兑明矾和广胶。染时，将煮好的颜色倒在冲水用的木槽内，两手持纸的一端，趁热一叶一叶地顺木槽拉纸染色，染后搭在竹竿上晾干即可。晾时需要将纸分为三五叶为一叠，待稍干后，再揭成一张一层，以便使纸干后颜色均匀，不然，干后颜色会深浅不一。

用橡碗子时要煮透才能将色煮出来。橡碗子染出来的纸张，颜色均匀古雅，而且永不褪色。

凡用煮过的颜色染纸时，都要趁颜色水热时染，如果凉了，需要热一热，保持一定的温度再染。

溜口纸的染法　染溜口用的棉纸，方法比较简单。将棉纸一刀（一百张）平放在木槽内，用红茶或其他颜料煎后倒在纸上，用手在纸上压一压，使水分浸透棉纸，然后置于通风处阴干或搭在竹竿上，晾干后即可揭开使用。有时也可揭成十余张一层，稍干之后，再揭成三五张一层，以便干得快，颜色均匀。

染白纸仿旧　可在清水中兑入徽墨少量，使水稍显灰色，把纸在水内拉过、晾干即可。

（三）配旧纸法

配旧纸是装修古书中的一项重要工序。修补残破书籍，首先必须将旧纸配好。因为书籍的纸性、颜色、厚薄，以及纸纹的横竖，各个年代各有不同，在配纸时都要照顾到。如果配纸适当，修补后的书叶，不易看出破烂的痕迹。反之，如果配纸不适当，即使有高明的技术，经过精工细作，也难协调一致。由此可见，一部破烂的书籍，修补质量的好坏，是与配纸有很大关系的。

旧纸的来源　一部糟朽破烂的书籍，如要把它补好，完整无缺，必须使用很多旧纸作为修补材料。因此要注意搜集旧纸，并充分利用修书时撤换下来的旧纸。例如在修补一般普通线装书时，有撤下来的护叶和衬纸，要集中保存起来，等到修书配旧纸时再取出使用。此外，还可以找一些废旧无参考价值的书，将天头、下脚以及书脑等没有字的纸撕下来，作为补书之用。这种工作要随时注意积累，积少成多，将收集到的旧纸，分门别类地保存起来，以备日后使用。如果找不到旧纸时，可用与书籍纸张厚薄相同的新纸，染成与书籍颜色深浅一致的仿旧纸，以代替旧纸。

配纸工作中的禁忌　在配纸时，不要在灯光下或黑暗的地方操作。因为在这种地方受光线过强或微弱的影响，使纸的颜色往往配不准，妨碍书籍装修的质量。

（四）书叶溜口法

溜口的作用　书籍经过多年阅读，翻来翻去，书口常易裂开，形成两个单叶。为了使书叶完整，便于利用，必须粘成整叶。还有的书籍书口虽未裂开，但书口已被磨薄，接近于断裂的状态；或是整个书口上半完整，下半断裂。为了避免衬纸后容易将书口顶破，凡是衬纸的书，或因天头地脚短小，书品太差而改做为"金镶玉装"的书，无论书口开否，都要溜口。经过溜口后，书口增加了一层薄纸，就不易顶破了。溜口这道工序是修补书叶的基本工序。无论书叶如何破烂，一定要先溜口。如果先补残破，后溜口，就不易将书口对齐，因为先补残破，经过糨糊的作用，书叶就要发生伸缩不平的现象，这样，书口便不容易对齐了。

溜口前的准备工作　溜口前，除将应修的书拆开，还要把应用的旧纸、糨糊等准备在桌子上，此外还要准备一部分1厘米宽的棉纸条（纸条的长短可根据书叶长短决定）。将纸条散放在桌的右边。裁棉纸条时，必须按纸的竖纹裁。白纸书应用素白棉纸裁条，如河南棉纸、上海棉纸等。如果竹纸书的书口稍有破裂，则绝不可用和它颜色不同的素白纸溜口，必须改用同颜色的染纸。对年久色黄的书叶，须用仿旧纸溜口，颜色谐调。如用白纸溜口，书籍装订以后，书口皆是白色，而书叶是黄灰色，很不谐调，极为难看。

溜口的方法　开始溜口时，将书叶展开，正面向下，书口对齐，摆在葛板上，要注意两半叶不能对得太紧，更不能互相搭茬，否则折叶后书口毛茬不齐。用左手中指和大拇指压住书口，勿使其移动（图十四）。溜口时先将书口上下端磨圆的地方，用同样纸补齐，然后用右手持糨糊笔蘸稀糨糊顺书口由中间向上抹，接着再向下抹，均匀地抹到1厘米宽。此后取一条棉纸，右手持上端，左手持下端，贴在书口上，用一叶吸水纸垫在书口上，右手掌在纸上抚按，使纸条和书口粘得牢而平。两手持书叶下脚提起，放在另一块葛板上（葛板要用新糊的，如果溜口补书使用过，那就在上面垫一张洁净白纸，以免将书叶弄脏），再继续进行第二叶。

难于溜口的书叶　有些书叶由于造纸的原料或是制作方法的原因，在书叶受潮后，纸性收缩特别快。例如明代末年吴兴闵齐伋刻印的书籍，就用这种伸缩性很快的纸，溜口时十分困难。书叶上一抹糨糊，立即松胀很多，书口出现很多小褶，如先把书叶喷潮，再抹稀糨糊，当时平整无褶，但干后书叶又缩回原样，而书口经过溜上纸条的部分就缩不回去了，经过捶平后，便发现由于书叶和书口不能合拢，而书口形成弯曲形。根据工作中的经验，遇到这类书叶，要采取速抹糨糊、速溜口，才能避免发生干后书口弯曲的现象。要在溜口之前，先在纸葛板上喷上一点水，因为常用的纸葛板经过溜口补书后，上面多少带一点黏性，再稍喷上点水，使书叶摆在上面不易活动。把书叶展开、对好书口，速抹糨糊，速把纸条溜上，上面盖纸用手抹平。这种快速做法是使书的纸性未松胀前，就把书口溜上。还应当注意，溜口用的糨糊要比溜一般书口的糨糊稍稠一点，因为糨糊稠、水分少，也就烘散得慢了。

书口无法对齐怎么办　如果书口磨开很深，溜口时无法对齐，或防备书口摆得宽窄不匀，可在溜口前先用一张比较整齐的书叶，平铺在纸葛板上，用铅笔在书叶四周划一标准线。破口的书叶即按这一标准线把书叶摆齐，中缝残破缺少的地方要用同样旧纸补齐，再用纸条溜口，此时书口的宽窄距离也就一律了。

红蓝格纸书溜口法　用红格纸或蓝格纸抄写的书或印本书，着湿后便浸成一片。为了避免浸润，可在棉纸条上刷糨糊，再粘在书口上。不过这种溜口法看似简单，操作起来却不易掌握。因为糨糊抹少时，书口粘不牢，抹多时又浸润书叶。所以要先在不明显的书叶上试一试，使其既不浸润书叶又能将书口粘牢，这样才可以正式溜口。另外还可在稀糨糊内加入少量的明矾，以防止糨糊中的水分浸润书叶的作用。

如书溜口后不准备衬纸，或是因为书叶纸薄，溜口后衬纸不易捶平，可在书口涂糨糊后，不用裁好的棉纸条，而用大块棉纸顺着纸纹铺在书口上，根据抹的糨糊宽窄，现撕棉纸。因为裁好的纸条尺寸宽窄是固定的，茬和茬搭在一起，不易捶平，而现撕的纸，宽窄没有固定，交错搭在一起，比较容易捶平。

（五）不合规格的修补揭纸法

不合规格的修补情况　有的书虽然经过修补，由于修补者的技术不熟练，或是为了一时方便，配纸时不够细心，补纸的颜色和书的颜色深浅不同；或是补书叶时，将两个半页不曾对齐就粘在一起；或用糨糊不相宜；或裱书叶时，糨糊刷得不匀，使书叶出现重皮（即书叶与补纸未黏合在一起，发生空心现象）。这些都影响书的美观。另外，还有的书叶并不太破，但裱了一层厚纸，造成书叶发挺发硬，翻看不便，更容易引起虫蛀。对以上所列不合规格的修补书叶，均须将补裱的纸揭去，重新修补，揭纸的方法有二：

冲水揭法　揭纸时先将书本拆开，将书叶散放在水槽内。书叶如果老化，缺乏韧性，为避免将书叶冲坏，须在书叶上垫一层白纸，然后再用净水冲。冲水是为了泄去书叶上糨糊的黏性，使书叶与补裱的纸脱开。冲时以水浸透书叶为宜，不必多冲。冲毕，将槽底圆孔打开，使水流走。隔日用镊子轻轻将书叶背面补裱的纸揭去即可。

搓揭法　有的书叶因为年代久远，或是因用稠糨糊补裱（俗称老虎糨糊），很难揭开。遇此情况，可先用水喷湿书叶上补裱的纸，再用右手的中指，把补裱的纸一点一点地搓下来。纸干了时再喷一次水，然后再搓，直到把补裱的纸完全搓净为止。

（六）裱书叶法

对于装修旧书来说，裱书叶，本来不是一个好办法。因为凡是裱过的书叶，均发挺发硬，不如没有裱过的书叶柔软。但遇到书叶过老，纸已失去弹性，或是书叶有严重的蛀蚀，蛀孔连成一片，修补无从下手时，则必须采用裱的办法。

裱书前的准备　裱书之前，先在桌上放一块长60厘米，宽40厘米的油漆木板（木板的尺寸可根据书叶的大小而定，一般情况板应比书叶大些。如有油漆裱案，在案上操作比木板更好）。将稀糨糊盆放在木板的右上端，书放在右端，裱书用的纸放在左端，准备齐了，即开始操作。

操作方法　裱时先在裱案或板上放一条用水湿过的油纸（用水湿纸条是为了好揭，如不用油纸，用牛皮纸或塑料薄膜都可），纸的宽度是书叶的三分之一，比书叶横面稍长一点，将书叶展开，正面向下，下端放在纸条上。右手持排笔，蘸稀糨糊在书叶上横竖刷匀，刷时先在书口开始，往上下左右刷，书叶才好刷平（图十三左）。取一张纸，两手在书叶下脚对齐，用没有糨糊的排笔在书叶上将纸轻刷一下，使纸和书叶粘在一起，两手持油纸条从下端将书叶提起，翻过来放在预先备好的呈文纸上，揭去纸条，上面垫呈文纸，两手用力铺拉平整，揭去呈文纸，将书叶放在一旁，再进行第二叶。进行第二叶时将纸条上的糨糊用湿布擦一擦，裱过十余叶后，上下垫的呈文纸已湿，须另换干纸（所说的呈文纸如买不到，其他厚一点的吸水纸都可用）。全部裱完后，将书叶一叶一叶地晾在竹竿上，干后喷水压平。

裱书用的纸　白纸书用棉连纸或粉连纸；竹纸书用毛泰纸或毛边纸；纸老而没有虫蛀的书叶可用薄棉纸；纸老的书必须先溜口再裱。裱书用的纸要比书叶四周大一点。

实裱可避免书叶墨色烘散　裱书时，为了避免抄本书或红蓝格纸印的书烘染，可于稀糨糊内加入明矾少许；如仍有发烘现象时，则可采用实裱的方法。

实裱的操作法　实裱是在纸上刷糨糊后，用一张干纸，敷在刷了糨糊的纸上，吸去糨糊的水分，趁湿将纸敷在书叶上；上下垫纸，用鬃刷铺拉平整，使纸和书叶既能粘在一起，又能将糨糊内的水分吸去，同时还可以避免发烘。

另有一法，是在书叶正面涂一层有机玻璃，无论用什么方法裱，都不会发烘。但由于有机玻璃是一种化学物品，刷上以后，将来是否会损坏书籍，还不能肯定。故此法只能作为裱普通书籍的参考方法，对于古老的珍贵书籍不适用。

（七）喷水倒平法

喷潮　这一工序，主要是使书叶平整，因为补过或裱过的书叶，由于糨糊的作用，或多或少有些不平或有褶痕现象。为了使书叶平整，必须用喷水方法处理。

喷时，将补过或裱过的书叶每五六叶为一层，错开排列，放在呈文纸上，用喷水壶或用喷雾器将书叶喷潮。但喷水不宜过湿，过湿则容易将补过书叶上的糨糊泄性，甚至使补的纸掉下来。

垫纸　喷过三四层后，即用呈文纸垫在上面，用两手将书叶铺拉平整。全部喷完后，前后垫呈文纸（垫纸需要用洁净白纸，以防纸脏有霉菌腐蚀书叶，使书叶发生霉斑），用葛板夹起，放在桌上，先轻压使水分在书叶上散开后，再顺序倒一次，两端用重物压牢。每日将书叶倒一次，使其通风易干。

按顺序倒叶　倒叶时，要按顺序先从正面一叶一叶地倒，这样可以检查每叶书的修补情况。遇有补得不合规格的地方，还可及时修整。倒叶时，每层叶数不要固定，如第一层五叶，第二层四叶，以下各层或五叶或六叶。这样倒，使湿的地方和干的地方均匀错开。以后也可以由最后一层倒回来。

有的书因书叶被熏脏了，溜口后，在书口处出现河栏（修补书的专用术语，就是水印的意思），补过的地方也有一圈一圈的水印，需要用热水喷匀，水印匀开就可以消失了。

（八）书叶划栏法

缺栏短字 有些修补过的书籍，缺栏或短字，读起来不方便。缺字的地方，需要根据同样版本，仿照原书字体补全。缺栏的地方，也要照样划齐。这是指一般的书而言。如果是明朝以前的古旧书，可以不补字划栏，因为对古本书最好保持它的原来面貌。所以在修补古旧书籍时，应该注意这一点，掌握整旧如旧的原则。

划栏时，将断栏的书叶平放在桌上，书叶下面垫一张纸，用尺板压在书叶断栏处，用小楷笔蘸新研墨（忌用墨汁或剩墨划栏，因墨汁和剩墨容易烘散），将笔槽向下，毛笔托在槽内，右手持笔槽拉笔。未划之前，先在白纸上试一试墨色（要和栏的墨色深浅相同），再用一小张纸将栏的拐角处挡住，或用针在栏的拐角处扎一针孔，作为划栏的标记。左手压住尺板、右手持笔槽顺尺板压的栏边由上往下划（图十五右），细栏一笔划好，粗栏先划两边再划中间，使新划的栏与书上的栏粗细完全一样。

划栏后，用尘土或烧黄土或烟丝等物，在划栏的地方蹭一蹭，使墨色不要显得太新，以求谐调一致。

二、各种破损书叶修补法

在修补书籍工作中，所遇到的书籍，有各种各样的破损情况。有的书叶被虫蛀鼠咬，形成千疮百孔；有的书叶水浸、受潮，纸色变黄或有水痕，严重的则粘在一块，成为书砖；或是发霉发酵，书叶失去韧性有如棉花。还有的书籍因年代久远，经受风吹日晒，烟熏火烤，书叶变成烟叶形状，触手即破。也有的书籍因阅读时翻来翻去，使书叶的中缝裂开，分为两个半叶。还有的书籍因装订时技术较差，把书籍的天头地脚裁切过多，形成四周短小或长短不齐的状态。这些都要根据不同的情况，采取不同的办法，进行修补。

修补前的准备工作　首先要全面检查书籍损坏的情况和版本的好坏，再决定如何修补。修补普通的书籍，要求整齐耐用，便于翻阅；珍贵的善本书要加工细修，还要注意保持原书的时代风格。因此，在修补之前，必须将应修的书籍，进行全面考察。并将所需用的材料和工具、糨糊、纸张等准备齐全。具体到每项工序需要什么工具和材料？应将它们放置在何处才便于操作？都要事先安排妥当。现将各种破烂书叶的不同修补法分述如下：

（一）虫蛀鼠咬书叶修补法

虫蛀鼠咬的原因　书受虫蛀鼠咬，是因为保管不善所造成。例如书籍放在空气不流畅或阳光不充足的地方，时间稍久，即生虫蛀。我国南方气候潮湿，更易产生虫蛀。北方气候干燥，虫蛀较南方少，但鼠咬情况并不弱于南方。因此在保管书籍时，如不注意防虫灭鼠，必然产生虫蛀鼠咬，把一部完好的书籍，损害得千疮百孔。对于这些破损的书叶，应按照伤孔的大小稀密，采用适当的方法修补完整（见图八）。

准备工作　先将选好的旧纸和调好的稀糨糊，放在工作桌上，再取纸葛板两块，一块放在桌的左上方，另一块放在桌子中间，靠近自己。然后将应修补的书籍拆开，放在葛板右面。对于极破烂的书叶，须用一张纸夹起来，免得稍不注意，将书叶吹散或蹭坏。

部分孔洞修补法　取一张需要修补的书叶，背面向上放在葛板上，如果破的地方有虫屎，应在不伤字的情况下，先用小刀将污点刮去或用砂纸轻轻磨掉，使破孔周围露出纤维来，然后将有虫蛀鼠咬的孔洞周围，用右手持笔涂上稀糨糊。涂糨糊要轻要匀，不宜过多过宽（图十三右），左手拿纸按在涂了糨糊的孔洞上。如补大孔洞，须将补书用纸的纸纹和书叶的纸纹横竖一致，以保持补出来的书叶平整。

纸边补书边　补书叶边时，须使用旧纸的纸边来补，以求得颜色一致。因为书受光照，书叶的四周和里面的颜色总是深浅不一，如用深色的纸边补浅色的书叶，虽然纸配得很好，但补出书叶来，颜色不调和，影响美观，这一点应加以注意。

全叶孔洞修补法　如用整张纸补书叶的孔洞时，须将原来的纸边撕去，使新撕的纸边露出纤维来。用左手持纸，将纸边放于已经抹过稀糨糊的孔洞上，用右手食指按住纸边，左手一撕，就沿糨糊湿印把多余的纸撕下来，孔洞就补上了。如纸厚不易撕断，可在未撕前先用笔蘸水在孔洞周围划一湿印，这样就容易撕断了。虫蛀的小孔补过五六个后，或对较大的孔补一个后，应将书叶往起掀一掀，免得将书叶粘在葛板上，然后再继续补其他孔洞。如一叶书全叶都有孔洞，可先补中间，后补下面和右面，随后再将书叶倒过来，仍补右面和下面，这样操作起来顺手。一叶补完后，把书叶翻过来，在正面用右手掌按一按补过的孔洞，使之牢固平整，然后放在左上方的另一块葛板上，再继续补第二叶。第二叶补完，与第一叶错开放好，以四五叶为一层，继续补完为止。

书籍上的印章挖掉修补法　遇到书叶前后有挖去图章的痕迹，修补时比补书叶更要注意选择好配纸。因为书籍上盖图章，都是在一部书前后最明显的地方，如配纸稍差，补出来便与原书的颜色有明显的差别。如无适当的纸可配，可将本书边栏外订线的地方撕下一条来，补时先将挖去图章痕迹的周围，用小刀把纸刮出纤维来，将补的纸与书叶的纸纹对齐，周围涂稀糨糊补好，这是一种修补法。另一种修补法，是将配好的纸，按纸纹铺在图章痕迹底下，再于纸下面放一块木板（木板宜用软性木材，如椴木、杨木、柳木等容易划印），上面用尺板压住，用大针在图章痕迹周围划一细印，使补纸与挖去图章痕迹一样大小，先在正面用纸粘连在一起，不要使它移动，翻过来在背面孔洞周围涂稀糨糊，用薄棉纸条围绕孔洞粘补一周，用手抚按平整。然后翻过来揭去正面粘的纸条，周围喷一点水，上下垫纸用石头压一两天，干后，撤去石头与垫纸即成。这样补，因为用纸相同，而且是纸茬对纸茬，所以很难看出痕迹来。

几点注意事项 修补虫蛀鼠咬的书叶，特别是修珍贵的善本书，应该精益求精。假如修补不好，反而会加重书的损害程度，再欲重修，反不如原来的破书容易修，正像过去藏书家常说的："不遇良工，宁存故物"。这是值得重视的。还有糨糊一定要调得合适，书叶纸厚用糨糊不可过稀，书叶纸薄不可用稠糨糊。因为用稠糨糊容易起皱，而且难于捶平，用过稀的糨糊容易开裂。所以糨糊调得是否适当，对于修补残破书籍的质量有着很大关系。

在修补孔洞时，要先补大洞，后补小孔，否则就会出现不平的现象，这时如再补大的就不易补平了。如虫蛀孔洞彼此距离特近的，那就补一块即可，不必一孔一孔地单补，因为单补也是把补的纸连在一起，搭茬加厚反而不美。

（二）水湿书叶揭补法

水湿整册揭晾法 书籍受了水湿，如果当时发现，比较容易揭开。揭时不必将书拆开，将整册书平放在桌上，用竹签一叶一叶地从头到尾揭开后，一册一册地平放在不用的桌案上，使其通风阴干，大约干到90%左右时，把书叠在一起，上下垫夹板夹起来，置于压书机内压平，或用重物压在书上，数日可平。

竹签挑揭法 书籍受水湿后，当时没有发觉，时间隔久了，许多书叶粘在一起，揭起来很困难，并且有被揭破伤字的可能。遇到这种情况时，首先要看是不是一般书，还是珍贵的善本书，如果是普通书，而且纸张也不焦脆，可拿一册书两手反复揉搓，使书叶活软后，用竹签或镊子一叶一叶地轻轻揭开，如果书叶有零星小块脱落，应随时用稀糨糊粘在原处，以免遗失，即使一个字也要保留。如果是珍贵的善本书，或是书叶已经焦脆，就绝不能用手揉搓，只能把线拆去，再揭下书皮和副叶，然后一叶一叶地细揭。

沸水泡揭法 有的书籍受水浸泡严重，而水内又含有黏性的杂质，或是印书的墨内含有胶的成分，水浸以后，书叶还是粘在一起，非常坚固，形成一块书砖。这样的书叶，干揭湿揭都不易揭开。遇到这种情况，须用沸水加3%的明矾（以防止书叶的黑色洇散）和2%的广胶（起加固纸张的作用），浸泡一两日，待将书叶浸透后，即可揭开。揭开后，每五六叶为一叠，摆在吸水纸上晾干。按照补虫蛀鼠咬的方法，将书叶修补整齐。

热气蒸揭法 如用以上方法仍不能揭开时，可用热气蒸的方法处理。蒸时，先用沸水将书浸泡，再将书用净纸包起来，放在笼屉内，在火炉上蒸数小时，使屉内热气穿透书叶，书叶上的胶性溶化后，便可揭开。使用这个方法，必须随蒸随揭。不然书叶一凉，又变坚硬，更不易揭开。此法对于薄纸书收效不大；对于纸张过老失去弹性的竹纸书也不适用。

（三）糟朽书叶修补法

有的书籍由于保管不善，受潮湿后发酵。修补时，书叶虽然揭开，但书纸已经糟朽，有的烂掉了字，残缺很多，稍一动手，即破碎掉落。对这样的书叶应该裱补。但与裱虫蛀鼠咬的书叶裱补法不同，用纸也有区别。裱这种书叶须用拉力强的薄棉纸。残缺的地方先用同样旧纸修补，补时不在葛板上操作，而是在油纸上进行。（也可以用一块塑料薄膜代替油纸）操作时，先用镊子轻轻揭取一张书叶，正面（有字的一面）向下，铺在油纸上，用喷水壶轻轻喷潮。喷时，先用尺板将书叶压住，并避免直对书叶呼气和咳嗽，以免空气震动将书叶吹乱。书叶有折痕、卷角的地方，用毛笔蘸水抹擦平整。书叶破的地方，用笔蘸稀糨糊涂匀，以同样的纸补齐。补孔洞时，补纸要撕大一些，以便于搭茬。补齐后，再用排笔蘸稀糨糊，在整个书叶上均匀地刷一层，将一张比书叶稍大的薄棉纸裱在上面。两手持书叶下端，提起翻过来，放在吸水纸上，揭去油纸，上面再垫一张吸水纸，用两手铺拉平整，放在桌旁葛板上，再用同法修补第二叶。

修补糟朽书叶的另一做法是：先将油纸固定在桌子上，用湿布擦净油纸，将破烂书叶正面向下放在油纸上，用镊子将破烂书叶的字和栏摆正，等将破的地方用纸补好后，再用排笔蘸稀糨糊在书叶上刷匀。用两手持一张薄棉纸从上到下盖在书叶上，上面盖一张吸水纸，右手持鬃刷把纸刷抹平整，使书叶与薄棉纸粘牢，再把油纸翻过来，把书叶从油纸上揭下。揭时，如果有粘在油纸上不易揭的地方，可用蘸水的毛笔，把粘住的部分书叶慢慢推动下来。

补破烂糟朽书叶时，如遇到纸厚，背面的字体模糊不清，铺在纸上看不清楚字迹和边栏的正斜，可将书叶正面向上，先摆在一张呈文纸上，把字迹和边栏对齐。再把湿过的油纸盖在书叶上，把书叶连同呈文纸一齐翻过来，将呈文纸铺拉几下使之平整，再慢慢把呈文纸揭去，使剩下书叶贴在油纸上。因为油纸是湿的，已经固定在桌面上。再按上法进行补裱。

补裱糟朽书叶的糨糊要稀，刷糨糊要轻，蘸糨糊要足。因为刷糨糊时，手稍重或糨糊稍稠，即容易将书叶刷歪，或将书叶粘掉一块。手轻糊足则笔滑，在书叶上容易行动。还有的书籍因纸受潮发酵，虽然背面补裱整齐，正面的纤维和字迹，仍然鼓起，影响书籍的美观。弥补的办法是用稀糨糊水，加入 2% 的广胶，用排笔在书叶正面刷一层，待书叶干后，即可以恢复原来纸的弹性，而且十分平整。

（四）焦脆书叶修补法

书籍长时期保存在外面书架上，或摆在书桌上，经受烟熏火烤，纸张焦脆，着手即破，严重的甚至变成烟叶状态。遇到这种书籍修裱时，应按照书叶焦脆不同程度，采取不同方法进行补裱。

书叶焦脆轻微 可用冲水的方法去掉焦性。书叶冲水后，纸能变软，对其中破叶稍做修补即可。

书叶焦脆严重 可按修裱糟朽书叶的方法操作。先将书叶破烂的地方用同样纸修补整齐，再将背面裱一层纸，纸要用薄而有棉性的。裱书叶时，最好在油漆裱案上进行。如果没有油漆裱案，可用油漆过的木板放在桌上，然后将应裱的书和使用的纸都放在桌上。如桌面窄狭，为了少占地方，可先将书叶打开，一张纸一张书叶交叉着放成一叠。然后，取一张书叶铺在油漆板上，书叶的下面，垫一条约 10 厘米宽，比书叶稍长的硬纸条（用硬纸、油纸、塑料薄膜都可以）。纸条要不断地用水冲洗，否则上面有糨糊容易将书叶粘掉。用排笔蘸稀糨糊在书叶上刷匀，取一张纸裱在书叶上，两手持纸条将书叶提起，放在干纸上，再用一层干纸敷于书叶上面，用手铺拉平整。

如书叶破烂严重，可用整张与书叶相同的纸裱，待书叶干后，再把有孔洞的地方补上一层纸，在背面围绕孔洞添补一层纸，免去书叶有凹凸不平的现象。

如果书叶四周焦脆，中间还很坚固，可在书叶四周涂稀糨糊，粘棉纸条，不必全裱。四周粘纸条的书叶干后，因四周多了一层纸，成为凹形。要采取衬纸的方法，在每张书叶内衬一张素纸，就容易捶平了。不用全裱而用衬纸的方法，是因为衬纸的书叶比较柔软。而裱过的书叶纸硬发挺，如同一张薄纸板。所以要尽量采用衬纸，少用裱纸的方法。

书叶有撕坏破裂的地方，可用笔涂稀糨糊，用棉纸条粘补。遇到破碎过多的书叶，须先在正面对齐，用纸条涂糨糊，暂在正面粘住。翻过来再补背面，将背面修补整齐后，翻过来将正面纸条揭去。如纸条干后，不易揭时，可喷一点水就揭下来了。这样可避免将字对歪对斜。

（五）书叶四周短小接补法

一部书由于残缺不全，需要配齐。而补配的一部分书的书品，又比原书短小，为了使全部书整齐一致，可采用镶接的方法，接补的方法有以下两种。

挖心接补法　接补时将书叶栏外四周素纸撕去。撕时先把书叶的一边从栏的外边回折，左手压住书叶，右手把书边从左到右撕下，再照样撕另一边，或用小刀割去四边。不得用刀裁切，以保持纸边的毛茬纤维，使补好后的书叶看不出纸茬痕迹。如果用裁刀裁切书叶，裁后的纸边非常整齐，没有毛茬纤维，补后有明显的痕迹。书叶全部撕完后，取一张书叶，背面向上，平铺在葛板上。在书叶四周，沿边栏涂稀糨糊，用一张比书叶稍大，和书叶颜色一致，厚薄相同的纸，铺在书叶上，用笔蘸水在栏的四周划一湿印，用大针顺湿印将栏内的纸拨去，上面垫一张厚纸，用手铺拉平整，使四周的纸与书叶粘紧。再按上法一叶一叶地接补下去。此法接补书叶，用旧纸较多，在旧纸缺少的情况下，不宜采用。

拼接的方法　选取与书叶相似的纸，裁成宽窄适宜，长短与书叶横面相同的纸条。把撕开的书叶背面向上，一叶一叶地由下到上错开三分之一厘米，摆在纸葛板上，每摆十余叶为一组。为防止书叶上粘污糨糊，每组上下各垫一张白纸。把错开三分之一厘米的纸边刷匀稀糨糊，然后撤去上下的垫纸。把纸条从下到上，一条一条地粘在书叶上。粘完一组，上面垫一张净纸，用手抚按铺拉平整。转过书叶，用同样方法，再粘书叶的另一边。书叶的上下两边粘完后，再粘书脑。粘完一组，再粘一组，全部粘完晾干即可。这种接补法比挖心接补法省纸张，而且操作也快。但接补后的书叶，在书脑露有明显的纸茬，是其缺点。

（六）书叶两面有字修补法

书叶两面有字的修补方法和一面有字的修补方法完全不同，因为一面有字的书叶可在背面修补，不影响正面的字迹。而两面有字的书叶则没有正面与背面的区别。如四周没有字的地方，可以用透明纸条修补，如果损坏的地方在字面上，若用纸条来补就盖住了字面，影响阅读。解决的办法是：先将书叶分揭成两个单叶，再按照修补破叶的方法将书叶修补或贴裱整齐。

分揭书叶的方法要根据书叶的大小，准备两块比书叶稍大的粗丝白布，用鬃刷在布上满刷一层稠糨糊，将书叶夹在两块布的中间，布的前后各垫吸水纸。右手持没有糨糊的鬃刷在纸上用力刷平，等布上糨糊干后，两手将布揭开，书叶即随布而分成两个单叶，粘在布上了。将布泡在水盆中，使书叶与布脱离，将书叶背面向上放在油漆过的木板上，用毛笔蘸水（或先用刀刮），去掉书叶上面的糨糊，按照修补破书叶的方法，将书叶修补整齐。干后再将两单叶合成一叶。合时将两单叶背对背对齐，用尺板压住书叶的一端，将上面单叶掀起一半，用排笔在未掀起的一半上刷上稀糨糊，放下掀起的一半，再将压住的一半掀起，同样刷稀糨糊，放平后垫纸，右手持鬃刷用力在纸上将书叶刷平。

如不采用合叶的方法，可用裱书叶的方法，将书叶背面裱一层薄纸。干后，用装订线装书的方法装订成册。

分揭法只限于一般不太糟朽的书叶或单张资料。对过老的糟朽书叶，不宜用这种做法，因揭书叶后，在冲洗糨糊时，易把书叶冲坏，最后无法收拾，这是必须注意的。

三、古旧书籍装订的程序和操作法

"古旧书"这个名词，从广义方面说，可以包括我国三千年来有文字记录之后的各个时代的书籍。这些书籍的装订形式，由于时代不同而各有独特的风格。今天对这些历代流传下来的书籍，要很好地珍惜和保护，使它们传之久远。如有损坏，只能在保持原来形式风格的基础上进行装订修补，不能任意改变破坏它们旧有的风格。因此，在介绍装订的技法程序时，应按不同形式的书籍做不同装订技法的介绍。但是从宋元时代的蝶装、明代的包背装、直到现在尚流行的线装书籍看来，其装订方法还都存在着相同的共性，操作程序也基本类似。现以线装书为例，就装订的程序和方法介绍如下。

（一）折叶

书籍的散叶经过修补、溜口之后，如欲装订成册，首先要折叶。折叶的方法是将书叶背面向上，天头在左，下脚在右，平放在桌上。两手持书的半叶回折（见图十五左）。折时要看版心是否正中，以版心中缝为准，不得左右倾斜。有的书叶旧有的折口已经折偏，改装折叶时也不必改正。因为改折后，旧的折口还会裂开。可按照原来的旧折印折齐，两手顺书口上下抚按平整。

溜过口的书叶，折叶时先在溜口处用手拂拭一下，以便将纸条上粘有的纸屑、沙粒等物拂掉。不然在捶书时容易将书叶砑坏。

书叶年代过久，折叶时书口容易起刺。遇此情况，应在喷水倒干后，及时折叶，不要等书叶十分干燥时才折，以免书口焦脆折断或书口起刺。

每折完一叶，即顺手放在右边夹板上。整部书折完后，检查一下叶数，看有无颠倒错乱的情况，最后一叠一叠地剪去周围余出的毛茬纸边，顺序码齐放在夹板上。

折叶时要注意勤洗手，以免因手不净，将书玷污。有的书籍在印刷时用劣等次墨，或是用红色印刷书格，都容易污染落色。折叶时要特别注意。当折叶抚按书口时，应在书叶上面垫一张白纸，以免将书叶弄脏。

（二）衬纸

衬纸的作用 经过溜口或修补过的书叶，有时正面凹凸不平，必须在折过的书叶里面衬一张素纸，才能将书叶捶平。还有的书叶纸张过薄，书叶折过以后，上半叶的字和下半叶的字，都能透过来，影响阅读。因此，有些书籍在装订时必须衬纸。书叶衬纸选用棉连纸最好。棉连纸性柔软，不发挺。其次以粉连或毛边纸为宜。最忌用机制硬性纸，以免将书口撑破。

衬纸的操作法 准备和书叶张数相等的衬纸，裁切得比书叶四周略大一些。然后分成每三四十张为一叠，用手滑散开，再用温水喷潮。全部喷完后，上下各垫一层厚纸，用夹板把两头压住，使纸舒展平整。待纸稍干后，把它顿齐。每十余叶对折起来，左手轻按纸的左下边，右手伸到折缝中间向外滑，将一叠纸滑成一张一张地错开。左手拿纸，右手顺着滑开的纸边，一张一张地将纸抽出来，放在右手一边。全部抽完后，将纸的折口稍微顿齐，仍放在桌的右边。将需加衬纸的书叶放在左边，取十数张为一组，放在面前。左手掀起书叶，右手持纸一张一张地由下往上衬入书叶内，也可以由上往下衬入（图十六右）。

一般正常情况下，书叶衬纸时，是将折整齐的纸的折口靠近书口。但有个别的书口补得过高，虽经过衬纸，书口仍难捶平。可将衬纸折得偏一二分，折口的一边向书背，不齐的一边向书口，这样书口就容易捶平了。一组书衬完后，两手持书，书口向下在桌面上顿齐，横放在面前的上方夹板上，再进行另一组。

单叶衬纸 衬纸也可用两张单叶纸，免去折纸的手续，其质量与双叶折口的纸完全相同。一般不是特别难捶平的书，也可用单叶纸衬书，既省折纸手续，又节省纸张。单叶衬纸书口如不能捶平时，可将一部分衬纸顶到书口，另一部分衬纸离开书口一二分，轻轻在书脑上点一点稀糨糊，使衬纸粘在书叶上。这样顿书口时，衬纸就不能活动，可防止书口不齐的现象。

连溜带衬法　一般普通书为了省工省料，可采用连溜口带衬纸的做法。但对珍贵的善本书，不宜采用。因为这种衬纸经过几次翻阅后，在书口两旁粘糨糊的地方，书叶很容易破裂，重修时反而更麻烦。兹将做法列下，以供参考。

将准备好的衬纸裁成比书叶四周各宽1厘米的小纸。按照溜口的做法，将折好的书叶放在桌子上右方，衬纸放在左方，中间放好稀糨糊和葛板。取一张书叶正面向下，平放在葛板上，用笔蘸稀糨糊，在书口处由上往下抹一直道。书口如裂开分离，需将两单叶对齐，书叶有破的地方，也要抹上稀糨糊。然后两手取纸与书叶对齐，用右手铺拉平整，放在另一块葛板上，再进行第二叶。全部粘完后，再进行喷水、倒平、折叶、齐栏等工序。这一做法不需要单独溜口、补破、衬纸。

书籍用以上几种方法衬纸时，有时会遇到一本书的天头和地脚不一样平，两头高低相差很多，对这种现象俗称为"棺材头"。产生的原因是由于手工制造的纸两边薄厚不同，印书时又没有把纸颠倒匀开使用，或因修裱时用纸不够注意，把书的天头或地脚补得过高，这样就都能产生这种现象。

修改这种现象的办法很简单，只需在书籍低的一头，每隔一二叶或三四叶，在衬过纸的一头再衬入半截纸，就可以使书本平整了。在加衬纸时，应注意把衬纸颠倒交错衬入，以使书册两头薄厚均匀。

（三）接书背（书脑接宽法）

三种接背法　有的书因书脑过于窄小，订线后，翻阅不便，甚至无法订线；也有的书呈长条形，很不美观。为了使书宽窄合样，须将书脑接宽。接脑的方法有三种：衬纸接法；不衬纸接法；拼接法。采用何种接法，可根据书的具体情况决定。

接书脑的书，要用纸条将原书脑上的锥眼补好，免得接宽后，原锥眼露出线外，非常难看。接书脑的书，要包书角，使书背坚固美观，而且从外表看不出接的痕迹。如果衬的纸和书叶颜色相同，也可不包书角。

衬纸接法 接书脑的书在裁衬纸时，要将纸裁得比书脑大出一些。如书脑接宽1厘米，纸要宽出2厘米。将纸衬完后，每三四十叶一叠，书口向外，并在书口上压一块板，板上压一块小石头，勿使其移动。将书脑同衬纸翻到板上，往下拨一单叶书，再拨一单叶纸；为了分清书叶和衬纸的颜色，在书叶下面垫一张带色的纸，使书叶与衬纸容易分辨，将余出来的纸回折与书边对齐。一面折完后，将书翻过来再将另一面照样回折。折完后，用手摸一摸，看接的书脑是否和书薄厚相等。如果折的纸比书高，每隔几叶将纸伸开一单叶，如果书高，接的纸薄，每隔几叶书在纸上垫一层纸，使书与纸完全相平。如果书叶衬的是单叶纸，除将纸回折与书边相齐外，还要用纸裁成纸条，齐着书边粘在衬纸上，才能使书与接书脑的纸相平。裁纸时如有更宽的多余纸，回折时应先折三分之一，再把三分之二回折与书边齐。

不衬纸接法 取书叶背面向上，平铺在葛板上，每十余叶铺成一组。叶与叶之间错开排列，后背要露出约三分之一厘米，用纸盖住书叶，只露出错开排列的书边，用笔在书背处抹一层稀糨糊。裁出与书叶颜色相同，长短与书叶相齐的纸条若干。如书背接宽1厘米，纸条须宽2厘米，以便回折。每一书叶粘一纸条。每粘完一组书叶，上面垫一张纸，用手铺拉平整，一叶一叶地揭开，放在另一块葛板上，再进行第二组，方法同上。待接纸条的糨糊干后，按衬纸接书脑的方法，将纸条回折，与未粘纸条的另一书背折齐即可。粘纸条时应注意：纸条只能粘一面，回折一面，不能上下粘两面，才容易捶平。

拼接法 将修补过的书叶折好、捶平、压实。接书脑用的纸也同样裁好、压实。取棉纸搓成两头尖的纸捻，面前放一块锥板，将一册书放在锥板上，接书脑的纸条也紧靠书背放在锥板上，纸条的厚薄要与书叶的厚薄完全相同，前后加护叶。在书背与纸条的对茬处，上中下各打两个眼，用纸捻由上面穿过，翻过来在背面捆紧，这样书与纸条便接连在一起了。然后用刀裁切整齐，经过包书角、扣书皮，即全部完成。这种接法很简便，从书皮外面也看不出书脑拼接的现象。

（四）捶平

捶平这一工序，主要是将书叶上补过的地方捶薄。因为补过的地方多了一层纸，书叶装订成册叠在一起，补纸的地方即显得过高，故须将过高的地方捶平，使其和原来厚度一样。

操作法　将已折好的书叶，每十几叶分为一组，下脚与书口顿齐，平放在平面的石头上。左手轻压书叶，勿使其移动；右手持平面铁锤，在书叶补过孔洞的地方和溜过纸的书口处，轻轻捶一二遍（图十六左）。在捶平的过程中，左手要随时抚摸书叶，发现高的地方，即时捶平。正面捶过后，将书叶翻过来再继续捶背面。

一般情况下，厚纸书叶和软性纸书叶或衬纸的书叶一次可以捶平。但遇到纸性过硬或补孔过多的书叶，不可急于捶平，捶时更不可用力过猛，一次捶不平，可将书叶捻一捻，用石头轻压一两天后再捶一遍就平了。

捶书时注意事项　捶书时一定要等补过的书叶完全干后再捶，否则书叶未干，捶后容易粘连。

一次捶的书叶不能过多。书叶过多或用力过猛，都容易将书叶捶伤。如再经过一次修补，更难捶平。

落在书叶上的锤底一定要平。否则会将书叶捶伤或将补过的孔洞周围捶出鱼眼形的黑圈。

衬过纸的书叶，须先齐栏，再捶平。否则，补过的地方，一时捶不到，齐栏后仍会有不平的现象。

（五）齐栏

齐栏的主要目的，是使书口整齐，书籍美观。因此要求将书叶下脚的栏线比齐，使各张书叶的栏线上下一致，以免书口参差错落。齐栏时应做好以下两点准备。

保留印章和批校　齐栏以前，首先要注意每卷书栏线的外边有无藏书印章。再看书的天头下脚有无批校。如天头上有批校，应考虑裁书时是否会被切掉，如有被裁切的可能，须将有批校的书叶往下拉，拉至以裁不到批校的字为止。如下脚有批校的字，则将书叶往上提。宁可使边栏不齐，也不要为了齐栏而损伤书叶上的批校。

划分册数　齐栏时，将捶平的书叶，根据卷数分成比较适宜的册数。在正常情况下，应按照原来旧有册数划分。假如书叶经过衬纸，书册过厚，可按卷数另分。一般以一卷为一册，如二卷不足五十页，则以二卷或三卷为一册。总之以九十叶左右为一册较相宜；衬纸书以五十叶左右为一册。但不要把一卷书分为二册。

"齐栏"有三种做法，分述如下。

挨齐法　所有的书叶分完册数，在每册书的前后各加二叶或三叶白纸，作为护叶。做护叶的纸应比书叶厚一点，如纸薄可裱一层棉纸或衬一单层白纸。

齐栏时，厚本书每次齐一册，薄本书齐两册。为了容易看出栏的曲直，应先从最后一册开始。两手持书在锥板上顿齐。然后把书平放在锥板上，用左手的中指和食指按住书的天头，大拇指堵住书口，右手的中食指在下，大拇指在上，捏着书叶下脚，用里推外拉的办法，从上到下将书下脚的边栏齐成直线（图十七右）。假若栏线粗细不同，以最外边者为标准；书口没有栏线的书，可用鱼尾作为标准，进行比齐。

每齐完一册，左手捏书口的上端，右手捏书口的下端，将书口在锥板上顿齐，平放在面前的夹板上。如发现有不直的地方，用手拿书的一头往起直一直，或用骨簪将不直的地方轧一轧，上面压上木板，以防散乱。再用同样方法齐第二册，齐完摆在倒数第一册上面。全部齐完后，上下用夹板夹起，两手持夹板在桌上顿一顿，将书推到夹板中心，齐栏这一工序即全部完成。挨齐法是修补旧书比较常用的一种方法。

摆栏法　若遇到书品过大，或书叶纸涩，用挨齐法不易拉动书叶时，可用摆栏法。操作时，先在锥板上垂直地钉好两根大针，两针的距离与书叶的上栏和下栏的距离相同。然后把准备齐栏的书叶放在锥板旁边，由一册书的最后一叶开始，一叶一叶地自下往上放在锥板上；书口紧挨大针，放好一叶，再取一叶，顺序放好，直到放完该册书的第一叶为止。放书叶时，以两根大针为标准，使两根大针挡住书口，并将书叶的下脚边对准右边的大针，把边栏对正、书叶摆齐。

垛栏法　是将一册书顿齐后，翻过来背面向上，右手捏住天头的书口，左手由上向里捻书口下脚的书叶，使其成扇面形。翻过来平放在桌上，左手中食指压住书的上端，大拇指堵住书口，勿使其移动，右手由下往上一叶一叶地将栏拉回垛齐。这种齐法比以上两个方法快，但不适用于旧书，只有新纸或弹力强、韧性大的书叶，才能采用这种方法。

（六）压实

书籍经过修补以后，书叶发松，膨胀不平。特别是衬纸的书叶，必须经受一定的压力才能平整坚实。

压实的操作法　压实的方法是将齐好栏的书叶，连同夹板放于压书机内，勿使其移动，逐渐增加压力，不可一次压得过紧，随时用尺衡量压书机的两端，看是否有高低不平现象。经过校正，使机器底盘的两端高低一致时，再用力压紧，以免将书册压歪压斜（图十八）。书叶在压书机内压一二日后，书叶都已平整坚实即可取出。

压实的土办法　如因设备简单，没有压书机，可用石头等重物代替压书机。但须多压三五日，其效果和压书机相同。

压实应注意事项 书叶如孔洞过多，修补后，补的地方较厚，捶书时，未能捶平，不得使用压书机压平。可用石头等重物慢慢压平，因为不平的书叶，用机器猛压，会更显出凹凸不平的现象。所以遇到未曾捶平的书叶，用石头等重物压实的效果将会更好。

此外，对用拱花版印的书叶，压实时更应注意，万不可重压。例如明刻拱花彩印本的《萝轩变古笺谱》，以及崇祯间胡曰从刻印的《十竹斋笺谱》等书，都是用凸版印刷。其花纹图案凸出纸面，绝不可用压书机重压，否则即将印花压平，从而损坏了全书，对此千万不得大意。

（七）订纸捻

纸捻的制作及用途 订纸捻是为了将散叶合订起来，便于装订成册。纸捻有两种：一种是用 10 厘米长、4 厘米宽的棉纸条，将两头剪为尖形搓成两头尖的纸捻，也叫作纸锯。另一种是用比较有棉性的纸，顺着纸的竖纹搓成一头尖的纸捻，又称纸钉。

凡是接过书脑的书籍、衬纸的书籍以及厚本的书籍，可用两头尖的纸捻。一般书籍和薄本的书籍，可用一头尖的纸钉。

打眼、穿捻、捆结 先在桌上放一块锥板，锥板下面垫一块葛板，这样可减轻下锥打眼的响声。锥板之上再放一张比书大的厚纸。将书从压书机内取出，末册在上，第一册在最下面，倒放在锥板前靠左边。放好之后，取书平放在锥板上，如栏有移动不齐时，可略整理一次，把书叶顿齐。然后在书上盖上一张废旧书皮，作为每册书下锥打眼的标准样张。将尺板顺书口压在书上，按书脑宽窄的比例，在书脑上打眼。珍贵的书和曾经接过书脑的书籍，要打双眼，即上下各打两眼。接过书脑的书，一眼打在书脑上，一眼打在接出的纸上，用两头尖的纸捻穿订。其他一般的书籍在书脑上打两眼，用一头尖的纸捻订好即可。

打眼时，先在废旧书皮上扎好距离，覆盖在打眼的书籍上，扎上针眼，再撤去废旧书皮，用左手腕压住尺板，左手拿锥子，四指并拢，锥子顺四指直立（图十九左），保持垂直，防止将眼打斜，右手持锤敲打锥顶。薄本书一下即可，厚本书要打两下。眼打通后，用右手将锥子拧下（下锥前先将锥尖在石蜡上蹭一蹭，以增加润滑，便于起锥）。手拉下面原纸，使书背转向面前锥板的边缘之外，露出锥眼，将纸捻穿进眼内（图十九右），使之结实，再撤去尺板，将书翻过来。接书脑的书，要将两条纸捻的头捆结在一起；也有的不捆结，但须将两捻头盘回用稠糨糊粘牢。凡两头捆结或是用糨糊粘牢的纸捻，都要用敲锤砸一砸，使之平整。再将扎过眼的废旧书皮放在另一册上，照上法进行。

（八）裁齐

为了做到书籍三面光净整齐，以便进行包角、装皮和保持书籍的美观，凡是经过衬纸、修补过的书籍，都要进行裁切，以保整齐。

裁齐之前，将经过订纸捻的书籍，用三角尺衡量出天头、下脚和书脑三边应裁齐的地方，用铁锥或铅笔画上记号，然后进行裁齐。

裁齐有两种方法　一是手工裁齐，一是电力机刀裁齐。分述如下。

手工裁齐　把应裁切的书籍，放在裁纸木板上，每次以四至六册为一刀。先在书上横放一块比书稍长的木板，木板宽10厘米，厚2厘米。左脚蹬在木板上，右手持刀柄，左手按刀背的上端，刀紧靠木板，按画好的记号，两臂用力直切。为避免把最下面的一册裁小，下刀时应稍往外偏，不可往里偏。裁切以后，将书翻过来，把首册放在末册的下面，将栏对齐，以首册上面为准，把末册的下面用铅笔画印。然后再把首册放回原处，按照铅笔画的印记横放木板，用刀裁切整齐即可。

机刀裁齐　裁书以前，先把刀盘擦拭干净。再将准备裁切的书籍置于刀盘上。按书上画好的记号将书压紧，而后进行裁切。每裁切一刀，一般以七八册为宜。但应根据裁书册的薄厚和裁刀的型号而决定。例如用二号或三号的刀，每裁一次书的厚度最多不得超过 9 厘米。裁时，先裁书脑，再裁下脚，最后裁天头。

用机刀裁齐，上下一致，不必将书翻过裁切找齐。但也必须注意总结经验，熟练掌握技术，才能把书切好。否则，裁切时稍有偏斜，在当时虽不易看出，但把两刀书混合放在一起，则形如锯齿，便显出裁切不齐的现象了。

这两种裁齐法，各有优点和不足之处。如果裁切古旧书籍，对纸老焦脆的书叶，或是有眉批旁注，不能多裁的书，用手工裁切比较稳妥。另外，用手工裁切可以"打翻刀"，即上面裁切不齐时，可将书翻过来再切下面。此法不足之处，是手工裁切，刀口痕迹较多，切后尚须用砂纸打磨，工作效率低。而机刀裁书则无刀口痕迹，切后十分光滑，工作效率也高。

裁齐应注意事项　在裁切之前，要注意天头下脚有无批语？是否有被裁去的可能？若有批校，绝不能多裁，即便没有批校，也要少裁。因为书籍的天头、下脚其宽窄大小，是决定书品好坏的因素之一，必须注意尽量避免损伤书品。个别有顶天挨地的批语（齐栏时没有抽动过），可在批语两旁剪一小口将批语折回，以免将字裁伤或裁掉。如果批语过多，宁可不裁，使书叶不齐，亦不可将批语裁掉。

遇到纸特别老的书叶，必须使用快刀，并在书上垫一层草纸板再裁切。用手工裁切法，一次只宜裁一册，以保证书的完整。

（九）锉平

裁切完毕的书籍，因为有刀印痕迹，为了使其光滑，须用木锉和砂纸打磨平整。

锉书时，将裁切完毕的书，上下垫夹板顿齐后，在夹板上压一块石头或其他重物，放在桌的一边。左手压住书，右手持木锉在书的后背、天头、下脚先锉一遍。再用砂纸细细地打磨（图十七左），直至看不出刀口痕迹为止。

对书品考究的白纸书，为保证质量，用砂纸打磨之后，可再用乌贼鱼骨打磨一次，使之光滑。

锉书时，用力要轻要匀。否则用力过猛，使书起油发污，特别是竹纸书有时出现黑亮，极不雅观，影响书籍装修的质量。

每次锉书的册数，不应过多。册数过多时，应分批锉，每次以不超过二十册为宜。

（十）包书角

书籍用绫、绢等丝织品包角，有悠久的历史。其作用一是为了保护书脑两头的边角不受卷折；二是为了使书籍增加美观。尤其是对接过书脑的书，包角之后，能将接缝遮住，使书外形更为精致整齐。但是包书角的书籍也有缺点，因为包书角必须使用糨糊，糨糊极易遭受虫蛀鼠咬。尤其在气候比较潮湿的南方，更要全面考虑包书角的得失情况。

书角的尺寸　须视书脑的宽窄而定。一般书角的长与宽为四与六之比。如果书籍系长条形，可将书角包得长一点。如果书籍横宽，包角可横竖相等，但不能横超过长。

包书角的做法　先准备裱过纸的绫或绢等丝织品（裱绫、绢法见后）。绫或绢的颜色要与书的颜色协调。例如包竹纸书可用仿旧米色的绢，白纸书可用漂白色或浅绿色的绢等。

包角时，先用纸条比量应包书角的尺寸，将绢按尺寸裁齐。再用厚一点的纸，照书角的宽度裁一纸条，粘在桌面上。再取一册书，天头向上，书背的边与纸条右方的边对齐，下脚露出一点纸条，将绢比齐裁好，正面向下，放在桌上。用右手的中指在绢的背面抹一层稠糨糊，抹匀后，用中指粘起，以左手四指按书，将书背的下面掀起，留下护叶不掀。再将右手中指粘起的绢放入书叶与护叶之间，绢边须与纸条右边比齐，左手将书放下，右手用平面小铁锤轻捶两三下（图二十）。然后将上面两张护叶掀起，将绢折上来用大拇指按牢，在折回绢的上面，抹上一点稠糨糊，将挨着书叶的护叶粘住，将书背向外转到桌边，将绢用左手大拇指推动，顺书角粘在书背上，上面的一层护叶掀起，将绢的上面折回粘在护叶上。同时再抹糨糊把上面的单层护叶粘上，将书翻过来，同样将绢的下边折回粘在书下面的护叶上，两手持书的天头和下脚，背面向下在桌上顿两三下。这一个书角包完，再用同样方法包天头一端的书角。

绢上裱纸的方法　包角用的绢或绸、绫等丝织品，须在其背面裱一层白纸。裱时，先将绢平铺在漆过的裱书板上，用鬃刷蘸水将绢的横竖丝刷平，用布吸去水分，再用鬃刷在绢上均匀地刷一层稠糨糊，取一张比绢四周大一点的白纸铺在绢上（最好用棉连纸或其他薄一点的白纸，不能用厚纸）。右手持没有蘸糨糊的鬃刷在纸上用力摩擦，使绢和裱上的纸紧贴在一起，再于四周抹上稀糨糊，然后粘在裱书用的纸壁上绷平，干后即可使用。

（十一）装书皮

书籍装皮，既能保护书叶，又可增加美观。装皮的方法有数种，可根据书籍的具体情况，采用不同的方法。

普通装皮法　适用于一般书籍，方法比较简单，省工省料。

装皮时，先将整张书皮纸按书的大小裁开。书皮多时，以三至五叶为一叠，正面在外对折起来。然后将书皮的一边再折一印，可根据书籍的大小决定折边的宽窄，一般折边 1 厘米宽即可。折好，翻过来，再将书皮的另一边，也同样折一印，并用轧子压一压，使折印不至复原。然后从中缝用割纸刀将书皮割开，成为两张单叶，再将折印回折。这样每张书皮就都有了折口。

将需要装皮的书，书口向内横放在桌上，另取夹板一块，放在面前，取一册书放在夹板上，用右手的中指在接近书口的护叶上，抹三四点稠糨糊；在书脑的订书纸捻上也抹两点糨糊。用两手的中指和食指夹着书皮，大拇指堵住书口，比齐粘在护叶上，两手在涂糨糊的地方按一按，再将第二册叠在第一册上面，用同样方法粘皮。粘完前面的书皮，再翻过来照前法粘背面的书皮。两面粘好，再裁切整齐。

如果书籍只需装皮或换一新皮，无须裁切书叶时，可采用单独换皮法。

单独换皮法　只需单独换书皮的书籍，用上法在粘完一面书皮后，左手持一册书，右手持剪子，将比书富余的三面书皮按照书边沿剪齐。剪时，先从下脚一面开始，剪完下脚转至后背，再转至天头。三面剪齐后，将书翻过来，照前法在背面粘皮。背面的书皮粘完后，同样用剪子剪齐。也可将书放在裁纸板上，压好尺板，左手压住尺板，右手持小裁刀顺书边裁齐。两种方法都可使用。剪齐或裁齐之后，再用砂纸打磨平整，即可订线。

装筒皮法　还有一种筒皮，术语叫筒子皮，是两单叶不裁开的双面皮。打书皮时，中间不打折口，也不裁开，其上皮方法和上单面皮相同，只是书口不点糨糊。

四包边扣皮法　扣皮亦称四包边。其优点是书皮不易卷边折角，并能增加书装的美观。善本书籍多用这种装法。

扣皮时，先将整张书皮纸打开，计算出可装几册书用。量时要留出回折包四边的部分，即每册书的书皮要比书四周大出 1.5 厘米。然后将书皮裁成双叶筒形，用"普通装皮法"的方法，将书皮折好折口，割成单叶，将四周留出的边沿裁齐。

从第一册开始，将书放在夹板上，在书口的护叶上用右手的中指抹四点稠糨糊，糨糊点之间要有五个平均空间距离。两手的中指和食指夹着书皮，使天头下脚余出的书皮同样宽窄，用两手大拇指堵住书口，将书皮粘好。再将第二册叠在第一册上面，用同样方法粘皮。

如一部书不超过十册，可一次粘完。册数过多可分数次操作。书皮粘完后，上面垫一块夹板，在板上压一块小石头或其他重的物品，连同夹板将书背转向自己，再将夹板向后推动三分之一，使书背完全露出，将书皮大于书背的部分，顺书背的边棱用两手的中指和食指摩擦一遍，将书皮掀起顺折痕扣回去（图二十一左），将折回的书皮在里面粘住。最后将夹板连同扣好的第一册书往后推，照同样方法扣第二册。

书背扣完后，将书连同夹板竖过来，按照上法扣书的下脚。每扣完一册，将折进去的书角两端重叠部分，用剪子斜着剪去，成为斜角接口状（绸料书皮防脱丝可以不剪，两角重叠部分用小铁锤将角捶平）。再将两端和中间用稠糨糊粘住，如系包过书角的书，就将书皮的两端粘在书角上，余类推。扣天头和背面时，用同样方法操作。

书皮的材料 种类甚多，经常是用两张纸裱成的。颜色以瓷青、棕色（栗色）最普遍。因为这两种颜色古雅，其原料一般是用棉连纸，质量较差的用粉连纸或毛边纸，染成所需要的颜色。背面裱一层白纸。如需较厚的书皮，可裱一层夹连。

此外，还有用洒金笺纸做书皮的，如蜡笺、宣纸笺，其颜色有十多种。洒金又分片金与碎金等，用在书上鲜艳美观。但蜡笺上有一层蜡，宣纸笺有矾，质地都较脆，不甚坚固。用作书皮比较坚固的有发笺；也有用绸或绫、绢等染成各种颜色做书皮的。近数十年来，有的单位用库瓷青纸[1]装善本书皮，古雅大方，坚固耐久。

注：

[1] 库瓷青纸是清代乾隆、嘉庆时期生产的一种皮纸，染成青蓝色。数层合在一起，用时先用水浸泡，然后揭成一层或两层，裁成书皮。这种纸原存放于清宫内阁大库中，故称库瓷青纸。

（十二）锥眼

锥眼是为了订线，一般书籍锥四个眼；本子宽大的书籍可锥五至六个眼；个别特大本子的书籍可锥七个甚至更多的眼，应根据书的具体情况决定。

锥眼的距离与量法　锥眼时，将装好书皮的书籍放在桌上，后背向里，用一张长方形纸折成三角形，作为量距离的标尺。将书背与下脚比齐，再据书脑大小，在书角上用针扎一个针孔（图二十一右），然后将三角形纸回折，根据距离按书角眼的宽窄扎第二个孔。将三角形纸翻过与天头书角对齐，按照针孔同样扎两个眼。这四个眼的距离，除上下书角外，中间一般是四六之比，即中间两孔距离为四，和书角的孔距离为六。

也有的书，除上下书角外，其他孔距离相等，称作"三合亭"，书为长形者，中间打三个眼，叫作"五个眼"。特别宽大的书，在书角打双眼，叫作"六个眼"。特厚本的书，打眼时稍一不慎，容易将眼打斜，这就需要两面打眼。在背面同样用三角纸比齐扎孔，称作"打双眼"。

打眼的方法　包书角的书必须在所包书角的横竖中心打眼，以便打眼钉线后将所包书角的边压住。打眼时将书放在锥板上，书背朝向自己，左手四指在外，大拇指在内，按住铁锥，右手持敲锤在锥顶敲打（图二十二左）。一般书一下可打通。如打双眼，先在背面打通一半，再打正面，使两面的锥眼相通。

眼多伤脑　装修旧书应尽量使用原有的旧眼，尽可能不另打新眼，因书脑打眼过多，对书籍损坏较大。例如每装修一次即重新打眼，每册书按打四个眼计算，连同下纸捻时打的眼，合计起来两次共有十六个眼。如果重装三次，每册书的书脑上就有四十八个眼，书脑上就很少有完整的地方，再重装时也就无法再打眼了。所以要尽量使用原有的旧眼，少打新眼。遇到原有旧眼偏斜不正时，可利用一部分旧眼，再重新打一部分新眼。凡没有经过衬纸或镶过的书籍，原有旧眼偏斜不能使用时，可将一部分斜眼用纸捻堵住，在一旁另打新眼。

（十三）订线

用线装订书籍，不仅要照顾到坚固耐用，还应考虑线的质地、颜色与书籍是否协调。线有丝线、棉线和粗细之分，选择用线需要根据书的具体情况来决定。

量线　订线以前，将锥完眼的书，正面向上，书背向着自己，根据书的长短厚薄，将线量好。一般情况下，用比书长六倍的线，即可订一册。锥眼多时，用线也相应地要长一些。例如六个眼的书，须用比书长七倍或更多一点的线。一部书，册数多时，可按第一册量线的长度，一次将线备好。其中有较厚或较薄的册数时，可斟酌情况将线加长或缩短，以不浪费为原则。

选线　厚本书选用粗线；薄本书选用细线。册大而薄的书，可用三股细线平行并列来订。善本书以清水丝线订为宜。普通书使用棉轴线即可。

订线的方法　先在订书用的大针上，拴一个小线套，用作穿线用，这样比用线穿针眼方便省力。取一条线穿在线套内，两头对齐，成为双股。用牙衔住线头，右手持针，左手捏住书背，从正面右方第二个锥眼开始穿订，从针眼内穿过，引针抽线，将线头送至锥眼前时，用针从书背中间将线头拨在书脑之内（图二十二右）。

另一种方法是：先将线在第二个锥眼内打一结，将线头从结中穿过抽紧。再把书翻过，自天头第一个眼穿过，绕后背、天头再转向下脚穿去，从末一个锥眼穿出。最后将针从右端绕订线结扣，将线剪断，用锥子将线头拨在眼内，用剪子股在锥眼上轧一轧，使之平整。

订线时，如发现两股线有重叠的地方，须用针将线拨顺，使其平行并列。六眼订线的方法和上面四眼订线法相同，只是在书角上，多绕两次线即可。

（十四） 贴书签

书上原有的书签，应将它仔细揭下来，修补整齐，仍贴在修好的书皮上。如书签残损不全或改装后每册书的卷数和书签上的卷数不符合时，可将书签贴在护叶上，以备参考。

书签应贴在书皮的左上角，在天头和书口两边各留出 0.25 厘米的书边。贴时用稀糨糊抹在书签的四周，贴牢即可。贴完后，在每个书签上垫一张白纸，将书叠在一起，上面覆盖夹板，于夹板上压一块石头。过一二日书签干后，将石头和夹板取下。

（十五） 写书根字

书根写字，由来已久，北京图书馆藏宋版宋刻《文苑英华》和《册府元龟》都写有书根字，考其字迹，决非近代所写。明代天一阁藏书绝大多数都写有书根字。从书根字的写法和风格即可辨认是否天一阁旧藏。现代商务印书馆影印《四部丛刊》，中华书局印《古本戏曲丛刊》等册数多的丛书，也都印有书根字。书的下脚写书根字，使人检查某一册书，顺手可取，起到索引的作用，特别是册数多的丛书，写书根字对取阅书籍更较方便。

写书根字时，须先把全书次序顺好，检查每一册书包含的种数和卷数，把它详细地记在纸上。如果一部书不超过二十册，可一次将书根字写完。写时将这一部书前后垫夹板用绳捆紧，倒放在桌子左方的木凳上，使书根和桌面相平，以便使右臂能平放在桌面上提笔写字。在写字以前先用毛巾蘸热水在书根上轻擦一遍，使书根的裁切面光滑容易吸墨，再用细线在两头捆上稍重的东西，如铜钱、钢币等物，将线按照书根字应写的距离，摆在书根上，作为界格。写书根字一般是写仿宋体，书名字要写大一点，卷数字写小一点；册数写在订书线以外的书角上，如果一部书只有一册，就写一个全字，如果是两册，就写上下，如果是三册，就写上中下。四册以上第一册写卅等字。

第五章　古旧书籍的各种不同装修法

装修古旧书籍，既要有所创新，更要保留古书原有的时代风格。因此对古旧书籍各种不同形式的装修方法必须全面掌握。现将几种有代表性的装修操作法详述如下。

一、线装书籍装修法

这个方法主要是指线装书籍的简易修补装订。使用对象适于中小型图书馆。因为图书馆的藏书，经过较长时期的流通，即会产生破叶、断线、散叶、掉皮和书口磨开，以及虫蛀鼠咬等现象。遇到以上情况，在设备条件较差的单位，为节省时间和材料，可采用简易装修法，把书籍修补装订整齐。

准备必要材料　简易的修补装订，不需要置备大量的材料和工具。只需准备适当的棉连纸、连史纸、毛边纸、棉纸、书皮、线、糨糊和常用的小工具就可以进行工作。

书叶撕破　对撕破的书叶应及时修补完整，以免日久脱落遗失。一册书如只是个别地方有小裂口，或破损地方不大，可将书册平放在桌上，破叶下面垫一张纸，把书叶破损地方按茬对齐。左手大拇指和食指，轻轻压住破茬。勿使破叶移动。右手持笔蘸稀糨糊在书叶背面裂缝处涂1厘米宽的稀糨糊，顺裂缝粘一条1厘米宽的棉纸条。在纸条上面再涂一层稀糨糊，粘在上半叶的背面，用一张废纸盖在书叶上。右手顺粘好纸条的地方铺拉平整。然后在粘好书叶的前后垫一张纸，将书叶折好，合上书本。上面压一块木板，干后撤去木板和废纸以及书叶以外余出的纸条。随后按书叶边缘剪齐，此时则全部完成。

　　如果一册书整叠的被撕破，或每叶书被撕成数块，那就应该将书拆开来修补。拆时，先将订线剪去。如果书皮完整，可将书皮连同粘皮的护叶一同揭下来，再剪去纸捻，然后将撕破的书叶铺在桌上，下面垫一张报纸，一块一块地将它对齐，用棉纸条粘补好。干后照原样折好，在石头上或桌面上用铁锤捶一捶，两手将一册书顿齐。剪几块三角形棉纸，搓成一头尖的纸捻，按照原锥眼穿好纸捻，将书皮与护叶粘牢，重行照原锥眼订线即成。

　　虫蛀鼠咬　修补被虫蛀鼠咬的书册，照前法将书拆开。取一张书叶铺在桌上，书叶下面垫一张报纸，用毛笔围绕伤孔轻轻涂一层稀糨糊，取颜色与书叶相似的纸补在上面，用右手掌把补纸周围抚按平整。干后按前法将书册订好。如有缺字的地方，可按照同一种书，用墨笔临摹补写齐全，以便阅读。

　　书口磨开　书叶经过长期翻阅，最易磨开成为两个单叶。修补方法，是将一册书横放在桌上，书口的一面向上回折，用一块稍重的东西压住书口。然后先滑下一叶书的下半叶，于叶下垫一层废纸，在书口的背面用毛笔以平均的距离点上四五点稀糨糊，将上半叶滑下来，两单叶合粘在一起。或在书口处满抹一道稀糨糊，两单叶合粘在一起亦可，用右手掌压一压，再滑另一叶的下半叶，按前法顺序粘好。全册粘完后，上面压上一二块夹板。不应压过重的东西，以免将书叶压得粘连。一二日后，书叶已干，撤去夹板，将书取出即可阅读。

　　断线　有的书订线被磨断，如不及时把它订好，日久会使书皮脱落。订线时按书大小剪一条比书长六倍的棉线，将双头对齐，在书的上方第二个眼开始，由上往下穿订，再将线头用针拨在书脑内。上下往返订完，最后将线头捆结在结尾处。

　　掉皮　补装书皮时，可将裁好的书皮纸整张对折，然后按照折印剪开，在剪开的边上回折1.5厘米宽的折口，在护叶的边上抹四五点稠糨糊（靠书口的边上）。同时在书脑订纸捻处也抹上稠糨糊，将书皮粘在上面，等将下脚、后背、天头三面的书皮剪齐，订线即可。在上皮时如发现有散叶的书本，可用两手把书叶顿齐，再穿好纸捻，重新上皮订线。

糨糊的简易制作法　糨糊是修补书籍必不可少而重要的材料。关于糨糊的原料及其制作方法，已在前面专题介绍。从调配过程来看，虽然简单，但短时达到那种准确程度也不易做到。因此，对于需要糨糊不多而又不经常使用的单位，可采用简单的方法制造糨糊。其法是用小麦粉加水和成如同蒸面食一样的生面，在水盆中搓洗，将面搓成面筋，沉下的淀粉叫作"面粉子"，用这种"面粉子"就可制糨糊（一般小麦粉可出十分之七的面粉子）。用时取面粉子兑凉水搅拌均匀，用沸水冲熟即可使用。另外再按照一般的做法用小麦粉制一点稠糨糊，内中加一点明矾防腐，可多用几天，放在瓶内准备粘书皮用。

以上简易装修线装书的方法，可根据具体条件灵活掌握。操作时，随着当时的情况加以变通和改进。

二、整旧如旧装修法

我国古书装订技术有悠久的历史，在不同时代有不同的装订风格。整旧如旧即是为了保持书籍的原始面貌和风格的装修方法。残损的古书在修补时，经过衬纸、裁切、更换护叶和书皮后，可以焕然一新；但是却失去了古书的时代风貌，对保存古代文物和研究版本是一种损失。因此对时代较早、有版本价值的善本书籍，须采用整旧如旧的装修法，以保持文物特点。装修时，要求不补字、不描栏、不划栏，不要有求全的思想。对珍贵的古书来说，一字的模糊，或一段界栏的断线，都是考定版本的有力证据。所以在装修时，不能随意补字、描栏以冒充初印。清代内府"天禄琳琅"藏书多为宋、元、明善本，但在装订时多有补字描栏。这样既失去了古书的真相，也影响了考定版本的证据。

这是一种损坏古书的做法，必须注意。

古书整旧如旧的做法，比较细致复杂。操作时，要根据书籍的具体情况，机动灵活地决定装修的方法。因此，不仅要掌握精湛的装修技术，还要具备一些版本知识，了解不同时代书籍的不同风格，才能达到整旧如旧的要求，使修补过的古书保持原有的面貌。

（一）　保持旧观的衬纸法

有的善本书书根上写有书根字，修补时一定要原样保留。因为书根字往往是鉴定版本和查考藏书渊源的依据。例如明代宁波范氏天一阁的藏书，很多写有一定规格的书根字。字的风格和排列位置即可作为辨认是不是天一阁旧藏的依据。有些书名的天头下脚写有批注评语，对研究该书的内容和作者往往有密切关系，参考价值非常重要。修补装订时，应很好注意保存，不得损坏裁掉。

对于以上所举的有顶天挨地的批注，或是写有书根字，又需衬纸装修的书籍，绝不可裁切见新，也不能采用一般衬纸的方法。为了达到整旧如旧的要求，具体做法应是把纸喷平后，按照折好的书叶，把一册书放在裁纸的木板上，把与书籍叶数相同的纸放在书的下面，按照书册的大小，把纸裁成比书略小一点的单叶纸。如果书有数册，不能一次裁切，需要一册一册地按照书本裁纸，因为一部书不一定大小一致，只有一册一册地按照书本裁纸才能大小一致。把纸裁好后，再按照一般衬纸法，把纸衬入书叶内顿齐，因为纸比书略小，所以看不见纸的新茬，如果书的下脚写有书根字，等书压实后，仍能看出书根字来。这种衬纸一定要选用和书颜色相同的纸，才能协调。

按照上面方法裁纸衬书，是用小裁纸刀在板上用手裁切，操作起来比较费力，只适合于薄册书和册数少的书。如果一部书有几十册，可采用半裁切半保留的办法：先把衬纸一头裁齐。天头如有批语，则将纸齐的一头衬在天头，下脚如有书根字，则将纸齐的一头衬在下脚，只保留一面，其他两面裁切。

（二）溜口和书角的修补法

一部线装善本书，有部分书叶的中缝开裂，修补时为了保持旧观，只需把磨开的部分中缝溜上纸条即可。溜口用的纸条，其颜色应与书叶的颜色近似，以免露出溜口的痕迹。如果中缝磨损不甚严重，也不必添纸补齐，只需用薄棉纸条在中间稍加粘补即可，不要露出书叶之外，以保持原来书册样子。溜口折叶后不需裁切，只需剪去书口上下的毛茬，再用细砂纸轻轻打磨一遍。

书册的四角经过年深月久之后，已被磨圆，很不美观，并会降低书品的等级。在整旧如旧的原则下修补这个缺陷，应在溜口之前，先把书叶的中缝和书叶的四角，用颜色相同的纸补齐，然后再溜口。为了使书册容易捶平，只需用比书叶稍厚的纸补齐书叶的两角，无须四角全补。否则装订成册之后，四角因多加了一层纸，将比书叶厚出许多，不能捶平。补完晾干，然后折叶、捶平、下纸捻、订好。取一册书放在裁纸板上，书册上面压一尺板，用左手压住尺板，右手持锋利的小裁纸刀，将余出书外的纸边裁去，上下垫夹板压紧，用细砂纸轻轻打磨平整。在书口和裁去纸边的地方，做一些仿旧的修饰工作。如是白纸书，则用细尘土，如是竹纸书，则用烧黄土或烟丝，在书口和裁去纸边的地方摩擦一遍，使其颜色一致，不要显出修补的新茬。

（三）书皮和护叶的修补法

凡具有善本书特征的书籍，其书皮和护叶不论是否残破，只要是原书旧物，都要随书保存，即使剩有半页或几个字也不得去掉。特别是经过藏书家题字的书皮更应重视。例如清代咸、同时期的李文田藏书多有善本。但是他的书很少盖藏书印章，而书皮多有题识或署名，看其字迹即可辨认是李氏藏书。还有清末越缦堂李慈铭的藏书，都是一些清代普通刻本，装潢一般。但书内多有李慈铭的批注，书皮上也多有他的题字，而字体又很普通，极易被人忽视，把书皮去掉。因此，为保持书籍的旧观，对书皮尽可能采用揭裱办法，先揭、再补、后裱。纸皮揭后用稀糨糊在背面裱一层纸，绷在纸壁上，干后再用。裱书皮的纸宜用具有韧性的棉纸。绸绢等书皮，揭后先用水在油漆过的裱书板上将经纬丝刷直，用吸水纸吸去水分，使其稳固在板上，再用稠糨糊在背面刷匀，裱一层纸，粘在纸壁上，等干后再用。书皮残缺不全者，可选配近似的书皮补裱，残缺过多，无法选配齐全者，可将书皮粘在里面，外面再加一层颜色古雅的新书皮。护叶不全时，可照原样配齐。

（四）扣皮法

书籍为了保持旧观，不能裁切。但书角已经磨得稍显圆形，扣皮时，必须随着书角的形状，把书皮四角也扣成圆形。这种圆形书角的做法难度比较大。首先要在书皮角处，剪几道小豁口，再折边。折边时要随着书角的情况迁就圆形。除书角外，有的书在天头、下脚或后背等处，在原来裁切时即有不直的地方。扣皮时，也不能直扣，必须随弯剪豁，再折边，以迁就弯形，以使整本书籍协调一致。

（五）包书角

书籍包有书角，应将包角用的绸或绢揭下保留，待书修完后再按照原样包好。书角的绸绢如有残缺不全，必须用同样颜色的旧料配补，将原有的绸绢包在书籍的下脚，配补的包在书籍天头的角上。如果原来书角的绸绢上面有字，要仔细揭裱，不得损坏字迹，待书修订完毕，再照旧包在书角上面。

（六）书签修整法

书皮上贴有书签时，无论完整或残缺，都应补好。如果书签只写有书名不标卷数，应将整齐的书签粘在前几册上面，残破的粘在后几册上。书签上如标明卷数册数，则按标明的顺序粘在每册书上。

（七）订线和打眼

有价值的版本书，装修后要保持整旧如旧的特点。必须注意订书用的丝线，绝不能用白色的新线。因为新白线与书籍的颜色很不协调。弥补的办法，可用红茶或橡碗子煮水泡线。干后，线即变成米黄色，用这种线订在书上颜色就协调了。

订线时，应尽量用原来的线眼。如果原线眼歪斜不正，在扣皮前可将斜眼用纸捻堵住一两个，剪去纸捻的两头，捶平，扣皮之后再按其他原眼比齐，打一两个新眼，重新订线，不要完全改眼，以免眼多伤脑。

（八）书套修整法

书籍原有旧书套，套面已经破坏，应找同样材料补齐。书套里面裱的衬纸，如有损坏，必须找同样或近似的纸修补。书套上的别子如果残缺，可在废旧的书套上，找适合的配齐，不宜换用新别子。修好的书套，装书之后，若是松大，可在书套里面粘贴厚纸，或在套内的中板上附加一层薄纸板，使书套装书之后，达到松紧合适。如果书套过紧，可将书套用水喷潮，用锤砸砸，使其合适。

以上八种整旧如旧的书籍装修方法，比一般修整古书方法难度较大，费工费时。但这只是操作工序中的几个主要环节，还不能包括所有的整旧如旧的情况。在实际工作中，应根据具体要求，灵活地采取措施，小心谨慎地运用技术，做到既能把破烂书籍修补整齐，又能保持书籍原来的风格面貌。

三、线装书籍金镶玉装修法

金镶玉又称穿袍套，或称惜古衬[1]。这种装订法，主要适用于善本书，一般普通书很少采用这种装修法。

有些善本书，由于流传年代久远，书叶受到损坏；或书品过小，以至边栏外的批注顶天挨地，也有的稿本未经裁切，毛荐纸边长短不齐。遇到以上情况，都宜采用金镶玉装法。其优点是装订完后，书籍的天头和下脚以及书背等三面都是衬纸，使书叶不易损坏，书本大小不一致时，也可以镶衬得一般大小，既能保护书籍，又能使原书焕然一新（图六左）。

注：

[1]"金镶玉"的名称由来很久，传说某个朝代的玉玺坏了一块，就用黄金把它补好了，后来人们把这一名词借用在镶书的方法上。也有的解释为旧书多为黄色，镶上白色的新纸，故称为金镶玉。

"穿袍套"是南方的名称，其意思是因为镶过的书籍，纸叶大而书叶小，有如古代人穿袍套一样。

"惜古衬"也是南方的名称，是爱惜古书的意思。

（一）金镶玉装第一种做法

操作时先将破烂书叶修补整齐（方法见第四章第二节），应注意将书叶上靠栏的锥眼补好，以免镶后露出旧眼，影响书的美观。然后再进行喷水、倒干、压平、折叶、捶平、齐栏，再用一头尖的纸捻，暂时订住。最后用刀裁切天头和下脚，不得裁切书背。有的书天头下脚比较整齐，或者有顶天挨地的批语，则不必裁切和齐栏，只将天头下脚剪齐，用砂纸打磨整齐即可。以上工作完毕后，再按下面五个工序进行操作。

选纸　镶书最好选用与原书叶薄厚相等的纸。善本书多用棉连纸，一般书则多采用粉连纸。棉连纸质地柔软，粉连纸带有竹性，故较差。

裁纸　先将整张纸平放在桌上，用原书量一量，计算每整张纸能裁若干叶。裁纸时要使纸叶比书叶的四周各大出 3 至 4 厘米，以备回折。裁完后，要看清纸的反正面，不能反正乱放。每三四十叶一叠，错开平放。用喷水壶把纸喷匀，不可过湿或过干，如过湿则一时无法使用；过干则纸的折痕不能舒开；水点不匀则纸上会遗留水点痕迹。喷完后，将纸卷成一卷，放十余分钟，等纸的潮湿已散均匀，将纸打开顿齐，用板在纸上压一压，使其平整。干后将纸的四周毛边裁切整齐，用一叶纸对折起来，套在一张书叶上，将天头下脚比好。在一般情况下，天头要比下脚镶得大一些，如天头镶出 2 厘米，则下脚应镶出 1.5 厘米。按照书叶左右下脚和后背的拐角处，用大针在纸叶上各扎一个针孔，撤去书叶，将带针孔的纸舒开，平铺在全部纸上，按照上面纸上的针孔，将全部纸都扎上针孔，作为铺纸放书叶的规格。

铺纸　这一工序是将书叶一张一张地粘在纸叶上。操作时在桌上平铺一张呈文纸或其他素纸作为铺垫。将书撤去纸捻，成为一叠书叶，放在右手前方，将纸叶放在正前方，比书叶稍靠上一些。纸叶的正面向上，取一张纸叶铺在呈文纸上，取一书叶打开铺平，正面向上，按照纸上的针孔对齐，铺在纸上。这样铺一张纸，再铺一张书叶（图二十三左），相互交叉铺到四五十叶时，在书口上竖压一根尺板，板上压一小块石头，或其他稍重的物品。将一边的纸和书叶掀起，搭在尺板上，再从上往下滑一张纸和一张书叶。在书脑的背面点上两小点稍稠的糨糊，将书叶和纸粘连在一起，粘完一面，转过另一面同样粘好。粘完一叠，放在桌的一边，用一块木板压住。再按照上法进行第二叠，直至全部铺完。

铺纸的另一法是：将纸的背面向上，书叶也背面向上。铺一张书叶，再铺一张纸叶，铺够一叠后，用前法在书叶左右栏外点糨糊粘连。

铺纸的第三种方法是：每铺一张书叶，随着在书叶的左右栏外点糨糊，将纸叶铺在书叶上，两手从中间纸上往两边拂拭一下，再铺第二叶，余类推。此法比以上两法稍慢，但可避免将书叶和纸叶铺歪。

铺纸的第四种方法是：不用糨糊粘，无论正面铺纸和背面铺纸均可。将纸铺到百余叶后，即进行折边，折书叶，这种做法省去粘糨糊。但纸裁得要稍大点，纸要铺得正，折边和折书叶两手移动要轻，避免将纸叶和书叶弄斜。这种方法以铺棉连、毛边等较涩的纸为宜。若铺粉连等较光滑的纸，移动时容易将纸叶错开弄斜，应多加注意。

折边　这一工序是将四周比书叶大的白纸回折，达到与书叶相齐，以使书的四周厚薄相等。折边时，将铺好纸的书叶取四五十张，书面向下，放在葛板上，用夹板压住书的一半，在夹板上压一块稍重的物品，使夹板不易活动，将另一半书叶，掀到夹板上，取一条宽10厘米、长30厘米的深色纸条，放在葛板上。用深色纸条，是便于区分书叶与纸的边界，以便将纸边和书边对齐。将掀起的书叶和纸叶用手往下滑一叶，使比书叶余出的纸边回折与书叶下脚对齐（图二十三右）。注意不要压住书边，纸边和书边一定要对齐。然后再将深色纸条移到书叶的上面，照样往下滑书叶和纸叶，同样往回折，余类推。

下脚折完后，将葛板转过，压住下脚，再按上法折天头。

折后背时，将葛板横放，在天头下脚折回的纸边处，剪出一道豁口，距原书背的一半，否则上下书角比其他部分高出一倍。用同样方法折纸边，另一边也用同样方法剪豁、折边。折完后用葛板压起来，放在一旁准备折叶。

每折完一叠，摸一摸四周，看是否和书叶中间薄厚一样。如果镶的纸厚而书叶薄，成为凹形，则可将折回的纸隔几叶再舒开一单叶；如果镶的纸薄而书叶厚，成为凸形，则可隔几叶在四周再粘一纸条，使书叶与纸叶的镶边厚薄一律，以保持平整。

为了节省用纸，在书的后背不采用纸边回折的方法，而是将纸裁成比书叶后背宽1.5厘米至2厘米的单叶，另用同样纸对折成1.5厘米至2厘米宽与书叶同样长的纸条，在没有回折的纸叶边上，点三四点稠糨糊，使纸条双边在内粘在纸上，称为

"垫书背"。操作时为了使粘的纸条和天头下脚同样厚薄，可根据情况，多垫或少垫纸条，以保持平整。

折叶　这一工序是将铺完的书叶折起来，以便齐栏订本。操作时有两种方法。

第一法是：将折完四边的书叶，正面向上，天头向左，连同葛板横放桌上。放时要留出近前的桌面，桌面上铺一张干净白纸。两手向前拉一张书叶，使书叶的折口正对在桌子的边棱上。如果桌子的边棱不整齐，可在桌上放一块有棱的木板，否则无法折叶。两手的中指在书叶下，大拇指和食指在上，顺桌棱将书叶按原书口对折捏起来（图二十四左）。将桌上书口处铺拉一下，放在右手旁的夹板上，余类推。

第二法是：将折好纸边的书叶，背面向上，连同葛板放在桌上，留出面前的桌面，上面铺一张干净纸。两手往前取一张书叶放在面前，两手中、食指在上，大拇指在下将书叶按书口中缝往回折齐放在右手旁的夹板上（图二十四右）。

无论用以上两种方法中的任何一法，将全部书叶折完后，分二三十叶为一叠，两手分持天头和下脚，以书口向下在桌面上顿齐。如发现书叶和镶的纸有不齐的地方，可用骨簪或大针将书背点的糨糊挑开，再顿一次，则书叶内往里抽着的镶纸就和书叶贴在一起了。再经过捶平、分册，加护叶齐下脚、压实、下纸捻、裁书、锉平、包角、扣皮、订线等一系列的程序将书装好。具体方法见本章第一节"线装书装修法"，并参看图六左。

（二）　金镶玉装第二种做法

这种方法也叫作衬镶法。裁纸喷平后，按书比好规格，不经过铺纸的手续，即按照书叶大小先折边，再将纸折成筒形，依照衬纸的方法，将纸衬镶在书叶内，这样做省去铺纸和粘书脑的手续。但是衬镶的书，往往在书口处发生书叶和衬纸有参差不齐的毛病。并且在上下书边也有时发生书叶和纸叶叠在一起或空着的情况。所以这是一种不正规的粗糙做法。对装订质量要求较高的书籍，不宜采用。

（三）金镶玉装第三种做法

凡是书籍破损比较严重，书品又过于窄小的普通书籍，可采用这种做法（连粘带镶法）。操作时简便省工，从外表看来和第一法的成品相同。但翻阅起来，不够坚固。这是因为破烂的书叶粘在新纸上，由于新旧纸张的韧性不同，在粘糨糊的周围极易破裂，所以对一些善本书，不能采用这种做法。

操作时，先按照书叶的叶数准备镶书用的衬纸，将纸裁成比书叶四周各宽出 3 厘米的纸叶。纸的正面向下放在桌上，面前放一块葛板，仿照溜口的方法，将书拆开放在桌上右方。取一张书叶，正面向下，平铺在葛板上，右手持笔在书口处由上到下，抹一道稀糨糊，书叶上面有破烂的地方，也用笔抹上稀糨糊。两手取一张纸，按照书叶比的四周大小，铺在书叶上面，用右手铺拉平整，揭起放在备好的另一块葛板上，再进行第二叶，余类推。全书粘全后，用水喷平、倒干、折四边、折叶、捶平、压实、齐书下脚（不齐栏）、订纸捻等工序和第一法同。只是不单独溜口、不修补、不裁切原书。

（四）金镶玉装第四种做法

一般不是珍贵的线装书，遇到有严重破烂糟朽，而书品又过于窄小，不宜裁切时，可采用裱镶的方法。这种方法既能将书叶装修整齐，又能将书品展宽，是一种省工省料的操作方法。缺点是裱的书叶较硬，不像修补的书叶柔软；并且裱的书叶未经过修补，虫蛀过多的地方，往往低洼不平，颜色也不均匀。

操作时，首先将纸裁成比书叶四周各宽出 3—4 厘米的纸叶，将比书叶大的下脚部分折回，仿照裱书叶的方法刷糨糊。但是，因为裱镶的书叶上下两端都有纸边露出，刷糨糊时要注意将书叶四周糨糊擦净，免得将纸弄脏。干后喷水压平，折四边，按前法装订整齐。注意裱镶书叶用纸要薄厚适中，以保持修装好的书能够平整。否则镶裱用纸过厚则书更形硬挺，过薄则天头、下脚、书脑等处与书叶中间不能一样平整。因此，最好采用与书叶同样薄厚的裱纸。裱书用的糨糊，以稀为宜。

四、毛装书籍装修法

毛装又称原始装。稿本书因天头下脚往往有批校文字，不便裁切，多采用这种装订形式。

装订时将补好的书叶捶平压实，用整张书皮纸根据书的大小，裁成双叶筒皮，从中间对折，下纸捻时打开书皮向外折回二分之一，放在锥板上，将书口与书皮的中间折印对齐，上面横压一根尺板，掀起上半叶书皮，在书脑上按平均的距离打好双眼，用两头尖的纸捻穿订。翻过书本，在书册背面将纸捻两端系紧，在书册的前后纸捻上抹稠糨糊粘住，用敲锤在纸捻上轻捶一二下。这种订法，书皮外面不露纸捻。称为暗订法。

还有一种明订纸捻的方法，即在书皮上打眼穿纸捻（图七右），将书背面纸捻两头系紧，用敲锤捶平。

稿本书籍有的字迹紧靠书背，影响订捻时，可将书背有字部分回折，在回折的背面粘上与书本长短相同和书背比齐的纸条，订捻时将纸条订住，露出回折的文字以不影响阅读。

五、卷轴书籍装修法

卷轴装是书籍用纸张以来最早的装订形式。从公元3世纪的东汉末年一直沿用到10世纪北宋初年。当公元7、8世纪的隋唐时代更为盛行。卷轴装的修补装裱方法如下。

先把破烂的书卷，用镊子轻轻从头揭开，每三四张书叶分作一段（最长不超过两米）。字向下平铺在油漆过的长方裱案上，在书叶的下面预先垫上一层薄纸，在背面用排笔洒水，使书叶潮湿平铺在纸上，如果书是裱过的则用镊子揭去背后的裱纸（图二十五左）。如书叶糟朽，背后的纸用镊子不易揭掉，可用右手中指将纸一点一点地搓掉。搓时，手动作要轻，防止将正面字搓伤，把残破的地方用同样纸补齐。有的书是多张书叶接连起来的，在每张书叶接缝处用稠糨糊粘匀，右手持排笔在书叶的背面从左到右普遍地刷一层稀糨糊。将有棉性的纸裁成比书叶上下稍大1—2厘米的纸叶，一张一张地卷成一卷。左手持纸，右手持鬃刷，从右到左裱一层纸，用鬃刷将纸和书叶刷平粘牢（图二十五右）。如果纸短书叶长，则需用数张纸接连起来，接缝处必须用糨糊粘牢。揭起晾在旁边，干到七八成时，在书叶上洒一点水，并在纸的四边涂一细道稀糨糊，揭起粘在纸壁上绷平（图二十六）。

书叶绷在纸壁上，室内应保持适宜的温、湿度。温度过高易使书叶崩裂，湿度过高书叶不易晾干。亦不要将纸壁放在门口或窗前，以免被风吹而发生崩裂。冬季室内温度一般要求保持在15℃—17℃，相对湿度保持在50%—60%。在这样的温、湿度条件下，使书叶逐渐晾干，以免发生书叶崩坏等现象。

书叶在纸壁上粘贴时，应在纸边留一道4—5厘米的小缝，向缝内吹一些气，使书叶中间鼓起稍离纸壁，再把小缝粘住，这样干后容易揭下。绷三二日后用竹起子把书叶轻轻揭离纸壁。再将书叶接缝的两端用小裁纸刀裁齐，刷上稍稠的糨糊，顺序接连成一横幅。等接头的糨糊干后，将整幅书叶平放在裁纸板上，用一张纸按书叶的下脚比齐。每隔40厘米用针扎一针孔，用大尺板紧压在书叶的下脚扎孔处，尺板上压一块铁石等稍重物件，按照针孔用小裁纸刀裁齐（图二十七），卷成一卷。下脚向下顿齐，在天头书边处用针从外向里扎一个针孔，打开平放在裁纸板上，与裁下脚书边一样，用尺板压住书叶，顺尺板旁边针孔裁齐。再卷起来把天头下脚用砂纸打磨平整光滑。然后再打开在卷尾粘一木棒，叫作地轴。轴的两端各露出 1 厘米。在书卷的开头处粘一张长约 30 厘米的素纸，叫作裱，或称护首。在护首的边缘处，粘裹一根最薄的竹篾，竹篾的两端与书的横幅相齐，叫作天轴。在天轴的中间缝缀一根线带或丝绦，在带的另一端缝缀一个骨签或竹签（别子）。有的卷轴护首前贴一张书签，上面标写书名和卷数（图二左）。

以上是介绍经过补裱的卷轴书籍装修方法。如果书卷虽然破烂但不糟朽，也未经裱装，则不必在后面裱纸，只把书叶的破烂处用同样纸补整齐，上下亦不需裁切。经过捶平、剪齐，照原样卷起即可。尤其对时代较早的古卷轴，更要避免揭裱，因为揭去一层纸，会使正面的字迹受到揭裱的影响，而模糊不清。前人曾总结出"纸去其半，伤字精神"的经验。具体的说，就是古卷轴揭去一层旧纸，另裱一层新纸，就改变了原来的面貌，如果裱后再加以裁切，使书品缩小，则受到的损失就更大了。

六、折装（梵夹装）书籍装修法

折装的形式是由卷轴装演变而来，修补时的操作方法如下。

先将书叶的原接缝处揭开，分作数段，然后选用同样纸把残破的地方修补整齐。经过捶平，把天头下脚剪齐，再用稍稠的糨糊把每段书叶粘连成整条横幅，按原书折口折齐，前后加白纸护叶，扣皮即成。扣皮法见第四章第三节"古旧书籍装订的程序和操作法"中的"装书皮"。

原书如已糟朽，除修补外，需在书叶背面裱一层纸。裱纸的方法与卷轴装裱法相同。干后用稍稠的糨糊把接缝粘连，使成一横幅，按原折口折齐，把天头下脚裁切整齐即可。

七、蝴蝶装书籍装修法

蝴蝶装的做法不用纸捻和线，只用糨糊粘住书背，装以硬面书皮。其优点是版心向内不易磨损，书口及天头下脚如有损坏，不需拆装即可裁切整齐。又因揭开书册可以看到书叶的全貌，所以对刊印的整叶画谱、地图等，最适用这种装订形式。宋、元旧刻亦多用蝴蝶装（图五）。做法有以下数种。

（一）蝴蝶装第一种做法

操作时，先把书叶以书口为中心，从正面对折起来。前后加入护叶，护叶的折法与书叶相同。从书叶背面齐栏，如因纸厚边栏看不清楚，可齐下脚，然后压平。再顿齐折口，用夹板夹好，露出折口，上压石头或其他重物，勿使其移动。连同夹板将书移至桌边，左手掀起折口，右手持鬃刷在折口上薄薄地刷一层稠糨糊，使糨糊进入书的折口缝内约 0.1 厘米，或用鬃刷蘸稍稠的糨糊，在折口上横竖刷匀，使糨糊稍稍进入书口内，再将书推进夹板之内，用纸条按背粘好。每册书粘一纸条，干后即可包书皮。如果夹板内一次夹有数册书，也可用一张纸粘起，干后按册用刀割开，外面包书皮，做法与包背装同。

（二）蝴蝶装第二种做法

将书叶折好后，按册顿齐，加入护叶，折口向内，放在桌面上，用夹板压住书的一半，露出折口，夹板上压石头等重物，左手掀起书叶，右手在折口的背面，以平均的距离，点上三四点稍稠的糨糊。这样一册书的书叶就连在一起了。外面包上书皮，做法同前。

这种做法的优点是不伤书口（版心），展开容易放平。缺点是因用糨糊少，容易散开，比第一法更不坚固。清代著名藏书家黄丕烈多采用这种装订方法，后人通称这种形式为"黄装"。

（三）蝴蝶装第三种做法

这是一种订线的做法，从展开的书叶看是蝴蝶装，从书背和下脚看又是线装的形式。这种做法最早见于清代康熙年间刻印的《芥子园画传》，近年商务印书馆影印明刻本《三国志演义》也采用了这种装订形式。具体做法如下。

先将补好的书叶喷平、倒干后，将书叶正面向内折齐。取与书叶颜色相同、厚薄相等的纸（纸可比书叶稍厚，不能薄于书叶），裁成5厘米宽与书叶等长的纸条，将书叶上下比齐折口，每叶之间错开0.5厘米。一叶一叶地由右向左摆在葛板上，每十余叶为一组，最上一叶用纸盖住，将折口露出0.5厘米，在折口上涂抹稍稠的糨糊，由下到上在每张书叶上粘一纸条。粘完后上面盖一张纸，用右手抚平，使书叶和纸条紧密粘连。然后一叶一叶地揭起放在另一块葛板上，再进行第二组，余类推。

全部粘完后，每七八张书叶为一层，排列在葛板上，每层前后各垫一张吸水纸，上面压石头，干后顺序顿齐，仿照接书背的方法，将纸条的另一边回折，折与书叶的折口相齐。再经过捶平、压实、订纸捻（纸捻订在粘好的纸条上）、裁齐等工序，则初步完成。再经过包书角、扣书皮、订线之后，从外表看与流行的普通线装书没有任何区别。

（四）蝴蝶装书籍金镶玉法

蝴蝶装的书籍，如果书品过小，也可用金镶玉的形式把它装订起来，以弥补书品过小的缺陷。这种装订形式反映了我国传统装订技术上的一种方法。对整旧如旧保持善本书的艺术代表性有一定的意义。其做法如下。

根据书叶的数量裁好纸叶，纸叶要比书叶四周大于镶出的部分，将纸叶喷潮压平，每三四十叶一叠在中间折一道印，按照下脚镶出大小，将纸往回折一道印。将修整好的书叶展开，正面向下铺在纸葛板上，在书叶的中缝抹一细道稀糨糊，糨糊抹得越细越少越好，将一叶纸按照中缝和下脚折印粘在书叶上。全书粘完后，上面用夹板压住，等糨糊干后，按照书叶数量和镶出天头、下脚书脑的宽窄裁一些纸条。将书叶每四五十叶一叠正面向下横放在葛板上，用夹板压住一半，另一半翻到夹板上，然后往下掀一叶书，用一张重色的纸条照在书叶下，在镶出的纸边上，轻轻少抹三四点稀糨糊，粘上纸条，一头粘完，将书叶转过照样粘纸条，上下粘完后，将书顺放粘书脑。全部粘完后，上面放一块木板，板上压一块石头；等粘的纸条干后，即折叶（正面向内），用铁锤在石头上轻捶一遍，齐一齐下脚，加副页，在压书机内压实。按照前面蝴蝶装做法在中缝背面的纸上刷糨糊，等糨糊干后，用夹板压住书口，在书脑处将两面镶出的纸轻轻点上三点糨糊粘住，这样掀开时就不露纸条了，经过裁切、包书皮即完成。

八、包背装书籍装修法

凡书背窄小，又不便接书背的书籍，订线困难，可采用包背的装订方法。包背装分为"软面包背装"与"硬面包背装"两种形式三种做法，分述如下，并参看图六右。

（一）软面包背装第一种做法

包背装与蝴蝶装完全相反，书叶正折、书口向外、加入护叶。齐栏后，前后垫夹板、用压力压平压实。将书放在锥板上，在左右边栏外的书脑的两端和中间，各打两个眼，两眼的距离约1.5厘米。用棉纸剪成约10厘米长、4厘米宽的纸条，搓成两头尖的纸捻。每一册书用三根纸捻穿在眼内，将书翻过，在背面将纸捻拉紧，再把纸捻两头系紧，用敲槌捶平。裁切整齐，打磨平整。上下垫夹板压齐，书背向外放在桌边上，上压石头，在书背上抹一层稠糨糊（浆背），用白纸裁成和书长相同的纸条，把书背包起来。或者将一部书同时顿齐，在书背上抹糨糊，粘一整张纸，干后用刀割开，再按以下方法进行操作。

　　首先按书本的大小裁好前后相连的整张书皮，四周比书叶各大出1厘米。书皮如有卷皱不平的地方，用水喷潮放在压力机内压平。然后将书皮的一面回折1厘米宽的折口。

　　把书籍放在夹板上，书口对向自己。在护叶上以相等的距离抹三四点糨糊。两手持书皮的折口与书口对齐，上面压一块夹板并放一重物。移夹板使书的下脚对向自己，并推移上面的夹板与书下脚错开三分之一，将书下脚比书余出的书皮，顺书边压下，用手摩蹭一遍，使之出现折痕，再顺书边折进去，剪去书口一方的回折部分，使书角回折的书皮成接口状，抹一点稠糨糊粘好。随后再将夹板拉回，将书的天头转向自己，按照扣下脚的方法，把天头的书皮同样扣回粘好。再将后背转向自己，右手把书皮顺书背边棱摩蹭平整。将书皮顺书边折回，暂时不粘糨糊，将书正面向上，用夹板压住正面书口部分的三分之一。掀起书皮，在书背和纸捻上抹一层稠糨糊，将书皮和书紧粘在一起，将前后书背和边棱处摩蹭平整。在书后面护叶的上下两端，各抹上三点糨糊，使书皮粘在护叶上，将书口处余出的书皮，顺书折回，上下两角有重叠的地方，用剪子剪齐，抹上稠糨糊粘好。每装完一册，即用夹板压起，上面压一块石头，以保平整。而后照样装第二册。

　　（二）软面包背装第二种做法

　　取一张书皮使正面向里，对折成一面稍宽、一面稍窄的筒子皮。所谓宽窄的标准，可按书本薄厚决定。再取书　册，背向自己放在面前，在书背方面的护叶上用右手中指点上三四点稠糨糊，为了扣皮往里折边时需要掀起书皮，点糨糊不可到头。这时取一张书皮，使窄的一面向下，放在书上和书背对齐，把书皮粘牢。另取第二册书放在第一册上面，仍照第一册粘皮方法操作，以此类推。粘完书皮后，将书一齐翻过来，放在一旁，仍先取第一册放在面前，把筒子皮伸开绕过书背裹到书的另一面，左手按住书皮、右手顺书背边棱摩蹭两下，压上一块夹板并放一小型重物，使书的天头或下脚向自己，把夹板推进三分之一，把余出的书皮顺书的边棱摩蹭一遍，再使另一头转向自己，照样把余出的书皮顺书的边棱摩蹭一遍，把压书的重物取下，将书翻过，照样把天头下脚余出的书皮摩蹭一遍，然后展开整个书皮，把天头下脚的边折回。但务必将包书背处的折边用糨糊把书皮粘牢，以免包完书背后而两头空虚。同时把粘完书皮的一面向下放在桌边，使书背与桌边相齐，用夹板压住书口部分的三分之一。在书背上抹一层稠糨糊，并在靠书背的护叶上薄薄的抹一些糨糊，将书皮往上包紧，用夹板压住书皮。取一张厚纸垫在后背上，用骨轧子把书背压平，使其粘牢。最后把书口转向自己，将夹板推进三分之一，把书口方面余出的书皮用手顺书口边棱摩蹭一遍，将边折回，两头用剪子把书皮剪成接口状，在护叶的天头下脚处各抹两点糨糊，使书皮和护叶粘牢，把书翻过同样操作后，放在一旁压上夹板。然后进行另外的书本，方法同上。全部书本包完后，用夹板压起，上压石头，等糨糊干后，即全部完成。

（三）硬面包背装的做法

用硬纸书面包背，是包背装早期的做法，形同现代的精装。闻名于世的《永乐大典》就是我国在 16 世纪用硬纸做书面包背装的一部大百科全书。

做法是在订纸捻时先将前后护叶的单叶，从书背处回折，露出书脑，在书脑前后两面粘上宽 5—6 厘米、长与书齐的坚固布条，布条的一半露在书背外。干后，在书脑布条上，上中下打六个眼，订三根棉纸捻，纸捻在书正面穿紧后，在背面捆结（为使纸捻坚固，搓纸捻时，在纸内可加入几条丝线），用锤将捆结的纸捻头捶平，将回折的护叶打开，用稀糨糊粘在布条上，再将露在书外的一半布条往回折与书背的边棱对齐。裁两块与书大小相同的纸板，纸板的厚薄根据书本的大小厚薄来决定。将纸板四面用砂纸打磨平整，在布条上抹稠糨糊，将纸板对齐书背粘在布条上，顺书背抹一层稠糨糊，上面粘一纸条。裁出前后相连的书皮，四周比书叶各大出 1.5 厘米。待书背的糨糊干后，在书背中间再抹稠糨糊，两头各留出 5 厘米，将书皮对折粘在书背上，将比书背上下大出的书皮，按照书背的宽窄剪两道豁口，回折粘在书背上，再将前后纸板上满刷一层稠糨糊，将书皮用鬃刷在纸板上刷平，再把四周余出的纸边回折包住纸板，将书角上重叠的书皮剪去，干后在纸板背面粘一层比纸板稍小一些的里纸（衬纸）。纸板的上下各垫一张吸水纸，用夹板夹起，再压一块石头或其他稍重物品。数日以后，待糨糊完全干透，撤去石头、夹板及吸水纸即可。

操作时应注意两点：

（1）用硬纸包背的书籍，必须将书背裁齐。否则，包装书面以后，掀开书皮或书叶，都不能放平，阅读时很不方便。

（2）刷糨糊粘书皮时，动作要迅速，粘毕随时用石头压实。不然，纸板刷糨糊后就要膨胀，干后又收缩，使书皮与书叶大小不齐，书皮也不平整。

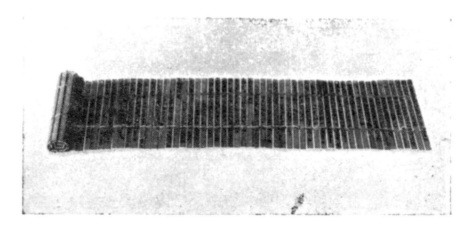

图一　木简

图二　卷轴装

图三　折装

图四　旋风装

图五　蝴蝶装

图六　金镶玉装（左）　包背装（右）

图七 线装（左） 毛装（右）

图八 破烂书籍与修补完整书籍的对照情况

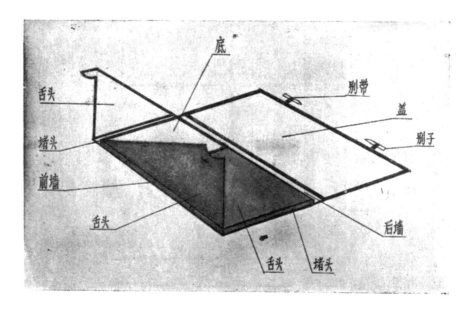

图九　四合套（月牙套）

图十　工具

图十一　冲水

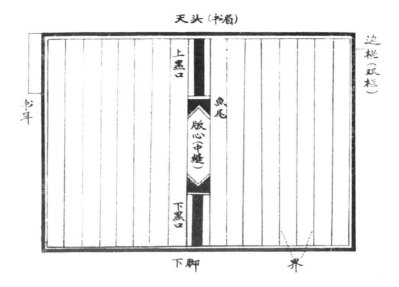

图十二　书叶各部位的名称

图十三　裱书叶（左）　补书叶（右）

图十四　溜口

图十五　折叶（左）　划栏（右）

图十六　捶平（左）　衬纸（右）

图十七　打磨（左）　齐栏（右）

图十八　压实

图十九　打眼（左）　　订纸捻（右）

图二十　包书角

图二十一　扣皮（左）　比眼（右）

图二十二　打眼（左）　订线（右）

图二十三　铺纸（左）　折边（右）

图二十四　折叶

图二十五　揭纸（左）　裱纸（右）

图二十六　上纸壁（上墙）

图二十七　裁齐

图二十八　成品检查

附录 装修书籍操作规程及成品检查标准

为保证装修古旧书籍的质量，建全科学管理的制度与方法，制定出切实可行的收发和操作规程，以及成品检查标准是非常必要的。对于工作人员来说，在工作中严格遵守操作规程，用高标准要求成品质量，提高对装修工作的责任感，是维护与继承我国宝贵文化遗产的重要条件。为达到以上的要求和目的，特做如下规定。

一、收书和送书的手续

收到或取到一批书籍时，须当面点清，及时填写在登记簿上。详细注明书名、册数、日期和装修的内容，并交专人保管。

装修完毕送还时，也须注明送还日期，并由原发书人点清后，在登记簿上签收。

二、装修书籍操作程序

1. 根据每种书籍不同的装修要求，进行研究，订出修整措施和完成时间。详细写在操作单上，操作单一式两份，一份随书交操作人按照执行，一份由负责人保存，以备考查（操作单格式列后）。

2. 一般书应根据收到先后，顺序修装。但为了照顾阅览和急需，可按轻重缓急灵活掌握装修的先后顺序。

三、修补操作规程

1. 修补书籍所用糨糊，必须用上等面粉做原料，提出面筋，在夏季掺入少量明矾，制成后泡在凉水盆内。稀糨糊要每日更换。修补书籍使用糨糊时，应根据书的不同纸性，选择不同程度的稠稀糨糊。

2. 冲水去脏要适当用碱，再用清水洗净；要用洁净纸做吸水纸，夏季要勤倒书叶勤换纸，以防书叶发霉。

3. 补破书叶要根据书叶纸纹用纸，使书叶和配纸的纸纹横竖一致。抄本书或印有红蓝格的书，修补时注意防止墨色或格的颜色不要烘散。补破叶时要用配纸的纸边补书叶的四边，使其颜色一致。

4. 修补破叶配纸须根据书的纸性和颜色使用同样的纸，宁可稍浅，不能过深。

5. 开口书叶要将两单叶对齐，两单叶中间可稍稍离开，使有一线之隔，不得重叠。溜口纸条要宽窄适当，一律用竖纹纸条。白纸书用白色纸条，竹纸书用仿旧色纸条。

6. 糟朽书叶须用整张棉纸裱，裱时用排笔蘸稀糨糊横竖刷匀。

7. 受水湿难揭的书叶，根据水湿轻重分别采用干揭、湿揭或用笼屉蒸揭的办法处理。

8. 书叶修补后须喷水倒干。书口如有河栏须用沸水烫开，干后再折叶。为防止夏日发霉，要勤换纸、勤倒书叶。

9. 折书叶时，一律按旧有的折印折齐。溜口书或曾经裱过的书叶，要将背面纸上的小疙瘩去掉。

四、装订操作规程

1. 捶书时，锤落在书叶上要平，书叶不宜过多过厚。捶书石的石面要平净。如捶白纸书叶须在石面上垫一层净纸，以免将书叶玷污。过老的书叶下锤要轻。书叶要晾干后再捶，避免将书叶粘在一起。

2. 衬纸书须根据书叶破损轻重程度，采用单叶衬纸或双叶衬纸。白纸书衬白纸、竹纸书衬竹纸。一般衬纸须将纸裁的比书稍大一些，遇到书品过小三面不裁切的书，可将衬纸裁切成和书叶一样大小。书口过高（厚）无法捶平的书，须将衬纸错开折后倒衬。

3. 压书要上下垫平整的夹板，在压书机内放书要端正。加压力时先轻压，然后徐徐加重。修补过多未能捶平的书要适当掌握压力、不能压得过松或过紧。

4. 齐栏要直，书口要顿齐，珍贵的书尽量少用齐栏的办法，要多用齐书的办法，以尽量少裁书为原则。齐栏前先将书按次序顺好，以免将书订错（包括操作中发生的错误和原来旧有的错误）。

5. 订本，厚本书用纸锯订；薄本书用纸钉订；善本书一律用纸锯订。衬纸书和金镶玉装及原来厚本书可适当分本，但须根据卷数和段落来分。下纸捻时要注意订在书脑适当的地方。

6. 裁书前先检查天头下脚有无批注，用机刀裁书时先将刀盘尘土擦净，比好规格，然后将书放入刀内，开闸裁切，裁毕随手关电门，注意操作安全。无论善本书和一般书均须注意少裁，以三面裁齐为限，否则会影响书的质量。册数多的书，裁切时要上下对齐书口。

7. 打磨书时先用木锉锉平，而后用砂纸打磨平整干净。操作时要细锉细磨，不能用力过猛以至将书锉偏。

8. 包书角要根据书本大小和书脑宽窄决定书角的大小。善本书要用旧绢包书角，白纸书用浅绿色或白色绢包，竹纸书用米色仿旧色绢包。一部书册数很多时，包角必须上下整齐一致。书角要求包紧、包平，角面无鼓包。

9. 修装书皮

（1）使用书皮要将质量好的用在正面。一部书的书皮要求颜色一致。

（2）原有书皮，如果是清代乾、嘉以前时代较早者，必须一律修裱整齐，依然在原书上使用。年代不足百年的书皮、又无收藏家题字者，可以更换新皮。

（3）一般书可采用单面上皮，或双叶筒皮。善本书一律用四包边扣皮。要求天头、下脚、书背都平整无棱。

10. 打眼要正。一般书打四个眼，较宽大的书打六个眼，长形书打五眼，厚本书前后打对眼。不得将眼打歪打斜。要多利用原眼少打新眼，以免眼多伤脑。

11. 订线要订紧，两股线要并列，线在眼内要分清，不得有重叠或松紧不匀现象。结尾线头要卡在书背内。厚本书和大本书用粗线，薄本书用细线，本大而薄者用三股细线，一般书可用棉线，善本书用染色仿旧丝线。

12. 粘书签的位置一般粘在书皮左上角。如书签不全或改本后，书签上的卷数与书不符时，可粘在护叶上，只粘签的四周，要粘正粘直，不皱而牢，用糨糊不要过多过稠。

13. 金镶玉书要将书脑上的旧眼补好，使镶后不露旧眼。镶出的纸要天头大，下脚小，一般是六与四的比例。尽量采用厚纸书用厚纸镶，薄纸书用薄纸镶，使镶出部分要和书的中间一律平整。

14. 包背装一律用纸锯订背，一般书订三个纸锯，大本书订四个纸锯。订后在书背面双头捆结，或将双头盘回，粘牢捶平，用稠糨糊浆背，要求将书背裹紧裹严。裹背书要注意避免造成书口高，书背低的现象。

五、成品检查标准

1. 每一种书完成后，除由操作人随做随查外，并经专人检查，符合质量标准始得送还原发书单位（见图二十八）。

2. 成品检查合格的标准如下：

（1）糨糊使用适当，不稠不稀。

（2）配纸颜色深浅、厚薄均匀。

（3）补破叶要平整；糟朽书叶不伤字。

（4）折叶不歪不斜，书口不偏。

（5）捶书平整匀称，不伤书口。

（6）齐栏直而不斜，书口顿齐而平整。

（7）裁书要齐，不伤字，册数多时，各册上下颠倒也能整齐一致。

（8）打磨书不发油亮，不起毛茬。

（9）包书角紧而严，不起包，上下一致，大小适合。

（10）扣皮要四面扣齐。

（11）打眼正面反面都不歪不斜。

（12）订线，线的粗细和颜色要协调。

（13）镶书书口齐，书叶平。

（14）包背书须包平包紧。

（15）蝶装书使用糨糊适当，书口既能掀开又要粘牢。

3. 检查成品发现有不合以上标准时，须由原操作人返工重修。

装修书籍操作统计单

书　名	册　数	做　法	改装册数

计划完成时间	完成实用时间	提前 超过	时
操作人	成品质量（检查人）		

操作时间：由　　年　　月　　日至　　年　　月　　日

后　记

我国书籍的装订修整技术，有着悠久的历史。随着社会不断前进，书籍的材料和形制也不断发展演变，书籍装订的式样更是绚丽多彩，美观实用。我国的书籍装订具有民族的特色，在世界文化史上占有一定的地位。过去以单篇文章介绍书籍装订的作品虽多，但不是因为资料缺乏而论述不详，就是由于出自文人学者之手而难于具体，因而很难掌握操作方法，至于经过实践系统成书的著作，至今还未曾出版刊印过。

为了使这项濒于灭绝的传统工艺得以保存，我们就想整理编写这样一本书，内容着重叙述实际操作方法，以及装订修整古书所需用的工具和用品；同时对我国书籍装订形式的演变，及书籍本身有关的专用名词都做了较详尽的介绍。希望通过本书能够把祖国千百年来优良的装订技术保存下来，并力求有所发展和改进。

本书的作者之一，肖振棠同志今年已经是七十岁的老人，从事古旧书籍装订工作有着近五十年的历史，积累了丰富的实践经验。这本小册子可以说是他五十年来工作的经验介绍。现在把它整理出来，为祖国"四化"的建设贡献一分力量。

这本小册子是 1964 年年初，在工余之暇进行编写的，时写时停，到 1965 年 11 月完成初稿。在编写过程中，曾得到张耀华同志的大力帮助，为本书绘制插图，并参加部分初稿的整理工作。在此谨向张耀华同志表示诚挚的感谢。

1978 年，通过一些从事古籍整理工作同志的建议将此书出版，以供古籍使用或保管单位参考。因此又将尘封十数年的底稿找出来，进行了全面的改写修订，删掉了一些与装订技术操作方法没有直接关系的内容，并将原稿三十六节概括为五章十五节，以使内容简明，层次清楚，便于参考。

由于我的写作水平有限，内容错误难免，希望读者对书中的缺点错误，给予批评和指正。

丁　瑜

1979 年 6 月

第 三 部 分

诗 词

（《延年诗草》）

1. 读《在黑暗中》

天又阴暗了，
沉郁地没有一丝风。
低气压下的我，
是如何希冀一阵微风吹来
飘逸和清爽呢？

（1942 年 7 月 6 日）

2. 梦

画梦者在天空中画出两股彩虹，
我如不晓事的孩子，
堕入幻变的魔人手中，
只有可怜的害怕了。
湛蓝的天空，
深邃而寂寞，
北方倏然吹起惊人的狂风，
两条褐色的巨鳣带着黄沙
　　悠然南翔。
欲歌咏那怕人的巨大吗？
抑或喜悦绮丽偶遇的欢畅。

（1946 年 3 月 7 日北大蜡库宿舍）

3. 无题

三月浓郁的春风，
吹开骄阳迷人眼睛。
于是深巷内素白的小窗
印上了几缕金色光芒，
慵懒的人在帐中转侧了。

（1946 年 3 月）

4. 沙滩红楼

下午的太阳依然傲视人间，
独坐高楼一角，
凭窗远眺。
孩子们背负着贫穷，
唱着开心的歌调，
等待着夜校大门的开启。
广场上有激烈的篮球赛，
河沿绿荫下过去一对情侣，
细语着苦涩和甜蜜。

（1946 年 3 月 28 日）

5. 清明

风吹黄沙的季节，
太阳娇慵无力。
时序已是繁华之春，
今天却有过分的凄凉。
流洒眼泪的清明日，
我封闭在狭隘的屋中。

（1946 年 4 月 5 日）

6. 春天

三月的风，
吹开太阳半闭的眼睛。
那媚惑的光，
在绿光的小窗上，
印了几缕金线。
迟起的人还在帐中，
辗转反侧。

（1946 年 4 月 8 日）

7. 北平之春

风沙的季节，
有人缅怀江南的天气。
桃花谢了，
杏花也残败，
新柳摇枝欲泣。
太阳苍白着面孔，
乌云乃不禁依依。

（1946 年 4 月 9 日）

8. 午梦

钟声响过的庭院，
午梦中醒来的人，
揉着惺忪的眼睛，
回想梦中的风雨。

（1946 年 4 月 9 日）

9. 市声

小巷传来小油鸡的叫卖声，
汽车笛子呜呜而鸣。
孩子们有自己的世界，
做着春天的游戏。

（1946 年 4 月 10 日）

10. 月之夜

紫丁香花开的夜晚，
有残月一弯。
星星眨一眨眼，
春风吹起嚣骚的不安。

（1946 年 4 月 10 日）

11. 胜利归来

生活似出了轨的列车，
把轮子陷入了深深泥泞，
不能前行，
也得不到安适的休歇。
回到故里的旅人，
犹如失去灵魂的躯壳。

（1946 年 4 月 10 日）

12. 清平乐·咏春

留春不住，
东风又吹去。
千条垂碧杨柳路，
拂尽离人啼处。

陌头芳草青青，
夕阳西照离情。
别后相思欲寄，
山峦层隔无凭。

（1946 年 4 月 10 日）

13. 庆王府之夜

有弯月的夜，
昔日王府今日是司令部。
高墙内放送出佚荡迷人的歌曲，
不寐之夜，
伴奏的琴声更显得呜咽。
歌女沙哑的喉咙更加瑟瑟不歇，
夏历七月有旖旎故事的季节。
但是，我忘却了昨夜的雨，
牛郎织女的泪滴。
今夜是嚣骚的，
有吵人而诱人的乐曲。

（1947 年 8 月 23 日）

记 1947 年国民党军进驻庆王府后，某个夜晚，军官们在王府大戏楼的晚会。二十年后的又一个夜晚，解放军在戏楼演京剧《红灯记》，散戏后，这座百年的王府戏楼不幸被一个烟头烧掉。

（2007 年 11 月 18 日偶记）

14. 除夕

当寒鸦弥天飞过，
残雪消融成灰色。
落山的太阳散出金样的霞光，
街巷中响起稀疏的鞭炮声。
它告诉已麻木了十年的人们：
旧岁除夕已来临了。

（1948 年除夕）

15. 题家庭相册

童颜鹤发递相生，
新雨旧朋两分明。
偶然翻篇惹回忆，
逝水年华妄多情。

（1960 年 3 月 27 日）

抄此诗忽忆起当时父亲竟作一诗并用墨笔书于我诗之后，驳我之消极思想。舍弟读后告我，我弟兄对老父之达观积极思想深觉感动。

"文革"十年浩劫，文物书籍损失殆尽，老父之墨迹再也找不到了。

（2015 年 4 月 17 日记）

16. 周宅夜饮

灯辉室雅是君家，
元旦初过兴未赊。
欢饮寿酒连深夜，
笑谈平生忘年华。
未言拜寿我非是，
深情待友岂有涯。
子夜星稀辞高第，
月色如水映梅花。

（1964 年元月）

注：周宅：周崇鼐宅。周崇鼐，1949 年北京大学西语系毕业，后为北京农业大学教授。早年曾入西南联大，参加过中国印缅远征军。

17. 题长子自画像

我的儿子，
这是你的自画像，
他像你吗？
像还是不像？
总是你亲自在辞别这老屋
　　的前一夜画下来的。
你参军远行，
背着简单的行装，
　　是军人还不够英武，
　　是学生又多了高昂。
你匆忙地出发了。妈妈去送你，
表哥去送你，
姐姐也去送你。
你踏上了征途，
妈妈的眼泪流下来，
妈妈的白发生出来。
你踏上了征途，
奶奶忽然瘦下来，
爷爷更不愿睁开眼。
家！还是那个百年老屋，
　　花木凋零的庭院，
　　像是阴冷的冬天。

（1968 年 2 月 15 日）

18. 秋情

秋风吹起离愁绪，

寂寞人家，

绿荫门户，

思儿萦回，

暮云零乱何处去？

离别多矣？

哪得似庭前树，树有情时，不会得青青如此。

日暮望甥儿不见，只余慈怀引恨，

从军去日，怎忘得大汗淋淋。

但愿得翌年早归来，阶前花草见旧主，

算空有此般思念，离愁千缕。

（1969 年 8 月 24 日）

注：老宅庭院多树，常绿荫满地，蝉鸣盈耳，三儿更喜花鸟虫鱼，茉莉瓜菽，遍植庭前，时至初秋，三儿与二甥出关应召而去，信步庭院，睹景思人，漫笔记之。

19. 伤逝

杨柳春风绿，
晴空白云蓝。
景色年年似，
青春去不还。

（1974 年 6 月 4 日）

20. 干校假日

绿杨林带滹沱滩，
无奈离情酒正酣。
凭窗远眺林间路，
青鸟白云隔关山。

（1974 年 9 月 30 日）

21. 石庄午睡偶拈

泥人天气雨深秋，
檐前淅沥水小流。
冻蝇扰梦添寒意，
喜蛛结网反增忧。
邻床鼾声惊雷动，
邯郸寺外忆梦游。
流年碎影伤迟暮，
悲喜哀乐聚心头。

（1974 年 10 月 17 日）

22. 雨中送赵大之京

石正公路忆心头，
送客归去雨未收。
上智下愚名非正？
今秋依然似去秋。

（1974 年 10 月 17 日阴雨连绵，赵大归京探家）

23. 伤逝

（一）

逐处花皆好，流年貌自衰。
花红满眼日，白发半头时。
依树无言久，折枝欲退迟。
忆君空嗟叹，如雪复如丝。

（二）

无邨无廓亦无邻，
霜催落木如卷云。
平林漠漠天连地，
荒径犹存觅旧痕。

（1974 年秋石家庄干校）

24. 陪小安[1]赴南官园访藏书家叶枫[2]

寂寥曲巷隐书侠，汲古脉望有几家？
闲看牌戏如水沫，醉游西园忆年华。
吹弹歌舞年年似，夕阳无限慢慢斜。
室静炉熄封茶灶，且饮凉茶作丹砂。

（1976 年 3 月 21 日）

注：

[1] 小安：林小安，原北京图书馆善本组同人，后又任职于故宫博物院。

[2] 叶枫：即路工。1973年曾一起赴江浙访书。

25. 十年浩劫志感

（一）

旧识云烟散，新雨不见来。

壮志消磨尽，漫洒泪阑干。

心血半生耗，回首看兴衰。

白首知命日，何不释愁怀。

（二）

地旷不见人，但闻喇叭喧。

遇事随大众，过后自神仙。

回望来时路，学批加整改。

流光如逝水，往事化云烟。

（1977年6月20日）

26. 寄王多闻

（一）

鼓掌绝尘篇[1]，

旧雨忆当年。

刻意伤时景，

人间自管弦。

注：

[1] 王多闻，大连图书馆古籍专家，曾校点出版古典小说《鼓掌绝尘》。

（二）

璎珞文章自铺陈，

衷情心感意天真。

天上流云关外雨[2]，

世间百态梦中人。

川蜀报国曾入狱[3]，

善目编纂为谁嗔[4]，

自是当今晏平仲，

我为王兄举杯频。

（1981 年）

注：

[2] 王多闻为关外人。

［3］王在重庆反蒋入狱，新中国成立后又被划为右派。

［4］编辑《中国古籍善本书目》曾有派系之争而散伙，当时有编委急欲离去，经王再三调停挽留，最终大家坚持完成初步汇编工作之后，才分散回归。

27. 再寄王多闻

昨游倏已过，
再遇良未知。
临书遥相望，
涕零又沾衣。

（1995 年 12 月 16 日）

28. 三寄王多闻

人生跌宕太迷茫，
回忆杳眇倍惆怅。
独斟冷酒堪自慰，
桃花潭水情意长。

（1996 年 12 月 29 日）

29. 丁丑年六月念五日得多闻函

苦雨中伏挥汗天，
热浪如潮难入眠。
忽闻鸣蝉高枝叫，
已觉秋风来天边。

（1997 年 7 月 29 日）

注：接此信后，再无王君消息。迨已驾鹤西游仙去矣？此年六月卅日，周之迪亦离世也！

30. 满园春·贺舍弟参加中科院院士会议

春已归来，看中华大地绿意新添，
东风微拂，悠悠驱逐余寒。
千载古树，喜今朝花放枝繁，
从此春意遍人间。
流莺乳燕桃李纷绯，
此情谁诉，万里江山。
长征路上，算只有殷勤苦研，
鲲鹏举翅，目尽青天更远。

（1981 年 5 月 17 日）

31. 北戴河志感

潮涨戴河口，云浮望海亭。
凭吊姜水庙，话古又论今。

（1982 年 7 月 15 日）

注：是日细雨纷霏，凭窗凝望，颇有所感，率笔书之，辞不达义也。

32. 丝绸之路

凉州[1]过后又甘州[2]，
戈壁黄沙日不休。
喜见胡杨并沙枣，
尚有绿意在梢头。

（1982 年 10 月 9 日）

注：
[1] 凉州，今之武威市。
[2] 甘州，今之张掖市。

33. 破城子遗址遇大风

大漠夕阳红，朔风胡杨黄。
乡关何处是，居延思故乡。

（1982 年 10 月 16 日）

34. 乘沙驼渡戈壁寻黑城遗址，迷路疾行臀部摩伤，苦不可耐

古堡湮埋隐沙丘，
荒漠寒烟万里求。
明驼缓步亦难耐，
黑城咫尺隐瓜州。

（1982 年 10 月 17 日）

35. 宿蒙古包志感

一路风沙少人行，
蒙古包中遇多情。
鞑靼豪爽亲人意，
酒酣歌唱敬英雄。

注：大风中迷路投宿蒙古包。蒙人名达欣，五十二岁。其妻善歌舞，夜饮唱歌至凌晨始寝。

36. 宿达欣家[1]

沙漠复戈壁，目穷更无涯。
千里绝草木，咫尺尽风沙。
蒙古包不冷，驼奶代红茶。
月黑难行路，包内暂做家。

（1982年10月17日）

注：

[1] 1982年，内蒙古地区发现一批文物，内有不少经卷，因前往调查接收。到时已多不见，仅带回汉文经一卷，交与金石组。在内蒙古期间，路遇热情好客的蒙古人达欣，留住他家蒙古包一宿。

37. 波斯菊

（一）

塞外幽花彩霞色，

佳种远传波斯国。

秋来独秀旷院开，

应为旅人慰寂寞。

（二）

风吹花落倍伤情，

沙埋茎花来年生。

蒙人呼曰八瓣莲，

黄公[1]博识为正名。

（1982 年 10 月 18 日）

注：

［1］黄公：黄润华，原北京图书馆兄弟民族组员工，后曾任国家图书馆善本特藏部主任等职。

38. 左公柳

文襄西域留盛名，

三千里路柳青青。

钦敬前贤筹边志，

欣沐春风酒泉城。

（1982 年 10 月 18 日）

注：酒泉城东有井，旁有柳树粗可三围。为左文襄公所植。

39. 红柳

依稀松苗满沙滩，
颜色金黄愈增鲜。
若与胡杨为伴侣，
荒漠戈壁花果山。

（1982 年 10 月 18 日）

40. 黑城怀古

将军战败断水源，
回鹘荒城尚宛然。
碎磁泥塔石碌碡，
今日瀚海昔良田。

（1982 年 10 月 18 日）

注：九百年前，西夏黑将军起义谋叛，为官军断绝水源，全军困顿而覆灭。黑城亦为风湮没。

41. 登嘉峪关

塞外风光伴凄凉，
三餐肮脏充饥肠。
丝绸美路遮瀚海，
敦煌宝窟走参商。
日照大漠干无雨，
月映黄沙冷似霜。
嘉峪关外绝鸟兽，
一望无垠野茫茫。

（1982 年 10 月 18 日）

42. 芨芨草

芨芨草长绿离离，
织席补帘总相宜。
沙漠无鸡何需息，
文人雅事未全知。

（1982 年 10 月 18 日）

注：沙州昔日尚有水草丰盛之区。近年唯沙漠无垠，一片荒漠戈壁而已。额济纳河岸边尚有芨芨草盈野，生长茂盛，高与人齐。古籍记载名"见鸣草"，当地人呼为芨芨草，或谓山鸡栖息其中，实为误传耳。

43. 居延遗址

居延城外猎天骄，
白草连天野火烧。
日暮霞云时驱马，
秋高平原好射雕。

（1982 年 10 月 15 日）

44. 敦煌莫高窟

千年宝窟呈法相，
万载沙山现神光。
天阁已登道亦进，
人生宏愿吾尽偿。

（1982 年 10 月 27 日）

注：冀淑英专家曾言，吾平生志愿有二：
一是登上天一阁，二是参观莫高窟。

45. 延安饭店

应邀沪渎遇重阳，惆怅西风亦堪伤。
谢客闭户庭除仄^[1]，调鼎师级贬大堂^[2]。
啁啾方言增懊恼^[3]，滑稽苏白思故乡。
夜夜隔房听歌舞，漫漫长日增彷徨。

注：

[1] 处处高楼大厦，而觅一单间包房却不可得。

[2] 师级以下干部皆赴一楼大食堂用餐，师级以上赴八楼小食堂，我一日三餐赴八楼，颇费唇舌。

[3] 当时正举办全国南北曲艺会演，部分演员亦住此店。

46. 早春

老宅庭院绽春光，
祖孙蹴鞠竞上场。
萱草微露嫩翠色，
冰消寒去易新裳。

注：1985 年 2 月 3 日农历腊月十四日，蓝天白云风和日丽，虽届五九之尾而春意盎然。信笔书怀如上。

47. 答谢教授正光先生[1]

息影书林不著书，
蛰居陋室近茶炉。
勘破人生三春景，
颐养天年老糊涂。

（1989 年）

注：

[1] 谢正光：美籍华人。美国 GRINUELL 学院历史系主任兼中国课程部主任，国际教育交流协会执行委员。

48. 庆祝张家口市图书馆成立四十周年纪念

馆史媲国庆同年，数经沧桑换新天。
今逢盛世宏图展，图籍新增百万篇。
东观石室犹小巫，张市新馆百城书。
古今中外兼收蓄，百宋千元貌三吴。
立足本市倡阅读，放眼全国宜借出。
博览潜研均方便，学者专家得良辅。
嘉惠青年育新芽，振兴中华贡献殊。

（1989 年 3 月 12 日）

49. 渔家傲·答友人

独处郊野秋景异，
归鸿月影灵犀意。
丝丝乐曲悠悠起，
层楼里，
家家户户房门闭。

白酒自斟少情趣，
翰墨生疏抒无计。
水远山遥多禁地，
心朽矣，
相看寒星月迷离。

（1989 年 9 月 23 日黄亭子）

50. 除夕

年终岁首腊酒香，
光阴荏苒人心慌。
街衢击鼓迎新岁，
万民祈愿盼小康。

（1989 年 12 月）

51. 五一假日

花甲已过又五旬，人生路上尽劳人。
谁家小楼可避世，哪辆轺车定彩云。
五七初经反右劫，六六又逃劫后身。
回顾尚有心余悸，如今从容待晨昏。

（1991 年 5 月 1 日）

1991 年五一假日，自老宅返亭子。狂风怒吼，街市萧条。独坐斗室忽有所感，率尔书之。

52. 三河县行宫旅舍

寒冬赴燕郊，
残雪粘树梢。
行宫评文翰，
学政点英豪。

（1991 年 12 月 14 日）

53. 癸酉元旦

通衢曲巷生意经，
人际关系倍多情。
翻天覆地重变化，
世间冷暖更分明。
个体大款富敌国，
花甲离退淡泊成。
小康生活今是否？
两极分化任纵横。

（1993 年）

54. 新年有感

年年世态有新意，
深品东风别有情。
七十老翁开醉眼，
细看人间富与穷。

（1994 年 1 月 6 日）

55. 1994 年春，内弟夫妇来京，5 月 9 日陪游圆明园废墟，14 日离京返西安，有怀而作

伉俪比翼燕京游，姐弟相逢喜泪流。
曲巷长街非昔日，成家立业好春秋。
方城摆阵中发白，圆明废墟看石头。
三旬聚会弹指过，聊书寸札寄离愁。

（1994 年 5 月 9 日）

56. 1995 年 4 月 12 日与弟赴万安谒双亲陵墓，弟采山花一束供墓前，今日忆手足情、父母恩有感而作

莽莽风沙吹柳绵，
忙人情绪太无端。
幼时竹马今犹记，
鬓衰齿豁耄耋年。
万安同谒爹娘墓，
孺慕哀思百花参。

（1995 年 4 月 21 日）

57. 寄刘家珍^[1]大兄

（一）

千佛寺隔五十秋^[2]，乱世兵燹浪漫游。

客籍石门声赫赫^[3]，老屋延年唯我留^[4]。

（二）

忆昔青年志峥嵘，南北漂泊难相逢。

常思相聚拂尘垢，挥斥宝刀问禅功。

（1996 年 2 月）

注：

[1] 刘家珍：河北省图书馆馆长。小学同学，一生的挚友。

[2] 1942—1943 年间，家珍住千佛寺后院，吾居前院。

[3] 1949 年，家珍入华大随军南下，分配工作于石门市，为当地文教界闻人也。

[4] 20 世纪 40 年代至 21 世纪初，青年挚友六七人，唯余居延年胡同无变化也。(21 世纪的 2007 年我亦迁出矣)

58. 丙子立秋日接周之迪函，填长相思以寄兴

早立秋，晚立秋，

忙忙碌碌乐复忧。

时光不倒流。

太庙幽，识荆州，
四十七年一转眸。
如今都白头。

（1996 年 8 月）

59. 与内弟马家浩惜别

千里思念在关中，驿站送别岁岁同。
开通新楼谈心处，延年古巷榴花红。

伤情流水逐飞花，春城花谢日影斜。
浑欲飞车寻知己，难脱桎梏只为家。

（1999 年 6 月 18 日）

60. 读《冷眼热心》

去年今日得此书，今年今日不曾读。
亲家南来又北去，相邀明年看郧鄂。

（2000 年 5 月 6 日）

61. 有感

虚度近八十，古来应更稀。

我存友多去，世事堪唏嘘。

喜饮杯中酒，难辨东与西。

放眼寻故物，唯见庭前椿。

（2000 年 12 月 1 日）

62. 南长街铁门访石德生学长

（一）

德才鼎立重当时，为人师表未可期。

先世孝廉今学士，文章传世擅吟诗。

（二）

北大一别五十春，长街偶遇增精神。

同窗挚友红楼梦，几经沧桑耄耋人。

（三）

家住长街中海东，左邻丰泽右故宫。

五十二年居陋巷，颜圣精神富家翁。

（2001 年 7 月 18 日）

注：石德生为作者 1949 年北京大学中文系同学。后为北京师范大学附中语文教员。

63. 忆旧诗

回首总布纪念堂，
流金岁月书琳琅。
蹉跎五十年前事，
无限心情对夕阳。

（2002 年 6 月 21 日）

64. 减字朝中措

秋游鹫峰如梦，
古刹无踪。
四十年前来过，
颓垣尚迎春风。
今日重登古道，
新栽小树蓊丛。
欲问响堂何处？
雾漫山石迷蒙。

（2002 年 10 月 17 日）
（2014 年 2 月 11 日改为减字）

65. 癸未正月寄美国友人

（一）

羊年复始又开头，挚友情谊堪回眸。
凌云壮志思鸿鹄，大洋彼岸率斗牛。
书城挹翠添嘉话，著作等身胜二酉。
点检琳琅诚如是，不朽名篇宏烨楼。

（二）

来年花甲六十秋，春光哈佛更上楼。
羡公文捷真良骥，笑我吟迟笨如牛。
苏斋年谱拜读毕，订讹辨伪足消愁。
明眼丹黄精神具，顾老门人第一流。

（2003 年 2 月 14 日）

66. 寄桂本张兄

已届耄耋七九秋，
大洋彼岸创业求。
羡君万里真良骥，
笑我守拙故园留。

挚友星散添惆怅，

硕果仅存堪解忧。

纸短情长书不尽，

心仪明春故里游。

（2003 年 7 月 27 日）

注：张桂本：美籍华人，祖籍河北高阳。作者小学、中学同学。

67. 致沈津友人

西方明，东方明，哈佛燕京美居停。华夏更欢迎。　　　南京情，北京情，海上新潮享太平。同人分棹行。

（2003 年 8 月 3 日）

68. 1998 年 2 月 19 日得编辑
何金文君逝世消息并题香厂路
部分编辑合影照二首

（一）

昔年共聚香厂路，南北耆英相唱酬。

今日伤心忆往事，凝眸合照泪双流。

（二）

世人众里何君少，长记相约峨眉游。
叹息一函成隔世，回首音容付千秋。

（2004 年 6 月 29 日）

69. 为沈津先生新书《珍稀善本书录》题作

长笺序文我未能，纸短情长献恳诚。
三十三载欣识荆，敢为宏文添附庸。

（2003 年 1 月 6 日）

（一）1961 年赵先生江南访书归来，对我言及沈兄拜顾老为师事，令我效之，但愚鲁如我终未能成正果，但此时是识荆之始也。
（二）沈兄大作《书录》成，请我作序，实不敢当，勉为跋文一则，聊作附庸视之可矣。

70. 元宵节后寄友人

寒冬已煞尾，春风自天降。
上元品元宵，爆竹零星响。
回首又一年，往事堪思量。

欲取玉琴弹，何得知音赏。

况我下里人，不悉角与商。

（2008 年 2 月 23 日）

注：此致周之迪诗。周之迪，周作人长子，曾任北京图书馆东编组组长。

71. 北海太液池上

2014 年 6 月 3 日，恰遇我结婚 70 周年，亦山荆驾鹤西游之三年也。以踏莎行一阕记之：

长日悠悠，晴丝袅袅。

杨花千里京城绕。

太液晴波琼岛小，

承露盘存湘神渺。

瘦损华清，广陵神散。

马家远在长安道。

望穿青山搜旧稿，

此情此意谁人晓。

（2014 年 6 月 4 日）